Roff Smith, geboren 1958, wuchs in einer Kleinstadt in den White Mountains von New Hampshire auf und wanderte mit 23 Jahren nach Australien aus. Er arbeitete mehrere Jahre als Journalist für den *Sydney Morning Herald* und *Melbournes Sunday Age*, später für das *Time Magazin*. Als begeisterter Radfahrer begab er sich 1996 auf eine rund 16 000 Kilometer lange Fahrradtour durch den australischen Outback. Die Geschichte dieser Fahrt erschien in *National Geographic*. Später wurde daraus das Buch *Eiskaltes Bier und Krokodile*. Smith ist verheiratet, hat vier Kinder und lebt in Südaustralien.

Maria Stenzel studierte an der University of Virginia Fotografie. Für die *Washington Post* machte sie Aufsehen erregende Foto-Reportagen über Imker und Walt Whitman. Ihre internationale Karriere begann die Amerikanerin bei *National Geographic*. Berühmt wurden ihre Reportagen über Las Vegas, Tibet, Madagaskar, Menschenopfer der Inka und das Amazonasbecken. Bevor sie Roff Smith in die Antarktis begleitete, hatte sie schon mehrmals den eisigen Süden auf Bildern festgehalten.

Bibliografische Information Der Deutschen Bibliothek

Die Deutsche Bibliothek verzeichnet diese Publikation in der Deutschen Nationalbibliografie; detaillierte bibliografische Daten sind im Internet über http://dnb.ddb.de abrufbar.

NATIONAL GEOGRAPHIC ADVENTURE PRESS
Reisen · Menschen · Abenteuer
Die Taschenbuch-Reihe von
National Geographic und Frederking & Thaler

1. Auflage Oktober 2005

Titel der Originalausgabe: Life on the Ice
erschienen bei National Geographic Society, Washington, D.C., USA

Aus dem Englischen von Wolfgang J. Fuchs
Text: Roff Smith
Fotos Innenteil: Maria Stenzel
Umschlagfotos: Bettmann/Corbis, Rowell/Corbis
Autorenporträts: Maria Stenzel, Roff Smith
Karte: NG Maps, Hamburg
Lektorat: Regina Carstensen, München
Umschlaggestaltung: Dorkenwald Grafik-Design, München
Herstellung: Caroline Sieveking, München
Druck und Bindung: Clausen & Bosse, Leck
Printed in Germany

ISBN 3-89405-258-9
www.frederking-thaler.de

Das Papier wurde aus chlorfrei gebleichtem Zellstoff hergestellt.

ROFF SMITH

WELT AUS EIS

Reisen zu den Wundern der Antarktis

Mit Fotos von Maria Stenzel

Aus dem Englischen von
Wolfgang J. Fuchs

NATIONAL GEOGRAPHIC
FREDERKING & THALER

Für Laura, Ethan, Lucy und Ella,
die mich ständig an die Wunder und Freuden
des Forschens erinnern.

Inhalt

Maximale Ausdehnung von Meereis
Krill-konzentrationen
Süd-Sandwich-Inseln
SANAE IV
Maitri
Indien
Nowolasarewskaja
Russland
Neumayer
Deutschland
SÜDATLANTISCHER OZEAN
Südgeorgien
Krill-konzentrationen
Minimale Ausdehnung von Meereis
Süd-antillen-meer
Süd-Orkney-Inseln
Halley
Belgrano II
Weddell-meer
Süd-Shetland-Inseln
King Sejong
Paulet Island
Hope Bay
Esperanza
Argentinien
King-George-Insel
Falklandinseln
Presidente Eduardo Frei
Livingston Island
Deception Island
Port Lockroy (historische Stätte)
Humble Island
Antarktische Halbinsel
Ronne-Eisschelf
Transantarktisches
Buenos Aires
SÜD-AMERIKA
Kap Hoorn
Drake-straße
Feuer-land
Rothera
Terra Firma Islands
ANTA
Vinsonmassiv 4 897 m
ARGENTINIEN
Punta Arenas
CHILE
Antarktische Konvergenz (Antarktische Polarfront)
Bellingshausen-see
Ellsworthhochland
WEST-ANTARKTIS
Krill-konzentrationen
SÜD-PAZIFISCHER OZEAN
Amundsen-see
SÜDLICHER POLARKREIS
Kaiserpinguin
Adeliepinguin
Kehlstreif-pinguin
Eselspinguin
Riesen-sturmvogel
Albatros

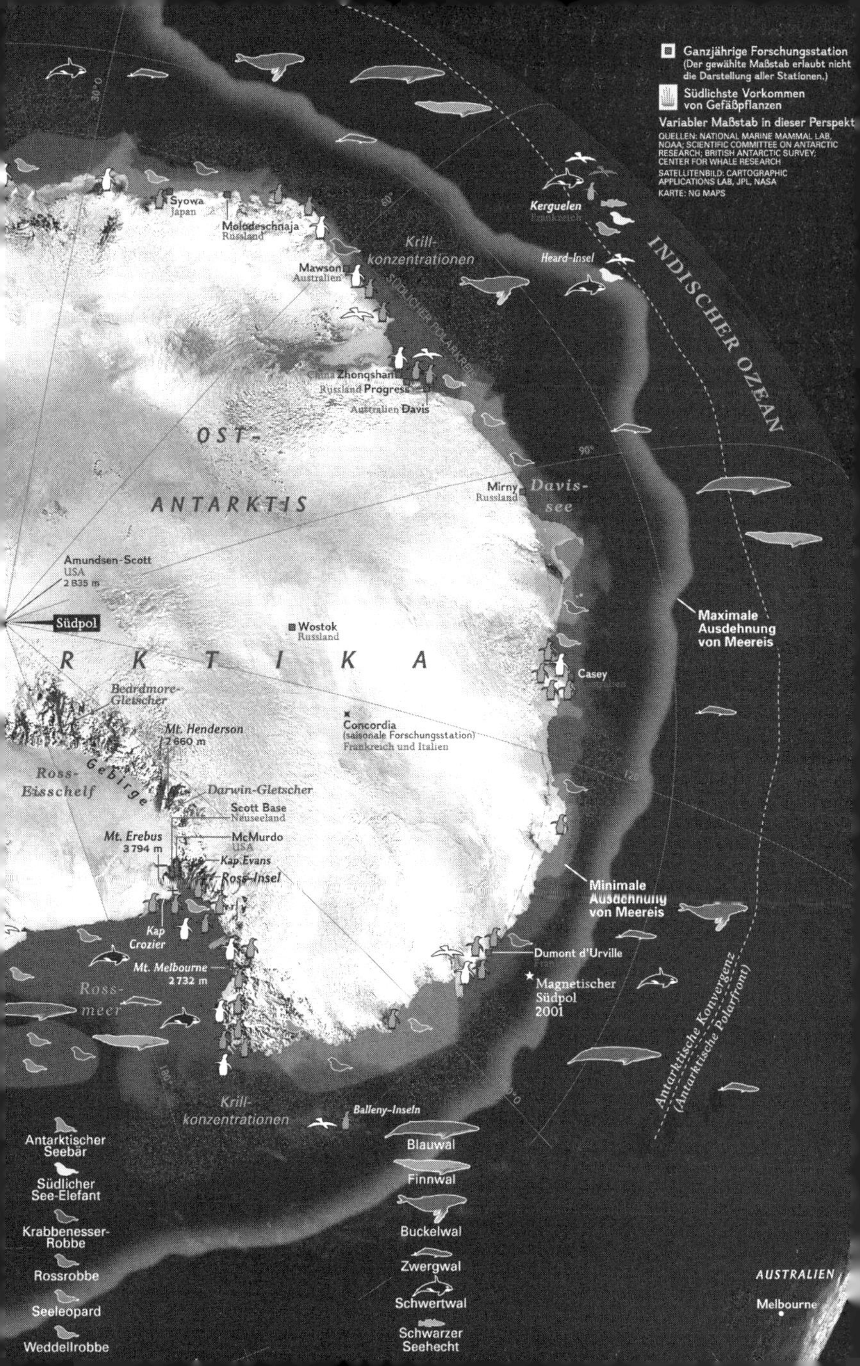

Ganzjährige Forschungsstation
(Der gewählte Maßstab erlaubt nicht die Darstellung aller Stationen.)
Südlichste Vorkommen von Gefäßpflanzen
Variabler Maßstab in dieser Perspekt
QUELLEN: NATIONAL MARINE MAMMAL LAB, NOAA; SCIENTIFIC COMMITTEE ON ANTARCTIC RESEARCH; BRITISH ANTARCTIC SURVEY; CENTER FOR WHALE RESEARCH
SATELLITENBILD: CARTOGRAPHIC APPLICATIONS LAB, JPL, NASA
KARTE: NG MAPS
INDISCHER OZEAN
Kerguelen
Heard-Insel
Syowa
Japan
Molodeschnaja
Russland
Mawson
Australien
Krill-
konzentrationen
SÜDLICHER POLARKREIS
China Zhongshan
Russland Progress
Australien Davis
OST-
ANTARKTIS
Mirny
Russland
Davis-
see
Amundsen-Scott
USA
2835 m
Südpol
Wostok
Russland
R K T I K A
Casey
Beardmore-
Gletscher
Mt. Henderson
2660 m
Concordia
(saisonale Forschungsstation)
Frankreich und Italien
Ross-
Eisschelf
Gebirge
Darwin-Gletscher
Scott Base
Neuseeland
Mt. Erebus
3794 m
McMurdo
USA
Kap Evans
Ross-Insel
Maximale
Ausdehnung
von Meereis
Minimale
Ausdehnung
von Meereis
Kap
Crozier
Dumont d'Urville
Mt. Melbourne
2732 m
Magnetischer
Südpol
2001
Ross-
meer
Antarktische Konvergenz
(Antarktische Polarfront)
Krill-
konzentrationen
Balleny-Inseln
Antarktischer
Seebär
Südlicher
See-Elefant
Krabbenesser-
Robbe
Rossrobbe
Seeleopard
Weddellrobbe
Blauwal
Finnwal
Buckelwal
Zwergwal
Schwertwal
Schwarzer
Seehecht
AUSTRALIEN
Melbourne

Als kleiner Junge hatte ich eine große Passion für Landkarten. Stundenlang konnte ich Südamerika oder Afrika oder Australien betrachten und mich in der Herrlichkeit des Entdeckerlebens verlieren. Zu jener Zeit gab es noch viele weiße Flecken auf der Erde, und wenn ich einen erblickte, der besonders einladend aussah (doch das tun sie schließlich alle), pflegte ich mit dem Finger darauf zu weisen und zu sagen: Wenn ich einmal groß bin, gehe ich dorthin.

Marlow in Joseph Conrads *Herz der Finsternis*

KAPITEL 1

Antarktische Träume

So weit ich zurückdenken kann, habe ich immer davon geträumt, in die Antarktis zu reisen. Ich glaube, dieser Gedanke kam mir schon, als ich noch nicht einmal wusste, dass es solch einen Ort gibt, oder dass er einen Namen hat. Vielleicht tauchte er zum ersten Mal in meiner Kindheit auf, als ich über eine frische, noch unberührte Schneedecke stapfte und mir aus Begeisterung über ihren kristallinen Zauber vorstellte, wie es wäre, wenn sich eine noch viel größere Schneefläche vor mir erstrecken würde – Schnee bis ins Unendliche. Später, als ich herausfand, dass es solch ein Land wirklich gab und es sich verzaubert isoliert am untersten Ende der Welt befand, konnte ich es kaum erwarten, einmal dorthin zu kommen. Wie Marlow, den zur See fahrenden Erzähler in Joseph Conrads Roman *Herz der Finsternis*, faszinierten mich schon immer Landkarten und Atlanten. Meine Augen suchten intuitiv die entferntesten Winkel, die einsamsten Archipele, die äußersten Kaps, die größten Wüsten. Ich verklärte in meinen Imaginationen die Entfernungen, stellte mir vor, diese Orte eines Tages zu besuchen, und überlegte, wie mir wohl die Welt von diesen Plätzen selbst aus gesehen erscheinen würde. Bei der Antarktis faszinierte mich der Gedanke, dass es sich hierbei um die letzte Grenze dieser Welt auf einem wilden Kontinent handelte, der von den finstersten und stürmischsten Meeren umgeben und obendrein in tiefen, ewigen Winter gehüllt ist.

Ich las als Junge alles über die Antarktis oder Antarktika, wie man den Südpolarkontinent auch bezeichnet, das ich in die Finger bekommen konnte, angefangen von den illustrierten Ausgaben alter

Forscherberichte, die ich in der Schulbibliothek fand, über den Stapel von *National-Geographic*-Heften meines Opas hin bis zur *Encyclopedia Britannica*. Eine Taschenbuchausgabe des *Guinness Buches der Rekorde*, das ich an Weihnachten bekam, als ich zehn war, informierte mich darüber, dass die Antarktis der höchste, trockenste, windigste und eisigste Kontinent war, und dass dort eine russische Station namens Wostok einmal die unvorstellbare Temperatur von minus 88,2 Grad gemessen hatte, die kälteste je auf der Erde festgestellte Temperatur. (Dieses frostige Extrem ist zwischenzeitlich jedoch durch eine 1983 ebenfalls in Wostok erfolgte Messung von minus 89,1 Grad noch unterboten worden.)

Doch je mehr ich las, desto schwieriger wurde es, die Antarktis in meinen ausgemalten Bildern tatsächlich zu fassen. Ich war ein verträumter Junge und bezog all meine Kenntnisse über die Welt aus Büchern. Dieser Südpolarkontinent füllte zwei Regale, doch mit völlig unterschiedlichen Inhalten. Einerseits war es eine Welt, die in den Bereich von Science-Fiction zu gehören schien, mit den Bildern von großen, orangefarbenen Raupenfahrzeugen, die durch eine Eiswüste krochen, und von Zinkaluminiumhütten der Sputnik-Ära, über denen vor betörend blauem Himmel die amerikanische Flagge wehte und sich stämmige Figuren vermummt und bebrillt gegen die nicht mehr irdischen Temperaturen wappneten. Andererseits war Antarktika der Schauplatz herrlichster altmodischer Abenteuerliteratur im Stil von Jack London oder H. Rider Haggard, ein Schauplatz für all die kühnen Forscher aus der Zeit König Eduards VII. – Scott, Shackleton, Amundsen und so weiter – und deren verwegene Unternehmungen im Wettlauf zum Südpol. Das war in einer Zeit, als Flugzeuge und Motorfahrzeuge noch in den Kinderschuhen steckten, als Schwarz-Weiß-Fotos von harten, bärtigen und Pfeife rauchenden Männern gemacht wurden, die sich an in Ölfässern entfachten Feuern wärmen. Und in einer Zeit von Dreimastschonern, die neben Eisbergen klein wirkten. Daneben gab es Bilder von fahnengeschmückten Holzhütten, vor denen Expeditionsteilnehmer in Anoraks standen, an den Händen große, unförmige Fäustlinge, die an Schnüren baumelten.

Darin lag nun auch das Problem: Antarktika schien entweder zu weit in der Zukunft zu liegen, um wirklich zu sein, oder es kam zu mir als Nachklang einer Märchenbuch-Vergangenheit. In beiden Fällen gehörte es nicht ins Hier und Jetzt oder zu einer Realität, wie ich sie kannte. Daher kam es mir so vor, als wäre die Chance, dorthin zu gelangen, ebenso klein wie jene, je nach Narnia zu gelangen, den mystischen Ort von C. S. Lewis' siebenteiliger Chronik.

Aber wenigstens hatte ich einige visuelle Anreize in meiner unmittelbaren Umgebung, die ich weiter im Hinblick auf die Antarktis ausspinnen konnte. Ich wuchs in den White Mountains auf, im Norden von New Hampshire, wo die Temperaturen auf 40 Grad unter null sinken und Nordostwinde Schneewehen auftürmen konnten, die bis zum Vordach unserer Veranda hinaufreichten. Außerdem führten die Hundeschlittenrennen an unserem Haus vorbei. Skifahren lernte ich auf einem Paar klobiger Holzskier mit Riemenbindung, die denen nicht allzu unähnlich waren, welche die Forscher auf den alten Expeditionsfotos unter ihren Füßen hatten. Auch stapfte ich in einem Paar uralter Schneeschuhe umher, die aus der gleichen Zeit zu stammen schienen. Ich liebte den Winter, je kälter und schneereicher, desto besser.

Besonders mochte ich diese extrem kalten Januarnächte, in denen die Temperaturen weit unter 40 Grad sanken. In diesen Nächten stand ich gern früh auf, wenn noch die vor dem Morgengrauen bitterste Kälte herrschte. Ich schlich dann ins Erdgeschoss hinunter, um einen Blick auf das Thermometer vor dem Küchenfenster zu werfen, bevor irgendetwas die Chance hatte, es anzuwärmen. Dann staunte ich, wie tief das Quecksilber in der Nacht gesunken war.

Minus 41,7 Grad war mein Rekord. Manchmal stahl ich mich zur Tür hinaus und stellte mich im Schlafanzug und mit nackten Füßen auf die oberste Verandastufe, nur um überrascht zu sein, wie sich solche Temperaturen anfühlten, um die beißend kalte Luft einzuatmen und große Dunstwolken in die Nacht hinein auszuatmen. Dabei spürte ich, wie sich eine gummiartige Taubheit an den Ohren und Wangenknochen ausbreitete, lauschte den Bäumen, die unten im Wald in der extremen Kälte knackten, und blickte hinauf zu den Sternen, die spitz wie Nadeln waren und wie Diamanten blitzten. Als ich etwas älter war, zog ich mich leise an und begab mich mit meinen Schneeschuhen hinaus, um im Sternenlicht über die Wiese zu stapfen, das Knarzen zu hören, die Schritte im Schnee bei klirrendem Frost erzeugen, gleich einem Brechen von Styroporplatten. In diesen Momenten sah ich mich als großer Polarforscher.

Um mich herum gab es auch verlockende Brücken zwischen Märchenbuchgeschichten und Wirklichkeit. Mein Großonkel Chester beispielsweise hatte in den dreißiger Jahren die Hundeschlitten für eine von Admiral Byrds Expeditionen gebaut, und eine unserer Nachbarinnen, eine streitbare alte Frau namens Eva Seeley, besser als Short bekannt, war die Hundezüchterin, die den Admiral mit Huskys versorgt hatte. Antarktika war auch der Hintergrund, vor dem eine der vielen Legenden unserer Familie spielte. So sollten eines Tages Leute von der Marine zu Onkel Chester gekommen sein, um bei ihm den Bau von Schlitten in Auftrag zu geben – nach ganz bestimmten Plänen. Mein Onkel aber lehnte diesen Auftrag kategorisch ab, obwohl er die Arbeit (in den Jahren der Depression) dringend nötig hatte. In seiner klassischen Yankee-Sturheit erwiderte er, dass er seine Schlitten nur so und so anfertigen, nur eine bestimmte Holzart verwenden würde. Mit anderen Worten: Nur er würde Schlitten richtig bauen. Was hieß: Sie könnten sie entweder in seiner Machart bekommen oder gar nicht. Onkel Chester war ein beneidenswert geschickter Handwerker – oder konnte es zumindest sein, wenn ihm danach zumute war –, und am Ende soll die amerikanische Marine schließlich ihre Pläne so geändert haben, dass sie mein Onkel akzeptierte. Wenn meine Mutter oder die Großeltern uns Kindern diese Geschichte erzählten, wurden sie nicht müde (in ziemlich selbstgefälligem Tonfall), sie mit dem Hinweis »Wir haben auch nie davon gehört, dass je einer dieser Schlitten zu Bruch gegangen wäre« zu beenden.

Es ist eine wunderbare Erzählung. Doch inwieweit sie einer unabhängigen Nachprüfung standhalten würde, das weiß ich nicht. Aber dafür ist sie von großem moralischem Wert: Sie setzt auf das Vertrauen in die eigenen Fähigkeiten und fördert das Verhalten, keine Kompromisse einzugehen, wenn man nicht selbst davon überzeugt ist.

Es ist eine merkwürdige Eigenheit der Kindheit, dass es immer leichter ist, sich in der Rolle eines protzigen Helden aus einem Märchenbuch zu sehen, egal wie bunt und unwahrscheinlich die Handlung auch sein mag, während man sich kaum in das Dasein eines richtigen Erwachsenen aus Fleisch und Blut hineinversetzen kann. In den Jahren, in denen ich heranwuchs, wurde Antarktika in der Dachstube der Träume zusammen mit vielen anderen Jugendträumen verstaut, beispielsweise der Suche nach verschollenen Inkastädten in den Dschungeln Südamerikas, der Goldsuche am Klondike und dem Gedanken, mich eines Tages aufs Fahrrad zu schwingen und zu alten, rosaroten Städten zu radeln, wo die untergehende Sonne die Minarette wie Schattenrisse aussehen lässt.

Ich gab mich, darin den meisten Menschen ähnlich, mit anderen Dingen zufrieden. Doch immerhin reiste ich bis auf die andere Seite der Erde und übersiedelte mit dreiundzwanzig Jahren nach Australien, wo ich ein sonniges, angenehmes Vorortsleben favorisierte und für Zeitungen in Sydney – später dann in Melbourne – schrieb.

Im Lauf der Zeit verloren kaltes Wetter, Schneeschuhe, bellende Schlittenhunde, mit Neuschnee bedeckte Felder und die Sehnsucht, eines Tages in die Antarktis zu reisen, an Bedeutung und wurden zu einer Art dunkel verschwommener Kindheitsfreuden. Als ich fünfunddreißig wurde, hatte ich seit Jahren keine einzige Schneeflocke mehr gesehen.

Irgendwie muss aber Antarktika in Form eines kleines Samenkörnchens in mir übrig geblieben sein, das nur darauf wartete, ausgesät und zum Erblühen gebracht zu werden. Viele Jahre hatte es gedauert, aber dann war es so weit. Ich fuhr gerade mit dem Fahrrad über die Strandpromenade nach Hause. Zu dieser Zeit wohnte ich in Elsternwick, einem an einer Bucht gelegenen Vorort im Süden Melbournes. Die glasklare Erinnerung, dass ich schon immer in die Antarktis wollte, überkam mich ganz plötzlich, gepaart mit einem Gefühl der Verwunderung, dass ich einen so drängenden Wunsch je vergessen haben oder verblassen lassen konnte. Denn in diesem Augenblick wollte ich so unbedingt zum ewigen Eis, wie ich es mir als Kind immer gewünscht hatte.

Ich weiß nicht, warum dieser Gedanke gerade in diesem Moment in mir aufstieg. Ich habe oft darüber nachgedacht. Es gab keine optischen Auslöser, welche die Synapsen gereizt hätten – wenigstens keine bewussten. Da waren zum Beispiel keine Pinguine auf einem vorbeifahrenden Eiskrem-Lieferwagen, es war nur ein weiterer heißer, sonnenüberfluteter Sommernachmittag gegen Ende Dezember, an dem die Zierpalmen entlang der Strandpromenade ihre langen Schatten auf den Rasen warfen und es auf dem Radweg vor mir nur so von sonnengebräunten Rollerbladern wimmelte. Da es der vorletzte Dezembertag war, handelte es sich vielleicht um einen Anflug von einem Rückblick. Im Sinne von: Schon wieder ist ein Jahr vorbei, und was hast du damit angefangen? Eine vage Unzufriedenheit mit der Gegenwart, gepaart mit einem Angelhaken, der in die Gewässer verblasster Pläne geworfen worden war. Vielleicht wurde das Ganze auch ausgelöst von der seltsamen Anmutung einer australischen Weihnacht. Denn selbst nach vielen Jahren habe ich mich nicht wirklich damit abfinden können, dass Weihnachten in dieser geographischen Region ein Sommerfest ist. Weihnachten wird für mich immer eine Jahreszeit mit Schnee, Frost und Eiszapfen bleiben, nicht die Zeit für ein Sonnenbad am Strand. Was es auch gewesen sein mag, dieses Erwachen brachte ein Gefühl des Selbstvorwurfs mit sich: Ich hatte es bis dahin noch nicht einmal versucht, in die Antarktis zu kommen. Ich hatte einfach angenommen und dann als gegeben akzeptiert, dass das unmöglich sein würde.

Am nächsten Morgen fuhr ich sehr früh ins Büro und rief das Hauptquartier der australischen Antarktisdivision in Kingston, Tasmanien, an. Ich sagte der Frau, die den Anruf entgegennahm, dass ich in die Antarktis wolle. Als ich meine Stimme diesen Wunsch so ganz beiläufig sagen hörte, als wolle ich nur die Fahrpreise nach Sydney erfahren, kam mir das ziemlich absurd vor. Aber sie hängte nicht auf, sondern stellte mich zu einem anderen Büro durch. Diesmal war ein Mann am Apparat. Ich erklärte ihm, dass ich in die Antarktis fahren wolle. Irgendwie schien sich das beim zweiten Mal viel einfacher zu sagen.

»Hmmm. Sind Sie Wissenschaftler? Handwerker? Vielleicht Arzt?«, fragte er. Der skeptische Klang seiner Stimme verriet mir, dass er bereits ahnte, wie meine Antwort lauten würde. Seine Fragen waren eindeutig rhetorischer Natur.

»Äh ... nun ja ... nein, aber das könnte ich sein«, stotterte ich und verkündete ihm dann, dass ich etwas Vergleichbares, wenn nicht gar was Besseres sei – ein Journalist. Er seufzte. Dann setzte er zu einem monotonen und offensichtlich häufig heruntergeleierten Vortrag über die strikt wissenschaftlichen Ziele und Absichten des Antarktisprogramms an, wie kostspielig der Unterhalt der Stationen und die Entsendung von Menschen und Vorräten in diese Region sei. Entsprechend sei es nur möglich, einzig für die Stationen wichtiges Personal, und auch das nur in begrenztem Umfang, dorthin zu entsenden.

Während er redete, konnte ich nahezu sehen, wie die Bilder der Antarktis erneut vor meinen Augen verblassten und sich in die Dachstube verschütteter Träume zurückzogen. Während ich darüber nachdachte und sich meine Aufmerksamkeit in finsteren Gängen verlief, rissen mich plötzlich ein paar Wörter in die Gegenwart zurück. Der langweilige Vortrag des Beamten nahm eine unerwartete Wendung, obwohl seine Stimme so gleichförmig blieb wie die ganze Zeit davor. Ich hörte ihn erklären, dass von Zeit zu Zeit Schriftsteller und Künstler zu den Stationen reisen dürften, dass diese Plätze aber natürlich rar und extrem selten zu bekommen wären. Bewerbungszeit: ein Jahr im Voraus.

Ob ich die Antragsformulare noch wolle?

Unbedingt. Ich gab ihm meine Adresse bei der Zeitung, anschließend hängten wir beide ein.

Ich lehnte mich in meinem Stuhl zurück, grinste und wusste irgendwie, dass es funktionieren würde: Er hatte nicht Nein gesagt!

Ungefähr eine Woche später kam ein Packen Formulare in einer dicken Versandtasche an, auf der das Logo der Australian Antarctic Division prangte. Ich schlitzte den Umschlag auf und leerte den Inhalt auf meinen Schreibtisch. Da waren viele Fragen, Vorbehalte, leere Kästchen zum Ausfüllen und ein großes, weißes Feld auf der Rückseite eines der Formulare, wo ich mein Vorhaben beschreiben und erläutern sollte. Falls nötig, auf zusätzlichen Papierbögen.

Und so verbrachte ich meine Mittagspause gedankenverloren mit Bleistift und Radiergummi und räsonierte darüber, warum ich, ein Fremder in dieser eisigen Welt, mit aller Macht in Antarktika musste. Ich legte mir ein Vorhaben zurecht, von dem ich hoffte, es möge weise, welterfahren und für bürokratische Ohren bedeutsam genug klingen. Auch sollte es mich mehr wie Woodward und Bernstein aussehen lassen, nicht so sehr nach Fletch. Als ich fertig war, las ich das Geschriebene noch ein paarmal durch, änderte hier und da ein Wort und legte es dann in die Schreibtischschublade, um es ein paar Tage ruhen zu lassen. Erst dann wollte ich es wieder herausholen und mit frischem Blick noch ein weiteres Mal lesen. Ich hatte ein ganzes Jahr Zeit, um mein Vorhaben zu erklären – und es war zu wichtig, um etwas zu überstürzen. Und was könnte ich tun, wenn dieser Weg nicht klappte? An wen könnte ich mich dann wenden? Denn in der einen Woche seit meiner Eis-Erscheinung auf der Strandpromenade hatte sich die verschüttete Glut meines Wunsches, Antarktika zu besuchen, regelrecht zu einem kategorischen Imperativ ausgewachsen. Es schien mir, als hätte ich nur diese Torchance. Daher feilte ich immer wieder an meinem Bewerbungsschreiben herum, verbesserte den Stil, spitzte die Argumente so sorgfältig wie möglich zu, fügte Dinge ein, die mir erst im Nachhinein eingefallen waren, und ließ anderes weg, das zu durchsichtig und verzweifelt klang.

Ich bevorzugte den Teil des Bewerbungsschreibens, in dem man angeben konnte, welche Station man gerne besuchen würde. Dazu war eine Karte der Antarktis abgedruckt, auf der sich vier Punkte befanden, welche die vier ganzjährig betriebenen Stationen Australiens darstellten: Casey, Davis, Mawson und eine auf der Macquarie-Insel, einem sturmumtosten subantarktischen Eiland, das sich etwa drei Schiffstagesreisen südlich von Tasmanien befindet. Meine Augen wurden geradezu magnetisch von Mawson angezogen, die entfernteste und entlegenste Station auf dem Kontinent, die sich ziemlich isoliert an einer ausgedehnten, leeren Küste befindet. Diese Station, so konnte ich erkennen, lag näher an Madagaskar als an Australien. Um zu ihr zu kommen, würde man zehn bis zwölf

Tage mit dem Schiff durch die einsamsten und wildesten Meereszonen des Indischen Ozeans unterwegs sein. Das war genau das Richtige für mich. Ich kreuzte das entsprechende Kästchen an, sah die Formulare ein letztes Mal durch, schob sie mit einem Stoßgebet in eine Versandtasche und begab mich damit zum Postamt.

Viele Wochen voller Ungeduld vergingen. Ich hörte nichts. Fast hätte ich zum Telefonhörer gegriffen, um nachzufragen, unterließ es dann aber, da ich keinen rationalen Vorwand hätte angeben können. Ein solcher ergab sich jedoch etwa vier Monate später, als ich eine sechswöchige Auslandsreise in die Vereinigten Staaten vorbereitete. Da beschloss ich, dass es wohl ganz natürlich wäre, die Antarktisleute anzurufen und ihnen mitzuteilen, dass ich für einige Zeit nicht im Lande sein würde – nur für den Fall, dass sie mit mir Kontakt aufnehmen wollten.

»Ach, Mr. Smith, was für ein Zufall. Freut mich sehr, dass Sie sich melden«, sagte die Dame am anderen Ende der Leitung in einem ebenso lebhaften wie sachlichen Tonfall. »Ich wollte Sie gerade eben anrufen. Ihr Antrag ist genehmigt worden ...«

Ich hörte kaum den Rest. Ich hätte nicht begeisterter sein können, nicht einmal, wenn die Lotterieverwaltung am Apparat gewesen wäre. Von unserem Gespräch blieb mir nach diesen aufregenden ersten Worten nur noch in Erinnerung, dass sie mir sagte, man habe meinem Wunsch entsprechen wollen und Mawson bewilligt. Zuvor, so fuhr sie fort, müsse ich noch eine amtsärztliche Untersuchung vornehmen lassen, hierbei dürfte es jedoch keinerlei Probleme geben, wenn ich nicht gerade an Asthma leiden würde. Ich wusste, dass ich in diesem Punkt nichts zu befürchten hatte. Ich legte den Hörer auf und konnte mich kaum einkriegen. Ich durfte fahren. Ich durfte wirklich in die Antarktis. Ich lehnte mich mit einem überlegenen Lächeln in meinem quietschenden Bürosessel zurück und blickte in der Redaktion umher, als erwartete ich, dass der Rest der Welt die Verzückung spüren müsste, die ich gerade empfand. Aber es ging alles seinen gewohnten Gang. Telefone schrillten, die Kollegen machten ihre Scherze, Papier raschelte, und es wurde auf den Computertastaturen herumgetippt – eben die übliche Geschäftigkeit in einer Nachrichtenredaktion. Es kam mir in diesem Augenblick seltsam vor, dass man einen so außergewöhnlichen Glückstreffer landen konnte, ohne dass dies nur einem Menschen auffiel.

Als ich einige Wochen später aus dem USA-Urlaub zurückkam, war mein Redaktionspostfach voll gestopft mit braunen Versandtaschen und Briefen von der Australian Antarctic Division. Darunter befand sich auch ein Schreiben, in dem mir noch einmal schriftlich bestätigt wurde, dass mein Antrag genehmigt worden sei. Man hätte für mich, so hieß es weiter, eine Koje auf dem Eisbrecher *Aurora Australis* reserviert, der Mawson mit Nachschub versorgen würde. Es waren Formulare in dreifacher Ausfertigung auszufüllen, ein Bündel Dokumente im Zusammenhang mit meiner bevorstehenden ärztlichen Tauglichkeitsuntersuchung für die Antarktis und, was entschieden erfreulicher war, eine Checkliste hinsichtlich Stiefel- und Handschuhgröße sowie Körperumfang für die Kaltwetterausrüstung, die ich vor meiner Reise in den Süden bekommen würde. Während ich die Kästchen ankreuzte, fing dieses große Abenteuer an, mir sehr real vorzukommen.

Damals, im Jahr 1917, schrieb Ernest Shackleton einer seiner vielen Freundinnen einen Brief, in dem stand: »Trotz des grauen Alltagslebens habe ich hier Ideale. Tief in meinem eigenen ›Weißen Süden‹ gebe ich mich ganz diesem Zauber hin – und er bleibt jetzt in mir.«

Ich war noch nicht einmal in der Nähe der Antarktis gewesen, aber meine Arme waren ebenfalls weit geöffnet. Und mein Weißer Süden, der so lange im Verborgenen gewesen war, hatte bereits begonnen, meine Phantasie zu beflügeln und in meinen Gedanken Form anzunehmen – als ein Ort voller Möglichkeiten und Abenteuer. Wenn ich nach Antarktika kommen konnte, so meine neue Logik, konnte ich auch andere Dinge tun. Ich sah mich gründlich um und beschloss, dass es an der Zeit sei, mit einem Besen durch meinen grauen Arbeitsalltag zu kehren, den ich hier in Melbourne geführt hatte. Meine Arbeit war eine angenehme, einigermaßen gut bezahlte Mühsal, aber nicht viel mehr. Ich wollte aber mehr, und mein Weißer Süden sagte mir, dass ich es haben könnte.

Ich tat den kühnen Schritt und kündigte bei meinem Ressortleiter. Das tat ich in der Form, indem ich ihm eröffnete, dass er nicht länger das Privileg hätte, meine Texte zu redigieren. Er nahm diese Rückstufung sehr gelassen auf. So ließ ich ihn in seinem Büro sitzen, mit der ganzen Last einer Verantwortung, die gewöhnlich mit einer Arbeit verbunden ist, für die ein sechsstelliges Jahresgehalt und ein Dienstwagen bezahlt wird. Ich dagegen rauschte in den warmen Frühjahrssonnenschein hinaus. Schon auf dem Gehweg vor dem Redaktionsgebäude fühlte ich mich frei, ungebunden und herrlich arbeitslos. Ich dirigierte Körper und Seele um die Ecke, wo sich das Büro der Zeitschrift *Time* befand.

Eine Stunde später kam ich mit dem Auftrag heraus, Artikel über meine bevorstehende Reise in »das Eis« zu schreiben. Ein Gedankenaustausch mit dem zuständigen Redakteur hatte zur Folge, dass mir nach meiner Rückkehr eine Festanstellung angeboten wurde.

Den Rest des Nachmittags verbrachte ich damit, meine Nase bei verschiedenen anderen Medienunternehmen hineinzustecken und als freier Mitarbeiter Aufträge an Land zu ziehen, die mich beschäftigten und für Mahlzeiten sorgten, bis es Zeit war, an Bord zu gehen. Ich wunderte mich, dass all das – genau wie Antarktika – die ganze Zeit über da gewesen sein und gewartet haben musste.

Was hatte ich bloß mein ganzes Leben lang gemacht?

Kapitel 2

Erste Eisberge

Einige Wochen später war ich unten in Hobart und ging in einem milden, kühlen Regen durch den Hafenbezirk und bestaunte den längsseits vertäuten orangefarbenen Eisbrecher, die *Aurora Australis*. Mein Schiff. Heute Nachmittag sollten wir beim Gezeitenwechsel aufbrechen.

Ich hatte die letzten paar Tage hier in der Stadt verbracht und im Haus eines Freundes auf der Couch geschlafen, während ich zu den verschiedenen Pflichtvorträgen über Sicherheit und Verhaltensweisen in der Antarktis ging und meine Kleiderzuteilung in Empfang nahm: Sorrell-Stiefel und kariertes Flanellhemd, schwere Wollhose, Allwetter-Overall mit Latz und Hosenträgern, einen festen Parka, warme Mützen, Handschuhe, Fäustlinge, Socken, Sonnenbrille – einen ganzen Seesack voller Bekleidung, die man in Australien selten irgendwo tragen muss, besonders nicht im Sommer. Diese Zeiten waren voller Spaß und freudiger Erwartung gewesen, doch heute endlich war der große Tag. In ein paar Stunden sollten die Leinen losgemacht werden und das große, schöne orangefarbene Schiff Richtung Antarktika in See stechen. Und ich würde an Bord sein.

Es war vorgesehen, dass wir zuerst nach Davis fuhren, eine Überfahrt von rund acht Tagen, und dort bei der alten Basis Vorräte und Austauschpersonal ablieferten. Danach sollte es an der entlegenen Ingrid-Christensen-Küste entlang zur Prydz-Bucht und den Larsemann-Hügeln gehen, um dort ein Geologenteam bei einem Feldlager und einige chinesische Expeditionsmitglieder bei Chinas

Zhongshan-Basis abzusetzen. Anschließend sollte eine obskure kleine Insel an der südlichsten Spitze der Prydz-Bucht angesteuert werden, wo wir Ölfässer für Raupenfahrzeug-Touren zwischen Mawson und Davis einlagern sollten, um schließlich und endlich die Mawson-Basis selbst anzulaufen.

Ich trug meinen von der Australian National Antarctic Research Expedition ausgegebenen Seesack, hatte meinen Rucksack über eine Schulter geworfen und eine wasserdichte Kameratasche umgehängt, die ich mir hier in Hobart für die Reise gekauft hatte. Die Anprobe der unförmigen Kaltwetterkleidung war am Nachmittag zuvor im Hauptquartier der Antarctic Division ein Spaziergang gewesen, bei dem ich in glücklichen Erinnerungen schwelgte. Es war lange her, dass ich zum letzten Mal Fäustlinge getragen hatte. Sie anzuziehen und meine Finger in der kratzigen, wollenen Wärme zu bewegen löste eine nostalgische Besinnung an Flyer-Schlitten, Schlittschuhe und Schneeballschlachten, an das Bauen von Schneefestungen und das Freischaufeln des Verandadaches aus – Winterbeschäftigungen, an die ich jahrelang nicht mehr gedacht hatte. Ich dachte auch daran, wie ich auf frischen Schneefeldern herumsprang und mir dabei vorstellte, eines Tages zu den entferntesten Punkten der Erde aufzubrechen. Diese alten Kindheitsträume waren die absolute Rechtfertigung dafür, dass ich an einem kalten, regnerischen Novembertag durch den Hafenbezirk von Hobart ging, um an Bord eines Schiffes zu gehen, das zur Antarktis fuhr. Ich wollte vor Freude laut auflachen. Ich eilte den Landungssteg hinauf und hatte das Gefühl, ich sollte eigentlich eine kühne, abenteuerliche Melodie pfeifen, vielleicht etwas in der Art der flotten Seefahrermelodien der Old-Spice-Werbespots, die mir aus früheren Zeiten plötzlich in den Sinn gekommen waren. Dieser entscheidende Akt, an Bord eines solchen Schiffes zu gehen und abzureisen, war ein so glorreicher Augenblick, dass ich, sofort nachdem ich meine Ausrüstung in meine Kabine geworfen hatte, wieder hinaus an Deck schlich und die Gangway noch einmal hinunterschlenderte – nur wegen des einfachen kindischen Vergnügens, das Ganze noch einmal zu erleben, nur um erneut an Bord des Schiffes nach Antarktika zu gehen.

Es war grandios, aber ich hätte mir die Mühe gar nicht zu machen brauchen, denn rund eine Stunde vor der Abfahrt wurden wir sowieso alle wieder von Bord gescheucht. Nachdem dann die Mannschaft alle Ecken und Winkel des Schiffes abgesucht hatte, mussten wir noch einmal nacheinander mit dem Pass in der Hand an Bord gehen. Blinde Passagiere sollten auf diese Weise ausgeschlossen werden. Es war nämlich schon vorgekommen, so sagte man mir, dass sich Leute für die Fahrt hinunter ins Eis an Bord versteckt hätten. Vor einigen Jahren war ein junger Bursche, der unbedingt nach Antarktika wollte, einfach nicht an Land gegangen. Es gelang ihm, ein Versteck zu finden, aus dem er erst herauskam, nachdem das Schiff einige Tage auf See war. Der Kapitän und der Expeditionsleiter waren ihm wohlgesonnen gewesen, und ich hörte, dass der Bursche dort unten eine tolle Zeit verbracht hatte. Und als sie nach Hobart zurückkamen, übergaben sie ihn der tasmanischen Polizei. Es gab aber kein großes Nachspiel. Soweit ich in Erfahrung bringen konnte, wurde er nicht sonderlich bestraft. Aber dafür wird jetzt jedes Mal das Schiff gründlich untersucht, bevor es in See sticht. Diesmal wurden jedoch keine blinden Passagiere gefunden, und als man uns wieder an Bord ließ, drängten wir uns alle an der Reling und winkte zum Abschied der am Kai versammelten Menge zu.

Wir legten in einem kalten Nieselregen ab, begleitet von einem bunten Konfettischauer. Freunde und Verwandte waren gekommen, Ehefrauen, Eltern und Verlobte lächelten tapfer, und Babyhände wurden zum Abschiedswinken geschwenkt.

Die meisten Leute, die sich neben mir gegen die Reling lehnten, würden in Davis oder Mawson überwintern. Für ein Jahr oder länger sahen sie hier zum letzten Mal die vertrauten Gesichter. Für mich war es nicht ganz so schwierig: Ich ging nur für sieben Wochen nach Süden, ein kurzer Aufenthalt, verglichen mit den üblichen Standardlängen antarktischer Reisen. Meine Freude war also ungetrübt.

Ein lautes Tuten aus dem Schiffshorn hallte durch den Hafen.

Ein Spalt Wasser zeigte sich zwischen dem Schiff und der Mole: erst neunzig, dann 180 Meter. Der Jubel verklang, die Menge auf dem nassen Kai schrumpfte zu kleinen Punkten. Umgeben von dem Konfetti wirkte sie etwas verloren. Die letzte unsichtbare Verankerung zwischen uns und den Menschen an Land wurde gelöst, es blieb der Eisbrecher *Aurora Australis* mit seiner eigenen, in sich abgeschlossenen Welt. Wir glitten am Battery Point vorbei, ließen die hügelige Stadtlandschaft unter einer tief hängenden, durchbrochenen Wolke zurück und dampften den Derwent hinunter Richtung offenes Meer. In dieser Nacht schlingerten wir durch die schwere, finstere See auf der Höhe von Tasmaniens wildem Südwestkap und machten neun Knoten Fahrt in südsüdwestlicher Richtung.

Die Wetterkarten zeigten ein stürmisches Tiefdrucksystem, das Richtung Tasmanien unterwegs war, und wir steuerten mitten hinein. Als man uns vor unserer Abfahrt die Rettungsboote gezeigt hatte und wir uns in Gedanken ausmalten, wie grauenhaft es wohl wäre, in ihnen fahren zu müssen, ging eine der Expeditionsärztinnen herum und verteilte Tabletten gegen Seekrankheit. Sie fügte dabei die Warnung an, dass das Schiff nicht umsonst den Spitznamen »Orangefarbener Roughy« tragen würde – was eine Art Wortspiel war, das die auf dem Fischmarkt übliche Bezeichnung für einen in der Tiefsee lebenden antarktischen Fisch mit dem Fahrverhalten dieses rettungsorangefarbenen, rundrumpfigen Eisbrechers bei schwerer See verknüpfte. Die – wie die Ärztin sagte, extrastarken – Pillen waren einzeln in Folienstreifen eingeschweißt. Auf der Packung stand, man solle alle zwölf Stunden eine nehmen.

»Nehmen Sie zwei davon«, sagte sie zu mir und gab mir einige Päckchen.

»Äh ... hier steht doch, man soll nur eine einnehmen ...«

Sie lächelte angesichts meiner Naivität. »Nehmen Sie zwei.«

Also nahm ich zwei, schlief in der Nacht wie ein Toter und wachte am nächsten Morgen derart neben der Kappe auf, dass ich kaum zum Frühstück in die Kombüse hinunterwanken konnte. Das Schiff kämpfte sich kräftig durch die See, Töpfe und Pfannen klapperten, dunkelgrünes Wasser schwappte an den Bullaugen vorbei, als die *Aurora* die Wellen durchpflügte. Ich frühstückte ohne große Begeisterung. Anschließend ging ich wieder in meine Kabine, um weiterzuschlafen. Es waren erneut zwei Tabletten (oder eine) fällig, aber ich beschloss, darauf zu verzichten. Ich wusste nicht, ob ich seekrank werden würde, weil ich nie viel mit Booten zu tun gehabt hatte. Ich wusste nur, dass ich nicht unter Einfluss von Medikamenten wie eine betäubte Katze auf einem Sofa in der Lounge zusammengerollt liegend nach Antarktika fahren wollte. Ich ließ die Wirkung der Pillen abklingen, stocherte im Mittagessen herum, ging anschließend an Deck spazieren, sog die kalte, frische, salzige Luft ein – und fühlte mich pudelwohl. Und so blieb das auch für den Rest der Fahrt, wobei ich das gelegentliche Unwohlsein am Morgen mit einer den Magen beruhigenden Schale Cornflakes abwehrte, ehe ich mich über mein übliches Frühstück aus Eiern, Speck, Pfannkuchen und viel Kaffee hermachte. Ich ließ keine einzige Mahlzeit aus.

Ein Tag folgte dem nächsten mit schwerem, grauem Wellengang, zunehmend kälteren Winden, leerem Horizont, weitem Himmel und Albatrossen. Das war Entfernung, wahre Entfernung, nichts, was man einfach in Seemeilen angeben wollte.

Über die Fahrt nach Mawson wird gesagt, dass es die einzig noch verbliebene Seereise ist, bei der es keine andere Wahl gibt. Jeder, der dorthin will, hat eine lange, rund 5000 Kilometer weite Fahrt durch eines der einsamsten und rauesten Gewässer der Welt vor sich. Es gibt keine andere Möglichkeit. Man kann nicht nach Mawson fliegen. Man muss mit dem Eisbrecher zu dieser Station fahren. Es bleibt einem nichts anderes übrig, als in einem Schiff auszuharren, das gegen die schwere See ankämpft und sich mit Stampfen und Schlingern Knoten um Knoten Richtung Süden bewegt – kalte Nebel, Sturmböen und fallende Temperaturen inklusive. Ich fühlte mich wie die Seeleute aus früheren Zeiten, die in einer Art schauriger Unendlichkeit Breitengrade um Breitengrade passierten.

Wir vertrieben uns die Zeit mit Lesen oder spielten Scrabble, saßen auf der Brücke des Schiffes oder schauten uns Videos an. Man konnte auch Darts werfen oder Tischtennis spielen, wobei das gierige Stampfen des Schiffes neue Überlegungen zur Chaostheorie beisteuerte. Spielte ich als blutiger Darts-Laie bei stürmischem Wetter mit einigen Profis, zumeist ehemaligen Marinetypen, die ihre speziellen Wettkampf-Darts in Ledertaschen mit sich herumtrugen, so konnte ich immerhin ein Unentschieden erzielen.

Es waren leere, aber keinesfalls bedeutungslose Stunden, denn während sie bei beständigen neun Knoten vergingen, bestimmten sie das Reiseerlebnis. Diese tatenlose Tage verliehen der eigentümlichen Isolation von Antarktika eine spezielle Bedeutung, und sie machten mir klar, dass eine Fahrt in die Antarktis eine Investition an Zeit erforderte – und wenn man für Seekrankheit anfällig war, auch ein gewisses Maß an Unwohlsein. In einer schnelllebigen Zeit, in der man sich daran gewöhnt hat, Tausende von Kilometern in einer Boeing 747 in ein paar mühelosen Stunden zurückzulegen – Stunden, in denen man es höchstens schafft, ein paar auf Plastiktabletts servierte Mahlzeiten oder Snacks zu verzehren –, wird einem dagegen durch die Langsamkeit eines Schiffes bewusst, dass die Erdkugel doch sehr groß ist und Antarktika sich in einer romantisch verklärten Entfernung befindet.

Neugierig beobachtete ich, wie sich auf dieser schier endlosen Reise in den Süden die verschiedenen Projekte der Wissenschaftler entwickelten, wenn sie an den grauen Nachmittagen herumsaßen und ihre Pläne und Vorhaben diskutierten. Neue Ideen nahmen Gestalt an, Hypothesen wurden verworfen, und gelegentlich soll es sogar vorgekommen sein, wenigstens wurde dies erzählt, dass das Projekt eines Forschers komplett umgekrempelt wurde. Und wenn neue Apparaturen für die revidierten Pläne erforderlich wurden, bestanden gute Aussichten, dass die Handwerker, welche bei den Gesprächen zugehört hatten, sich meldeten und einen Vorschlag machten, wie man diesen oder jenen Gegenstand aus Materialresten herstellen könnte, die bei den Stationen zu finden seien. Die meisten Handwerker – Tischler, Mechaniker, Installateure und Elektriker – waren entweder Antarktika-erprobt oder hatten jahrelang im australischen Busch gearbeitet. Sie waren aus diesem Grund besonders geschickt darin, alles, was man benötigte, praktisch aus nichts zusammenzubasteln.

Eines Nachmittags saß ich neben einem Physiker, einem Mechaniker und einem Installateur. Sie hatten die Köpfe über einem Blatt Papier zusammengesteckt, um irgendeinen mir fremden Laborgegenstand auszutüfteln, dessen Funktion ich nie ganz genau verstanden hatte. Der Physiker teilte mir jetzt begeistert mit, das Ding würde mit Sicherheit besser sein als ein ähnliches Objekt, das man in Geschäften für wissenschaftlichen Bedarf kaufen könne. Die neue Konstruktion wäre nämlich speziell auf sein Experiment zugeschnitten und so widerstandsfähig, wie es unter den Bedingungen der Antarktis eben sein müsse.

Wir waren allein auf dem Meer. Kein anderes Schiff kam in unsere Nähe. Unsere eigene kleine Welt war neunzig Meter lang, 4000 Tonnen schwer und von 120 Personen bewohnt, und sie schaukelte auf den Wellen dieses immensen Ozeans umher. Wenn ich nachts im Bett lag und das Schiff durch die Finsternis stampfte, stellte ich mir vor, wie wir von oben aussehen würden: eine kleine Anordnung von Lichtern, die, je später es wurde, eines nach dem anderen ausgingen, bis nur noch die roten und grünen Positionslichter blinkten und auf der Brücke ein schwaches Leuchten zu erkennen war.

Als wir fünf Tage von Hobart entfernt waren, sah ich meinen ersten Eisberg – eine große tafelförmige Angelegenheit, die wild und gefährlich aussah, als wir uns ihr näherten, weil die dunklen Wellen dagegenprallten und große Gischtwolken dreißig Meter hoch in die Luft schleuderten. Es war um die Frühstückszeit, und als jemand rief, dass ein Eisberg voraus wäre, stürmten wir alle aus der Kombüse und verteilten uns aufgeregt entlang der Reling, um ihn anzusehen, während unser Atem ganz frostig in der grauen Kälte hing. Wir knipsten Fotos und lauschten ehrfürchtig dem einsamen Klatschen, mit dem die Brandung hier draußen mitten im Nichts gegen diese Eisklippen schlug. Und dann war er auch schon hinter dem Heck. Und diejenigen von uns, die neu in diesem Teil der Welt waren, bedauerten es ein wenig, dass solch ein Wunder, unser erster Eisberg, in der Ferne immer kleiner wurde. Wir begriffen in diesem Augenblick nicht, wie viel Eis noch hinter dem Horizont liegen sollte. Konnte das überhaupt jemand begreifen? Weitere Eisberge glitten an Backbord und Steuerbord vorbei, während der Tag langsam verging, anfangs beachtet, aber dann mehr und mehr gewohnt. Und am nächsten Morgen waren wir von Eis umzingelt.

Das war der magischste Teil der Reise, ein surreales Tableau schwimmenden Eises, das sich ins Unendliche zu erstrecken schien. Obwohl es nichts Vergleichbares gab, brachte mich irgendetwas dazu, an diesen Tagen an mein Lieblingsbuch aus der Narnia-Chronik zu denken, an *Die Reise auf der Morgenröte*, wo zum Ende des Romans tagelang durch friedliche Meere gesegelt wird, die am Rande der Welt mit Feldern zarter, weißer Blüten bedeckt sind.

Wir standen stundenlang am Bug oder auf der »Affeninsel« – wie in der Seemannssprache das Deck oberhalb der Brücke genannt wird –, unterhielten uns mit gesenkter Stimme und versuchten diese gespenstische Unendlichkeit und gigantische Stille zu fassen. Manchmal kam es uns vor, als würde man auf einem überdimensionierten Toboggan-Schlitten fahren, wenn der Schiffsrumpf über das Packeis krachte, um es zu zerteilen. Dabei drehten sich riesige Kristallbrocken um, sodass sie im Sonnenlicht grün und blau blitzten und funkelten, ehe sie gegen die Flanken des Schiffs schlugen. Manchmal wirkte der Himmel, als hätte man ihn kräftig poliert, und das Licht war so klar, dass man sich gut vorstellen konnte, man sähe über die Krümmung der Erde hinaus. Dann wieder tuckerten wir durch ein verschwommenes, eintöniges Grau, ein Schneegestöber mit immer tiefer hängenden Wolken über dem Eis und dunklem, glasigem Wasser.

Eines Abends wurden wir Zeuge des flüchtigen grünen Blitzes, den Seeleute manchmal beobachten können, wenn die Sonne hinter dem Horizont verschwindet. Ein anderes Mal sahen wir am Bug, wie im mitternächtlichen Dunkel ein riesiger, leuchtender silberner Mond in einem rosa-violetten Band über dem aufgebrochenen Packeis aufstieg und sich im Wasser spiegelte.

Überall waren Tiere: Buckelwale, Zwergwale und Schwertwale, Seebären und Seeleoparden, Albatrosse und Dutzende Arten verschiedener Seevögel, die am Himmel kreisten. Mein Favorit war der Schneepetrel, ein schöner, ganz weißer und taubenähnlicher Sturmvogel, der über dem aufgebrochenen Packeis dahinglitt und ein unglaubliches Gefühl von Frieden und Ruhe zu verbreiten schien.

Der aufregendste Augenblick kam jedoch, als ich etwas entdeckte, das auf den ersten Blick wie ein Schwarm kleiner fliegender Fische wirkte, die immer wieder in pfeilschnellen, silbernen Spritzern aus dem Wasser hüpften wie Delfine. Aber dann sprangen sie auf eine Eisscholle – und ich musste vor Staunen lachen, als mir klar wurde, dass ich soeben meine ersten Pinguine in freier Wildbahn gesehen hatte. Es waren Adeliepinguine, jene komischen, befrackten Gestalten von knapp einem halben Meter Körpergröße, welche die Trickfilmzeichner so lieben. In den kommenden Wochen sollten wir noch Hunderte von ihnen sehen, die auf Eisschollen herumstanden wie Gäste auf verunglückten Dinnerpartys. Später sahen wir auch Kaiserpinguine, stattliche Kreaturen von rund 120 Zentimetern Größe mit orangefarbenen Tupfen auf den Wangen.

Es war reinste Magie. Alle waren davon hingerissen, egal wie oft sie schon unten im Süden gewesen waren. Für mich wird es immer einer der schönsten Augenblicke dieser Reise in die Antarktis bleiben, gleich einem Wunder, gemeinsam mit anderen Menschen eine der seltsamsten Regionen der Erde erlebt zu haben. Hier waren Köche, Tischler, Geologen, Hubschrauberpiloten, Seeleute der Handelsmarine, Biologen, Mechaniker, Meteorologen, Ärzte und Installateure zusammengeführt, die in der normalen Welt kaum oder nie Kontakt gehabt hätten. Doch im Eis fanden sie mühelos zusammen, um für eine Weile Bewohner der Antarktis zu werden.

Ich hätte ewig auf diese Weise weiterreisen und ohne Ende durch die surreale Traumlandschaft aus Eis dampfen können. Aber die Meilen summierten sich unerbittlich. Das kontinentale Eisplateau erhob sich über dem Horizont wie eine Wolkenbank. An einem kalten, grauen Tag gegen zwei Uhr morgens machten wir knirschend Halt im festen Eis, knapp fünf Kilometer vor der Davis-Basis. Der Kapitän ließ ein langes, widerhallendes Signal aus dem Nebelhorn des Schiffes ertönen, um unsere Ankunft anzukündigen. Es war ein plötzlicher Einbruch in der friedlichen Stille, der jeden hochschrecken musste, der gerade schlief. Das Tuten beendete den ersten Teil unserer Reise mit einem Ausrufezeichen.

An Bord waren wir alle längst wach. Begierig, etwas zu sehen, drängelten wir uns an der Reling. Ich stand oben auf der »Affeninsel« und musterte die Ansammlung von Gebäuden durch ein starkes Fernglas, das ich mir auf der Brücke ausgeliehen hatte. Dies war mein erster Blick auf eine antarktische Basis, und als ich die kahlen, hellen Gebäudemodule und die vielflächigen Radarkuppeln sah, war mein augenblicklicher Gedanke, dass alles genau wie auf den mir bekannten Bildern aussah, nämlich wie eine unzugängliche, unbegreifliche, postapokalyptische Kulisse mit Science-Fiction-Ambiente. Nichts regte sich. Aber dann, o Wunder, ging in einem der kleinen Gebäude eine Tür auf, eine punktgroße Gestalt trat heraus und machte sich auf den langen, beschwerlichen Weg über die weite Ebene schneebedeckten Eises herüber zum Schiff. Dieser Punkt bewegte sich tatsächlich – dies hier war kein Foto. Ich war wirklich da.

Mit dem Entladen der Fracht wurde am nächsten Morgen begonnen. Ein Kran ließ sie auf ein paar Hägglund-Raupenfahrzeuge hinunter, die über das Eis herangekommen waren. Gleichzeitig wurden die Abdeckungen von den sich auf dem Schiff befindlichen Hubschraubern entfernt, damit sie flugbereit gemacht werden konnten. Sie hoben vom Heli-Deck am Heck des Eisbrechers ab und beförderten diverse Dinge zur Station. Es gab viel zu tun.

Ich ging etwas später am Tag ins Landesinnere. Ich hätte mich von einem der Hägglunds mitnehmen lassen können, welche die ganze Zeit hin und her fuhren. Aber ich zog es vor, allein gehen zu dürfen, um in aller Ruhe meinen Gedanken nachhängen zu können. Diese blanken, grauen Felsen entlang des Ufers waren also Antarktika, der Südkontinent. Nach all den Aufregungen und Großartigkeiten der letzten paar Tage, an denen wir durch das Packeis geglitten waren und all die Pinguine, Wale und Robben gesehen hatten, fühlte ich eine leichte Enttäuschung. Dennoch war es richtig, diesen Landgang zu machen – und zwar allein. Er würde mir die Gelegenheit bieten, weiter die Fiktion aufrechtzuerhalten, dass ich mich irgendwie selbst hierher gebracht hatte. Auf diese Weise konnte ich möglicherweise die lange vergangenen Tagträume, die ich bei meinen Schneewanderungen in New Hampshire gehabt hatte, mit der schneeknirschenden Gegenwart der Antarktis in Verbindung bringen.

Unabhängig von den grauen Felsen war es ein schöner Tag, klar und sonnig, an dem die Temperatur knapp über dem Gefrierpunkt lag. Ich band meine Sorrell-Stiefel zu, schlüpfte in meinen Parka und hinterließ am schwarzen Brett eine Notiz, dass ich das Schiff verlassen und zu Fuß nach Davis gehen würde. Dann schlenderte ich den Landungssteg hinunter und machte mich auf den Weg. Es sollten bis zur Basis rund fünf Kilometer sein, obwohl es in jenem teleskopisch klaren Licht schien, als wäre der Weg dorthin viel kürzer, allenfalls ein paar hundert Meter. Das Gehen auf der harten, kristallinen Festigkeit des Eises fühlte sich gut an. Meine Füße spürten keine Begrenzungen, nicht von Schiffsdecks und nicht von einer Reling.

Aber ich war nicht allein. Auch andere machten Spaziergänge, insbesondere eine Reihe von Adeliepinguinen, die wie eine in Tanzformation angetretene Gruppe in Frack und Zylinder wirkte. Unsere Wege kreuzten sich in der Nähe des Ufers und wir hielten an, um einander anzustarren. Ich hatte noch nie einen Pinguin aus solcher Nähe und vor allem nicht in freier Wildbahn gesehen. Langsam zog ich meine Nikon aus der Kameratasche, wobei ich darauf achtete, dass ich keine hastigen Bewegungen machte, welche diese kleinen Wesen erschrecken konnten. Dann setzte ich mich langsam in den Schnee. Sie standen artig still, während ich einige Porträtfotos machte, aber sowie ich mich auf Zehenspitzen zur Seite bewegte, weil ich sie aus einem anderen Blickwinkel aufnehmen wollte, watschelten sie freudig zu meiner unbewachten Kameratasche und fingen an, darin herumzustöbern.

»He, lasst das!« Ich ging zu meiner Kameratasche zurück und kam mir etwas lächerlich vor, weil ich auf sie einschimpfte. Kann man Pinguine ausschelten? Ein paar der kleinen Kerlchen machten Platz, ehe sie sich umdrehten und mir vorwurfsvolle Blicke zuwarfen. Aber die übrigen wichen keinen Deut zurück und schenkten mir nicht mehr als einen neugierigen Blick, ehe sie sich wieder der interessanteren Aufgabe widmeten, mein Gepäck zu filzen. So viel zur Scheu der Tiere in der Wildnis! Ich sah zu, wie sie alles gründlich durchsuchten, und ließ sie neugierige Grenzbeamte spielen. Nachdem diese Zoll- und Einwanderungsformalitäten erledigt waren, nahm ich meine Tasche, schlängelte mich an ihnen vorbei und ging weiter ins Land hinein. Endlich hatte ich antarktischen Boden unter den Stiefelsohlen, und langsam fühlte sich das verdammt gut an.

Antarktisstationen mögen zwar in romantisch verklärter Ferne liegen und erhabene Ausblicke durch dreifach verglaste Fenster bieten, aber sie sind letztlich kein schöner Anblick. Sie sehen eher aus wie grob zusammengezimmerte Goldgräberlager. Aber Davis war wenigstens farbig, infolge einer unlängst vorgenommenen Sanierung, bei der die alten Zinkaluminiumhütten durch übergroße Fertiggebäude in kühnem Rot, Blau, Gelb und Grün ersetzt worden waren. Dennoch wirkte alles eher sachlich und zweckmäßig. Und ein wenig sah es auch nach Exil aus. Hier leben im Sommer etwa fünfzig Menschen, im Winter ungefähr ein Dutzend. Es war schon vorgekommen, dass Neuankömmlinge ihr künftiges »Zuhause« ansahen, Nein zu der Sterilität sagten und das Schiff bis zur Rückkehr nach Hobart nicht mehr verließen. Nachdem ich die Schneepfade der Station abgewandert (neben denen Führstricke gespannt sind, damit man seinen Weg findet, wenn man das große Pech hat, während eines Schneesturms überrascht zu werden) und in die Gebäude hineingeschaut hatte, die nach Art von Wohnheimen ganz komfortabel aussahen, beschloss ich, dass ich es besser getroffen hatte als die Mannschaft, die hier den Winter über bleiben würde. Für diese Leute von der *Aurora Australis* war es das Ende ihrer Fahrt. Sie würden in diesen Gebäuden mit diesem Ausblick isoliert von der Welt leben, bis sie das Schiff im nächsten Sommer wieder abholen kam. Ich hatte dagegen die Aussicht, noch Hunderte von Kilometern durch das Eis zu dampfen, kilometerweit neue Küstenlandstriche mit dem Fernglas zu erkunden und an anderen Stellen an Land zu gehen.

Einige Tage später fuhren wir wieder weiter, es ging entlang der Küste Richtung Westen. Wir kamen in die stillen, von Eis übersäten Gewässer der Prydz-Bucht, wo wir die chinesischen Forscher bei der Zhongshan-Basis absetzten. Anschließend brachten wir das Geologenteam nach Law, ein einsames Feldlager, gelegen zwischen den Larsemann-Hügeln. Ich wollte die Wissenschaftler begleiten, um ein paar Tage durch das Eis zu wandern, während die *Aurora* bis zum Ende der Bucht weiterdampfen sollte, um ein Lager mit Ölfässern und Nahrungsmittelvorräten für die bevorstehende Überquerung der Raupenfahrzeuge im Mittwinter zwischen Davis und Mawson anzulegen.

Wir flogen mit dem Hubschrauber nach Law und hoben vom Achterdeck des Schiffes in einem aufmunternden Aufheulen der Rotoren ab. Das war mein erster Blick auf die Antarktis aus der Luft. Obwohl ich der festen Meinung war, dass ich ein Bild von der weiten Ausdehnung von Schnee und Eis in meinem Innern besaß, gab es nichts, das mich auf die Unmittelbarkeit vorbereitet hätte, mit der das Schiff plötzlich immer kleiner wurde und sich der weiße Horizont plötzlich vor meinen Augen in alle Richtungen ausdehnte und sich in bläulicher Distanz mit der Krümmung der Erde bog. Dies war die Unendlichkeit, die ich mir als Kind immer vorgestellt hatte. Die *Aurora*, mit ihrer Wärme und ihrem Gewusel, den Betten und den heißen Mahlzeiten, war plötzlich nichts weiter als ein winziger orangefarbener Fleck in einem Meer aus weißem Eis unter einem stahlblauen Himmel. Auf einmal erschien mir die Antarktis als ein abstraktes Gebilde, das jedes Denken überschritt und den Kontinent erneut in den Bereich des schlicht Unvorstellbaren verwies. So weit ich sehen konnte – dies alles sollte nur ein kleiner Bereich der Prydz-Bucht sein, die ihrerseits nur eine obskure Einbuchtung an einer ellenlangen und erschreckend öden Küste im Osten von Antarktika darstellte. Und diese Küste wiederum war nur eine kleine Region innerhalb eines Kontinents, der größer ist als die Vereinigten Staaten und Mexiko zusammen. Wenn man daran dachte, dass die Antarktis zu über neunundneunzig Prozent in Eis und Schnee gehüllt ist, dann konnte man von ihr kaum eine konkrete Vorstellung haben.

An diesem Morgen flogen wir jedoch zu einem der wenigen Orte auf dem Kontinent, an dem dies nicht so ist. Law bestand aus einer Kette niederer, steiniger Hügel, die sich am Rand der Prydz-Bucht hinzogen. Entdeckt und benannt wurden sie in den dreißiger Jahren nach einem Norweger namens Larsemann. Danach blieben sie weitere fünfzig Jahre lang unberührt und unerforscht, bis plötzlich innerhalb kürzester Zeit Mitte der achtziger Jahre vier Stationen in dieser Hügellandschaft errichtet wurden – zwei von den Russen, eine von den Chinesen und Australiens kleines Sommercamp namens Law, benannt nach Philip Law, dem Gründer der Australian Antarctic Division. Die ungestüme Landbesetzung in Antarktika war von Gerüchten ausgelöst worden, nach denen ein neuer Vertrag die Ausbeutung von Bodenschätzen in der Antarktis in Zukunft formell regeln würde. In diesem sollte auch festgeschrieben werden, wie die noch unbekannten, aber zweifelsohne reichlich vorhandenen Ressourcen Antarktikas aufgeteilt werden würden. Da die achtziger Jahre von Habgier geprägt waren, herrschte natürlich enormes Interesse, von diesem Kuchen einen möglichst großen Anteil zu ergattern. Aber die Sache besaß für jede Regierung, die sich an diesem Spiel beteiligen wollte, einen Haken: Nach den Vorgaben des Antarktisvertrags hatten nur Länder, die aktive wissenschaftliche Arbeit auf dem Kontinent leisten, bei den Abstimmungen über die Zukunft des Kontinents etwas zu sagen. Anscheinend kein Problem. Plötzlich wurden Länder, welche nie zuvor das geringste Interesse an Polarexpeditionen bekundet hatten, von einer entsprechenden Leidenschaft erfasst. Sie standen Schlange, um Pinguine zu zählen, Temperaturen festzustellen, Schneehöhen zu messen und – massiv – Delegierte zu Vertragsverhandlungen zu entsenden.

Angesichts eines solchen Auftriebs von Neuankömmlingen überschlugen sich die alteingesessenen Antarktis-Nationen, um ihre Anwesenheit auf dem Kontinent zu verstärken und so ihre lauteren Stimmen am Verhandlungstisch zu rechtfertigen – und wahrscheinlich auch, um bei den Bodenschätzen besser abzuschneiden. Eile war angesagt. Es gab bei den Stationen einen Bauboom, wie ihn die Antarktis noch nie erlebt hatte, nicht einmal in den friedlichen Tagen des Internationalen Geophysikalischen Jahres, das von Juni 1957 bis Dezember 1958 dauerte und zur weltweiten Forschung unter anderem in den Bereichen Meteorologie, Seismologie und Ozeanographie aufrief. Dabei wurde jeder antarktische Küstenabschnitt, der nicht eisbedeckt war und deshalb leicht bebaut werden konnte, zur Immobilie erster Klasse. Australien, ein alter Teilnehmer bei diesem Antarktis-Wettkampf, mit den bei weitem größten Territorialansprüchen – der Kontinent beansprucht dreiundvierzig Prozent von Antarktika als Teil seines Hoheitsgebiets –, hatte bereits viele Millionen Dollar zur Verfügung gestellt, um seine drei Kontinentalstationen zu renovieren. Da man diesen Zeitpunkt auch für geeignet hielt, das eigene Antarktis-Engagement auszuweiten, erinnerte man sich an die eisfreie Küstenregion vor den Larsemann-Hügeln, die nur gut 160 Kilometer von Davis entfernt liegen.

Im Jahr 1986 schickte man ein Team los, um einen Platz für ein neues Sommercamp auszukundschaften. Als die Landvermesser ankamen, stellten sie fest, dass die Russen bereits bauten und die Chinesen im Anmarsch waren. In kürzester Zeit verwandelten sich diese einst unberührten Hügel, die zuvor kaum eines Menschen Fuß betreten hatte, zu einem Standort für vier Antarktisstationen.

Law war ein ordentlich geführtes Camp, eigentlich eine kleine, schmucke, grün und golden bemalte alpine Berghütte, die Küche, Speisesaal und Gemeinschaftszimmer in einem war. Dicht daneben standen drei dieser roten Glasfiberkuppeln (im australischen Antarktis-Jargon »Äpfel« genannt), die entweder als Schlafräume oder Lagerräume genutzt wurden. Vor der Hütte flatterte eine australische Fahne, und irgendwann einmal hatte jemand ein boxendes Känguru auf die Tür gemalt. Ich war mit einem Team von Geologen aus Melbourne hierher gekommen, welche die nächsten paar Wochen darauf verwenden sollten, die komplexe erdgeschichtliche Entwicklung dieser Region aufzuarbeiten. Dies war sozusagen ihr Sommerdomizil, und sie machten sich ans Einziehen mit der Vertrautheit einer Familie, die wie jedes Jahr in ihr heiß geliebtes Strandhaus zurückkehrt. Ich warf mein Gepäck in einen der »Äpfel« und ging dann zur Haupthütte. Sie roch ein wenig muffig, doch sie war gemütlich. Die Holzregale waren gefüllt mit Lebensmitteln in Dosen, und das alpine Feeling wurde durch dekorative Schweizer Fahnen verstärkt, die ein Geologe aus Zürich nach seinem Besuch im letzten Jahr zurückgelassen hatte.

Es war spät am Tag. Nachdem wir uns etwas entspannt hatten, beschäftigten wir uns in der Küche mit dem Abendessen und machten einen großen Topf Makkaroni mit Käse. Nachdem wir gegessen und das Geschirr gespült hatten, saßen wir noch bei einem zwölf Jahre alten Islay Single Malt Whisky und einem Eimer voll wesentlich älterem Gletschereis bis in die frühen Morgenstunden beisammen. Wir redeten über die Nachbarn – etwa über den Doktor der inzwischen geschlossenen ersten russischen Station, der vor einigen Jahren binnen eines Monats nach seiner Ankunft an einer Alkoholvergiftung gestorben war – und die Nachwirkungen des geplanten Schürfabkommens aus den späten achtziger Jahren. Die Geologen sagten mir, dass zweifelsohne große Reichtümer in der Antarktis vorhanden seien. So gibt es gute Chancen für Ölfunde, gewaltige Kohlevorkommen, die im Transantarktischen Gebirge entdeckt worden waren, sowie Platinlager im Dufek-Massiv. Und es würde sicher noch viel mehr existieren, was aber noch gänzlich verborgen unter dem Eis läge. Immerhin handelte es sich bei der Antarktis um einen Kontinent, der ein eigenes Klondike, Ballarat oder Witwatersrand haben musste, genau wie jede andere Landmasse. Das Problem war natürlich, nicht nur Erzlager zu finden, sondern sie auch angesichts der dicken Eisschichten mit Gewinn abzubauen. Aber selbst wenn die erforderliche Technologie dazu vorhanden wäre, was jedoch nicht der Fall ist, würde sich das wirtschaftlich nicht rechnen. Daher machten die Diskussionen um die Schürfrechte ungefähr genauso viel Sinn wie ein Streit unter Glatzenträgern um einen Kamm. Alle diesbezüglichen Überlegungen fanden 1989 auf nahezu zynische Weise ein Ende, als Frankreich und Australien plötzlich und völlig unerwartet den Entwurf des Schürfrechtsvertrag platzen ließen. Frankreich führte zu dieser Zeit im Südpazifik eifrig einige Atombombentests durch und brauchte eher ein Gegenprogramm, das man zur Imageverbesserung verwenden konnte. Und die Regierung von Australien stand vor einer Wahl, bei welcher Umweltschutz und Joberhaltung Schlüsselthemen sein sollten. Es war klar, dass beim Artenschutz von Pinguinen keine

Arbeitsstellen verloren gehen würden. Und so wurde der Schürfrechtsvertrag durch das Madrid-Protokoll von 1989 ersetzt, welches die Antarktis zu einer Art Weltpark machte und den Rohstoff-Abbau fünfzig Jahre lang untersagte. (Dieser Punkt erinnert aber ein wenig an Huckleberry Finn, wenn er sein Gewissen beruhigt, indem er sich entschließt, keine Dattelpflaumen zu stehlen, weil er weiß, dass sie ohnehin erst in einigen Wochen reif sein werden.)

Am nächsten Morgen brachen wir mit unseren Rucksäcken auf und wanderten durch ein zugiges Tal, das aussah wie die steinigen, kahlen Passstraßen irgendwo hoch oben im Hindukusch. Wir waren unterwegs zu Progress I, der aufgegebenen russischen Station, die einige Kilometer entfernt auf einer Anhöhe lag, von der aus man die ganze Bucht überblicken konnte. Es war ein weiterer strahlender Morgen, an dem die Sonne von einem fehlerlos blauen Himmel schien und die Luft feucht und kühl war. Wir gingen diesmal nicht über Schnee und Eis, sondern über felsiges Gestein. Unter den Füßen war ein beruhigendes Knirschen von Kies und das Klicken von Steinen zu hören. Die Natur war magisch, als wären wir in einem Land von Tolkien, mit Scharen schöner weißer Schneepetrels, die in Felsspalten nisteten. Über die blanken Hügel verstreut sah man Möwen von Knöchelhöhe, und die ebenen Flächen waren gefleckt mit juwelengleichen Süßwasserseen – eine bemerkenswerte Seltenheit in Antarktika –, deren Wasser so klar und rein war, dass es praktisch so unsichtbar war wie Luft. Die Stille, der ununterbrochene Sonnenschein und das Gefühl, am entferntesten Ende der Welt zu sein, erweckte einen Eindruck großer Friedlichkeit. Aber dann stößt man auf die Überreste eines Schneepetrels, den eine Riesenraubmöwe getötet und so zerhackt hat, dass nur das Brustbein und die immer noch gefiederten Flügel übrig geblieben sind. Der tote Vogel sieht aus wie ein ermordeter Engel, und man erinnert sich, in welch einer Wildnis man eigentlich ist. Und wenn man sich dann erneut umblickt, kommt einem die große Stille eher verschwörerisch als friedlich vor.

Progress I war nicht viel mehr als eine baufällige Hütte an einem breiten, vereisten Hang, vor der drei defekte Motoren von Raupenfahrzeugen zurückgelassen worden waren. Sie rundeten das ländliche Bild ab. Die Tür war aus den Scharnieren herausgesprungen und knarzte. Drinnen war es eng und moderig, billige Tapeten lösten sich von der Wand, und es lagen Teile kaputter Möbel und zerbrochener Wodkaflaschen herum. Es wäre grausam, hier den langen, finsteren Polarwinter verbringen zu müssen. Aber die Russen hatten es getan, zumindest einige von ihnen. Ursprünglich war diese Station als Ganzjahresbasis konzipiert worden, aber abgesehen vom eindrucksvollen Panorama der Bucht bot der Ort wenig Empfehlenswertes. Kräftige Winde heulten über diese Hänge, im Winter lag viel Schnee, während im Frühjahr, wenn es etwas wärmer wurde, Schmelzwasser von den oberhalb gelegenen Gletschern den Boden morastig und unangenehm machte. Sie gaben diesen Ort nach einem Jahr auf und bauten sogleich einige Kilometer entfernt eine neue, insgesamt größere Station mit dem (offensichtlich ohne Ironie gewählten) Namen Progress II. auf. Diese lag unten am Strand, wo sie leichter vom Schiff aus zu versorgen war. Aber auch sie war inzwischen geschlossen worden, wenngleich aus anderen Gründen. Wir wollten morgen dorthin wandern und sie uns ansehen.

Beim Mittagessen ließen wir in der Nähe unsere Füße von einem Vorsprung baumeln, von dem aus man einen spektakulären Ausblick auf die Bucht mit ihrem Packeis, den festgefrorenen Eisbergen, den Klippen und Felsspalten sowie einigen Gletscherabbrüchen entlang der Küste hatte. Anschließend erkundeten wir die Gegend und wanderten über eine Route zurück, auf der wir unsere Blicke in weite Fernen schweifen lassen konnten.

Es gefiel mir, in meinem »Apfel« zu schlafen. Mein kurzfristiges Zuhause aus Glasfasern war eine gemütliche kleine Kapsel mir runden Bullaugenfenstern. Wenn ich die Tür öffnete und meinen Kopf in den frostigen, grauen Antarktismorgen hinausstreckte, kam ich mir wie ein kleiner Junge vor, dem man erlaubt hat, in einem komfortablen Baumhaus zu übernachten. Es war einfach nett. Aus der Haupthütte drangen Frühstücksgeräusche. Ich wanderte zu ihr hinüber, um den Tag zu beginnen.

Dieses Mal schlugen wir eine andere Richtung als am Vortag ein. Wir durchquerten ein feuchtes Tal mit Kiesboden, um zu Progress II zu gelangen. Unterwegs war es kalt und klamm, der Himmel bedeckt. Das veränderte Licht gab der Landschaft eine eher düstere Ausstrahlung, fast wirkte sie sogar ein wenig gespenstisch. Als wir die Basis erreichten und an den ersten leeren Gebäuden vorbeigingen, wurden wir von einer Art Stille ergriffen. Wir befanden uns mitten in einer antarktischen Geisterstadt. Entlang der Hauptstraße standen zerfallene zweistöckige Holzbauten und Wellblechhütten. Aus Kisten quollen verrostete Maschinenteile, Bohrerteile lehnten wirr durcheinander an Containern mit der Aufschrift »CCCP«, daneben waren mit Schablonen Hammer und Sichel aufgesprüht. Überall lagen Drahtrollen und Kabeltrommeln herum, rostige, teils noch volle Ölfässer und jede Menge ausgedienter und kaum zu identifizierender Gerätschaften, alte Schneemobile und verschrottete Raupenfahrzeuge. Es war ein veritabler Schrottplatz. Einige dieser Dinge hatten eine faszinierende, ja bizarre Ausgestaltung. So veraltet sie wirkten, so kamen sie einem dennoch futuristisch vor, wie die Titelbilder von Science-Fiction-Taschenbüchern aus den fünfziger Jahren: zwei Drittel Jules Verne, ein Drittel George Lucas. Manche waren auf eigentümliche, obskure Weise aufgetürmt und rosteten in der Salzluft vor sich hin. Sie sahen interessant genug aus, um als kunstvolle Metallskulpturen durchzugehen, was auch immer sie darstellten. Wie ein verwirrter Besucher der Tate Gallery ging ich eine Weile um sie herum, ließ meiner Phantasie freien Lauf und stellte mir vor, wie diese Dinge irgendwo von einem Fließband rollten, ganze Fabrikparkplätze füllten und begeisterte Nachrichtenkommentare auslösten.

Wir verbrachten den Rest des Vormittags damit, die Basis respektvoll zu erkunden. Nichts war angefasst worden, seitdem sie verlassen worden war. Im ärztlichen Behandlungszimmer standen Regale mit medizinischen Handbüchern in russischer Sprache. In den Baracken hingen aufreizende Pin-up-Girls, außerdem lagen viele leere Stolichnaya-Wodka-Flaschen herum. Im Gemeinschaftsraum befand sich ein Billardtisch mit einem nicht beendeten Spiel, Weihnachtsgirlanden hingen herum und verblasste Fotos, auf denen uns die Gesichter der Mannschaft anblickten, die als Letzte hier gewesen war. Nach dem Datum auf dem Gruppenporträt zu urteilen, lag das schon ein paar Jahre zurück. Ich musste an Pompeji denken, nur dass es hier keinen Vulkanausbruch gegeben hatte, sondern eine politische und wirtschaftliche Eruption. Nachdem die Sowjetunion zusammengebrochen war, konnte man kein Geld mehr für Antarktisstationen erübrigen. Die Mannschaft von Progress II hatte sich wohl einen Sommer lang besorgt gefragt, wann – oder ob überhaupt – ein Schiff kommen würde, um sie abzuholen. Und als dann eines am Horizont auftauchte, verschwendeten sie nicht viel Zeit, um ihre Sachen zu packen. In der Küche lagen auf dem Schneidebrett noch immer ein Laib Brot und ein offenes Klappmesser, während sich im Ausguss schmutziges Geschirr stapelte.

Am nächsten Morgen kam der Hubschrauber, um mich in Law abzuholen. Ich flog hinaus zum Schiff, das bereits einige Seemeilen hinter sich gebracht hatte, obwohl es nur langsam vorwärts dampfte. Während der Hubschrauber vertäut wurde, nahm der

Kapitän Kurs auf Mawson, das noch Hunderte von Kilometern weiter westlich lag. An diesem und dem folgenden Tag erlebte ich wieder diese magische Reise durchs Eis.

Schließlich erreichten wir Mawson – beziehungsweise wir kamen der Station so nahe, wie das bei der Dicke des Packeises nur möglich war, nachdem wir in einer umwerfenden Mitternachtsfahrt die Eisberggasse durchquert hatten, ein Labyrinth aus ungewöhnlich geformten Eisbergen. Anders als bei Davis war es hier aber nicht möglich, die Basis vom Schiff aus zu Fuß zu erreichen, denn wir waren noch gut vierzig Kilometer von ihr entfernt. Ohne Hubschrauber ging gar nichts; ich erwischte einen Flug am Nachmittag.

Mawson liebte ich von Anfang an. Es ist die älteste und immer noch in Betrieb befindliche Station auf dem Kontinent. Sie wurde 1954 eröffnet. Als ich dort war, wurden noch die originalen Dongas aus Zinkaluminium und Holzhütten benutzt, welche sich alle entlang einer tief verschneiten Hauptstraße zusammenkauerten, die sich vom gefrorenen Küstenstreifen heraufbog. Alles war freundlich, malerisch, und altmodisch, gleichsam eine Szene, die Norman Rockwell vielleicht gern gemalt haben würde, wenn er sich je für die Antarktis interessiert hätte. Es gab einen gemütlichen alten Tischlerschuppen, dessen Decke mit Pin-up-Girls aus den swingenden Sechzigern zugepflastert war. Der Speisesaal aus Resopal und rostfreiem Stahl war noch ein Original aus den fünfziger Jahren. An den Wänden hingen Parkas und ein Schwarm Plastikfliegen, die an einem Fliegenfänger klebten. Ein Scherzbold aus Australien hatte die Kunstfliegen mitgebracht. Ein Unikum war auch der Morseapparat in der Funkzentrale, der von einem Antarktis-Vetertan bedient wurde. Ähnlich skurril war ein ausrangierter transsibirischer Eisenbahnwaggon, der als Raucherabteil diente.

Und dann gab es da noch die Huskys. Mawson war die letzte Station auf dem Kontinent, die Hunde und Hundeschlitten im Einsatz hatte. Im alten Pub der Basis waren die sorgfältig aufgezeichneten Stammbäume der Mawson-Huskys zu betrachten. Sie gingen zurück bis zu den ersten Gespannen von Grönland-Schlittenhunden, die man hergebracht hatte, als die Basis eröffnet wurde. Die Wissenschaftler hatten durch die Schlitten die Chance, weiter küstenabwärts die Kolonien der Kaiserpinguine zu beobachten oder die Prinz-Charles-Berge im Landesinneren zu erforschen. Die übrigen Mannschaftsmitglieder spannten hin und wieder die Hunde ein, um für einige Tage der Enge der Basis zu entfliehen. Sie nahmen dann ein Zelt und einen Vorrat an Lebensmitteln für Tier und Mensch mit, um auf diese Weise ein klein wenig zu erahnen, wie Antarktika in den großen, alten und heroischen Zeiten gewesen sein musste.

Diesen Sommer sollte es aber mit den malerischen, geradezu historischen Bauten in Mawson vorbei sein. Sie sollten geschlossen und den Schneeverwehungen überlassen werden. Etwas weiter den Hang hinauf war ein neuer Komplex lagerhausgroßer Gebäude in leuchtend hellen Farben entstanden, ähnlich denen, die ich in Davis gesehen hatte. Sie waren so gut wie fertig, als wir ankamen. Einige der Bauarbeiter sollten jetzt – nach fünfzehn Monaten Mawson – auf die *Aurora* gehen, andere würden ein späteres Schiff besteigen. Es wurde darüber nachgedacht, einige der interessanteren Bauten, zum Beispiel die Tischlerhütte und eine Donga, abmontiert und zusammengelegt nach Hobart zu transportieren, um sie einem Museum über die Frühzeiten der Antarktis zu übergeben. Aber noch hallten ihre Wände von den Stimmen der Expeditionsteilnehmer wider, die dort ihren täglichen Routinearbeiten nachgingen.

Aber auch die Tage der Huskys waren gezählt.

Nach den Bestimmungen des Madrid-Protokolls sollte das neue, aufgeklärte und postmoderne Antarktika eine Art Naturreservat sein, in das zwar der Mensch kommen durfte, aber keine dort nicht heimische Tierart. Ziel war es, das Ökosystem der Antarktis unter

Quarantäne zu stellen und es vor eingeführten Krankheiten zu schützen. Hunde, so hieß es, könnten die Staupe einschleppen. Aber das war alles nur dummes Gerede, denn Huskys hatten seit 1899 in der Antarktis gearbeitet, ohne eine Krankheit mitgebracht zu haben. Und inzwischen waren sämtliche Schlittenhunde in der antarktischen Umgebung geboren und obendrein vorsorglich geimpft worden. Im Übrigen beruhte die Studie, auf welcher die Ängste vor einer Staupe fußten, auf einem Ausbruch von Affenstaupe – einer ganz anderen und von der Hundestaupe völlig verschiedenen Krankheit, die bei Seevögeln in der Nordsee ausgebrochen war. Es passte alles nicht zusammen, aber letztlich musste es das auch nicht. Die Hunde, so schien es, waren trotz ihrer Dienstleistungen nur eine billige Pokerkarte in einem großen Machtspiel, das über unsere Köpfe hinweg ausgefochten wurde.

Der Basiskommandeur in Mawson war ein ehemaliger Landschaftsarchitekt namens Alan, ein freundlicher Mann, ganz im Stil der alten Antarktis-Stationsleiter. Er gab einigen von uns die Erlaubnis, zu einer Expedition ins Landesinnere aufzubrechen. Eine der kleinen Feldhütten in den Bergen hinter der Basis sollte das Ziel sein. Es hätte Spaß gemacht, mit den Hunden die Ausfahrt zu machen, aber das arthritisch geplagte Hundegespann wäre nicht in der Lage gewesen, einen Schlitten die steilen Hänge zum Plateau hinaufzumanövrieren. Also luden wir unsere Rucksäcke, Radios, Notfallausrüstungen und Nahrungsmittelvorräte für einige Tage auf ein Hägglund-Raupenfahrzeug und machten uns auf den Weg zum knapp fünfzehn Kilometer entfernten Außenposten, der als Rumdoodle bekannt ist.

Ein Hägglund wird auch in einer Million Jahre nicht so verzaubert wirken wie ein Hundeschlitten, und eine Fahrt auf ihm ist laut und holperig. Aber trotzdem erschien es mir wie ein Abenteuer, von der Basis weg einen Hang hinaufzufahren und zu sehen, wie unten die verstreuten Gebäude von Mawson zu unbedeutenden Punkten schrumpften und schließlich ganz verschwanden. Als wir über den Kammgrat gekrochen waren, fuhren wir rumpelnd und klappernd ins Landesinnere.

Rumdoodle entpuppte sich ebenfalls als eine alpine Berghütte, die jedoch an einer riesigen Felswand lag, die wie ein riesiger Schneidezahn das Eis durchschnitt und es auch um etwa hundert Meter überragte. Wir hielten neben der Hütte an und stiegen aus. Die unendliche Stille verschluckte sofort das Geräusch, mit dem wir unsere Traktortüren zuschlugen. Einen Augenblick lang standen wir alle einfach nur da und lauschten. Geisterhaft und wie von ferne hörten wir das schwache Geschrei von Schneepetrels, die vor den über uns aufragenden Klippen durch die Luft kreisten.

Wir verbrachten den Rest des Nachmittags mit der Erkundung der Umgebung und kehrten am frühen Abend zur Hütte zurück, um das Abendessen zuzubereiten und um sieben Uhr unsere laut Zeitplan festgelegte Funkmeldung zu erstatten. Die Basis musste wissen, dass alles in Ordnung war. Der Funker von Mawson las uns ein paar Kapitel aus *The Ascent of Rumdoodle* vor, William Ernest Bowmanns köstliche Persiflage auf das Bergsteigen. Er unterhielt damit uns und sich selbst rund eine Stunde lang. Der verschrobene englische Humor und der Tonfall der fünfziger Jahre gaben der Übertragung den sanften Charme einer alten Rundfunksendung. Wir saßen noch lange beisammen und unternahmen nach Mitternacht einen weiteren Ausflug, als die Sonne tief am Himmel stand, was die Farbtöne wärmer wirken ließ, sodass die sonst blendend weiße Schneelandschaft cremefarben aussah. Wir blieben bis drei Uhr im Freien, dann wanderten wir langsam zurück, machten uns einen Kakao und krochen in unsere Schlafsäcke.

Ich erwachte vom Geräusch eines rollenden Donners, das ich hier überhaupt nicht erwartet hatte. Dann blickte ich zum Fenster hinaus, sah aber nur einen makellos tiefblauen Himmel. Ein plötzlicher, schrecklicher Gedanke ließ mich an eine Lawine oder einen Steinschlag denken, als ich mich an die dramatisch steilen Klippen hinter uns erinnerte und an die vielen Felsblöcke, die auf dem Eis herumlagen. Aber das war es auch nicht. Es war, wie ich dann erfuhr, eine Lawine aus kalter, schwerer Luft gewesen – meine erste Begegnung mit den berüchtigten Fallwinden der Antarktis. Sie entstehen anscheinend aus dem Nichts, als plötzliche, kräftige Windböen, welche über das Eis hinfegen und einen neunzig Kilo schweren Journalisten spielend umwerfen können – wie ich es selbst erfahren musste, als ich törichterweise hinausging, um zu spüren, wie windig es draußen war.

Nach der Einsamkeit auf dem Plateau wirkte Mawson geschäftig, wie eine aufstrebende Goldgräberstadt. Hubschrauber mit gefüllten Netzen landeten auf dem Eis, und jedermann schien einzupacken, um nach Hause zu kommen, oder auszupacken, um hier einzuziehen. Gleichzeitig sägten, hämmerten und schweißten Bauarbeiter. An diesem Abend ging es im Pub hoch her. Jeder spielte Darts und trank Homers, selbst gebrautes Bier, von dem es in Mawson einen großen Keller voll gab. Sehr spät, etwa gegen vier Uhr, drängelte sich alles hinaus in den unablässigen antarktischen Sonnenschein und begab sich in eine abgedunkelte Hütte, um schnell noch ein paar Stunden zu schlafen. Der große Tag war tatsächlich gekommen – der Tag der Heimreise.

Es wurde entschieden, dass man die Huskys über die Hufeisenbucht laufen lassen sollte. Es sollte das allerletzte Mal sein. Jeder von der Basis kam aufs Eis, um teilzunehmen, wie der letzte Satz eines großartigen Kapitels in der Geschichte des Kontinents geschrieben wurde. Eigentlich war es mehr ein Epilog. Wir kamen einundsiebzig Jahre zu spät, um dies als das Ende einer heroischen Ära zu bezeichnen – das war bereits 1922 in der Nähe der Südgeorgien-Insel eingeläutet worden, als Sir Ernest Shackleton auf seinem Schiff starb, kurz bevor seine letzte Expedition begann. Damals wurde alles in eine Kiste verpackt, zusammen mit einer Menge anderer, nicht mehr benötigter Dinge der Kindheit, um es dann in einer der hintersten Ecken des Dachspeichers zu verstauen.

Es war an diesem Morgen ziemlich kalt, minus zehn Grad bei kristallklarem, blauem Himmel. Da ein scharfer Wind über das Eis fegte, kam es einem aber weit kälter vor. Die Hunde bellten in ihrem Geschirr und stießen mit jedem Kläffen eine Dampfwolke aus. Sie waren zwar alt, aber doch wild auf ihren Auslauf. Es waren fünf Hunde, der sechste – Brendan –, einer der ältesten, war vor einigen Tagen im Schlaf gestorben. Sie bildeten kein besonders gutes Gespann, da sie in den letzten Jahren aus der Übung gekommen waren. Man hatte sie im Wesentlichen wie Haustiere gehalten, Ausfahrten wie diese standen kaum noch auf der Tagesordnung. Trotzdem stellten sie sich mehr oder weniger in eine Reihe. Auf den Befehl des obersten Hundebetreuers hin, eines Meteorologen namens Rob, fing der leere Schlitten an, über die Bucht zu gleiten. Viele von uns liefen nebenher, streckten die in Fäustlingen steckenden Hände aus und legten sie von Zeit zu Zeit auf den Schlitten, ganz so, als wollten wir eine Hand voll Geschichte ergreifen. Es war ein sehr rührender Augenblick, aber auch ein Privileg, dabei zu sein, als sich der Vorhang über diesen Teil des Kontinents senkte.

Die Hunde trotteten schließlich müde zurück zur Basis. Eine lange Reise stand ihnen bevor, zu einem grünen, sommerlichen Ort, den sie noch nie zuvor gesehen hatten. Nach dem entbehrungsreichen Leben im Eis würde er ihnen vielleicht als das Paradies erscheinen.

Die große Abschiedszeremonie von Mensch und Tier fand im Gemeinschaftsraum des bald fertig gestellten Roten Schuppens statt, jenes neuen Wohnheims, in dem die angekommene Mannschaft (und alle zukünftigen) den Winter verbringen würden. Es gab die üblichen Reden. Der scheidende Stationsleiter bedankte sich bei seiner Mannschaft und schüttelte seinem Nachfolger die Hand. Polarmedaillen wurden an die Wintercrew verteilt, und speziell von den Mechanikern angefertigte Orden wurden den Hunden verliehen, denen man laut zujubelte. Es flossen auch Tränen.

Anschließend gingen wir alle zum Hubschrauber hinaus, dessen Pilot darauf wartete, uns zurück zum Schiff zu bringen, zurück nach Hause. Ich merkte, dass ich etwas hinter den anderen zurückblieb, weil ich die Antarktis nicht verlassen wollte. Der Zauber konnte doch nicht schon zu Ende sein? Ich hatte vor, mich mit gesenktem Kopf zurückzuhalten und mit dem letztmöglichen Shuttle-Flug zurückzufliegen. Aber als die Rotoren aufheulten und jemand rief: »Wer kommt zuerst mit?«, hörte ich, wie ich mich meldete. Dann zwängte ich mich mit rot angelaufenem Gesicht durch die Menge, war mir dabei besonders des antarktischen Felsgesteins unter meinen Stiefelsohlen bewusst und der Tatsache, dass ich es vielleicht zum letzten Mal betrat. Ich stieg in den Hubschrauber und war schließlich froh, dass ich mich für den ersten Flug entschieden hatte. Lange Abschiede konnte ich noch nie ausstehen. Meine letzte Erinnerung an Mawson war ein Kreis menschlicher Punkte in farbigen Parkas, die uns nachwinkten.

Der Flug zum Schiff dauerte etwa zwanzig Minuten. Ich sah zum Fenster hinaus und betrachtete zum letzten Mal das immense Weiß unter mir. Als ich dann in der Ferne einen kleinen orangefarbenen Fleck wahrnahm, beobachtete ich, wie er allmählich zur *Aurora* anwuchs. Der Pilot landete nur kurz auf dem Deck, um die Passagiere aussteigen zu lassen, dann hob er mit aufheulenden Rotoren wieder ab, um die nächsten zu holen. In Anbetracht der Entfernung und der Zahl der Menschen und Hunde, die zum Schiff gebracht werden sollten, müssen die Shuttle-Flüge einige Stunden gedauert haben, auch wenn sie mir nur wie Minuten vorkamen. Schließlich zerlegten die Mechaniker den Hubschrauber und verstauten ihn so sorgfältig wie Weihnachtsschmuck, der vom Christbaum abgenommen wurde. Sie entfernten die Rotorblätter, damit man den Flugapparat in den Hangar auf dem Hubschrauberdeck schieben konnte, um ihn dort mit schweren Gurten zu vertäuen. Oben auf der Brücke war der Kapitän damit beschäftigt, seine Karten und Wetterberichte zu studieren und sich bereit zu machen, das Schiff zu wenden. Er bestimmte einen nördlichen Kurs, um möglichst rasch aus dem Packeis und aufs offene Meer zu kommen, wo wir schnellere Fahrt aufnehmen konnten.

Ich lungerte ein wenig an Deck herum, lehnte mich an die Reling und schaute zu den wie herausgemeißelt wirkenden Eisbergen, während wir Kurs aufnahmen. Ich wollte eigentlich dort oben stehen bleiben, bis das letzte Eis verschwunden war, aber ich fühlte mich plötzlich viel zu müde dafür. Wochenlang hatte ich nicht mehr als zwei oder drei Stunden pro Nacht geschlafen. Ich war selten vor drei Uhr morgens ins Bett gekrochen und doch am Morgen der Erste in der Frühstücksschlange gewesen. Keine Sekunde meiner Zeit dort unten hatte ich vergeuden wollen. Zum ersten Mal in meinem Leben hatte ich jeden Tag wirklich voll ausgelebt. Als es nun Richtung Heimat ging, holte mich der ganze versäumte Schlaf ein. Kaum schaffte ich es, ins Bett zu gelangen. Gute achtzehn Stunden später wachte ich auf, und als ich an Deck kam, konnte ich nur noch die kalten, grauen, hohen Wellen des Südmeeres sehen, aber keinen einzigen Eisberg mehr.

Es war eine lange und stürmische Überfahrt zurück nach Tasmanien. Sie war viel rauer als die Hinfahrt. An einigen Tagen hatten wir Windstärke elf und Wellen, die sich meterhoch auftürmten. Ich sah ihre Gewalt von der Brücke aus und hielt mich krampfhaft an einem

Geländer fest, sodass meine Knöchel ganz weiß wurden. Bei den plötzlichen Schlingerbewegungen des Schiffes versuchte ich mein Gleichgewicht zu halten, wenn dies überhaupt möglich war. Gelegentlich surften wir regelrecht auf den dunklen Wasserbergen und sausten anschließend mit einem heftigen Aufprall in den Wellentrog, bei dem tonnenweise glasiggrünes Meerwasser über dem Bug zusammenschlug. Es spritzte bis zur Brücke hinauf, die immerhin zwanzig Meter über dem Deck und dreißig Meter vom Bug entfernt ist. Ich beobachtete das alles mit der Faszination einer Landratte. Stundenlang stand ich da und konnte die Augen nicht von den Meeresgewalten lassen. Ich war aufgeregt und spürte zugleich ein vages Unbehagen, was wohl als Nächstes passieren würde. Jedenfalls gab es der Sache Anreiz und Würze. Und als dieser Sturm endlich nachließ, setzten kurz darauf weitere Sturmböen ein.

Unsere Gruppe war ziemlich still, zum Teil wegen des Wetters, hauptsächlich aber wegen eines Gefühls der Leere und der wachsenden Erkenntnis, dass sich das große Abenteuer seinem Ende näherte. Diejenigen, die ein ganzes Jahr dort unten gewesen waren, versuchten sich neu zu orientieren, weg von Antarktika, weg von den anderen Expeditionsteilnehmern und den Routineabläufen der Basis, die ihre Welt gewesen war. Zum ersten Mal seit Monaten gestatteten sie sich den Luxus, an ihre Familien und Freunde zu denken und einen Hauch von Heimweh zuzulassen, welches sie den ganzen Winter über vermieden hatten. Das Schiff war für sie ein Zwischenstadium. Sie wollten nur, dass die Reise zu Ende ging.

Es gab einen Armeepsychologen an Bord, Nick Reynolds, dessen Aufgabe es war, den Einsatz der heimkehrenden Überwinterer zu besprechen und sie bei Problemen zu beraten. Seit wir erstmals in Davis gelandet waren, hatte er jeden Einzelnen für lange und offensichtlich sehr persönliche Gespräche beiseite genommen. Er war ein netter und beliebter Kerl, der auch bereit war, Schläge (oder

Schneebälle) einzustecken, wenn seine neunmalklugen Gesprächspartner den Spieß umdrehten, so wie an jenem Tag in Mawson, als er auf dem Eis stand und plötzlich überrascht bemerkte, dass er von rund dreißig Expeditionsteilnehmern in einem Kreis umzingelt worden war. Als sie auf ihn zugingen und mit Absicht Schneebälle formten, rief einer: »Hast du Probleme, Nick? Kommt es dir manchmal so vor, als wollten dir die Leute ans Leder?«

Bevor jemand die Erlaubnis erhält, in der Antarktis zu überwintern, muss er sich einer gründlichen psychologischen Überprüfung unterziehen, um festzustellen, ob man dafür, salopp gesagt, verrückt genug ist. Denn wenn man sich erst einmal dort unten befindet und das letzte Sommerschiff nach Hause gefahren ist, gibt es kein Zurück mehr. Man ist durch eine undurchdringliche Eisbarriere so wirksam vom Rest der Welt abgeschnitten, als wäre man auf einem anderen Planeten – oder in einem Hochsicherheitsgefängnis. Man kann nach Hause telefonieren (oder heutzutage E-Mails schicken), aber man kann keine Besuche machen und auch nicht besucht werden. Selbst Briefe sind nicht möglich. In einem Jahr kann viel passieren: Es gibt Geburtstage, Hochzeitstage, Familienangehörige erkranken oder können sogar sterben, Babys machen ihre ersten Schritte. Und man kann einzig über das Telefon davon erfahren. Das Leben geht weiter und folgt dem natürlichen Lauf des Alltags, jedoch nicht für die kasernierten Expeditionsteilnehmer in Antarktika, deren »wirkliches« Leben für ein Jahr im wahrsten Sinne des Wortes auf Eis gelegt worden ist. Man kann nicht aus dem Eis kommen, unschuldig blinzeln und erwarten, dass sich in der eigenen Abwesenheit nichts verändert hat; man muss sich anstrengen, um zu begreifen, was alles anders geworden ist. Aber auch im umgekehrten Fall treten oft genug Schwierigkeiten auf, wenn die zu Hause Gebliebenen die Erfahrungen, die jemand in der Antarktis gemacht hat, nicht verstehen können oder wollen.

Jeder, auch diejenigen von uns, die nur kurz in der Antarktis waren, würde irgendeine Art von Ankunftsschock verspüren, erläuterte Nick uns allen eines Abends vor dem Essen in einem Vortrag, während das Schiff, wie immer, durch die raue See schaukelte. Sehr bald würden wir nun wieder in eine geschäftige, urbane Welt voller Autos, Bäume und Menschenmengen auf Gehsteigen kommen. Nach der sterilen Welt in der Antarktis würde uns das alles sehr seltsam anmuten. Solch ein plötzliches Wiedereintauchen in die »reale« Welt würde jeden Einzelnen auf eine eigene und unvorhersehbare Art und Weise beeinflussen, fuhr er fort. Ein Elektriker aus Davis stand auf, ein über zwei Meter großer Riese. Er erzählte, dass er das letzte Mal bei der Rückkehr nach einem Winter im Eis so begeistert von den Farben und dem Duft von Rosen in einem Garten gewesen sei, dass er sich auf der Stelle in den Vorgarten einer fremden Person gekniet habe, um in tiefen Atemzügen den Rosenduft genussvoll einzusaugen. Der Anblick eines zottigen, bärtigen und scheinbar irren Riesen, der praktisch ihre Rosen verschlang, erschreckte die alte Dame, die dort wohnte, so sehr, dass sie die Polizei anrief. Das war auch kein Wunder. Ein anderer konnte mit der Geschichte eines frisch aus Mawson zurückgekehrten Mannes aufwarten, der in Hobart verhaftet worden war, nachdem er von einer Tankstelle weggefahren war, ohne zu bezahlen. Er wollte überhaupt nicht betrügen, aber es war ihm einfach nicht in den Sinn gekommen, dafür Geld auf den Tresen zu legen. Wer auf der Basis lebte, war es gewohnt, dass es dort keine Zahlungsmittel gab.

Wir hatten uns alle ein wenig verändert, innerlich und äußerlich, auf subtile und weniger subtile Weise. Einige der Änderungen konnten sogar im Gesicht abgelesen werden: Die meisten männlichen Überwinterer hatten sich eindrucksvolle Bärte à la ZZ Top stehen lassen. In Verbindung mit dem Alterungseffekt im kalten, trockenen Klima der Antarktis ließ sie das ungefähr fünf Jahre älter aussehen. So kam es mir jedenfalls vor, da ich die Bilder aus dem Vorjahr kannte, als sie noch glattgesichtig Hobart verlassen hatten. Ein Mann, der von Davis zurückkam und nicht wollte, dass seine Frau einen Schock erhielt, wenn wir in einigen Tagen das Schiff verließen, rasierte sich seinen Bart ab. Die Verwandlung war unglaublich. Sie war so krass, dass ich den Mann nicht erkannte, obwohl ich ihm die letzten vierzehn Tage fast jeden Tag beim Frühstück gegenüber gesessen hatte. Ich hielt ihn für einen der Expeditionsteilnehmer, die wir gerade in Mawson abgeholt hatten und dem ich bisher noch nicht begegnet war. Daher stellte ich mich ihm sogar vor und fragte ihn nach seinem Namen.

An Bord war auch eine junge Frau namens Sam, eine Biologiestudentin, die von Davis zurückkam. Man hatte mir gesagt, dass sie prächtige hüftlange rote Haare gehabt hatte, als sie nach Antarktika gekommen war. Aber aus einer ungestümen Augenblickslaune heraus hatte sie sich auf der Basis-Abschiedsparty einigen Jungs angeschlossen und ihren Kopf kahl scheren lassen. In dieser Nacht der ausgelassenen Stimmung war Sam ihr Tun vermutlich witzig vorgekommen, und für die Gemeinschaft in Davis war ihr radikal verändertes Aussehen keine große Sache. Sie war Antarktikerin, das allein spielte eine Rolle. Aber all das war jetzt vorbei, der Mannschaftsverband löste sich langsam auf, sämtliche Mitglieder würden bald in alle Winde verstreut sein. Als die Tage verstrichen und wir uns Hobart näherten, wurde Sam zunehmend befangener und fuhr sich oft mit der Hand über die Haarstoppeln. Sie fragte sich offensichtlich, wie sie das den Leuten zu Hause erklären sollte. Was würden ihre Familie und ihre Freunde denken, wenn sie so den Landungssteg hinunterging?

Sie tat mir ein wenig Leid, wie sie so aus einer Gemeinschaft herausgerissen und durch einen unbedachten Augenblick in sich gefangen war. Die Männer konnten ihre Bärte abrasieren und nach zwanzig Minuten erkennbar wie früher aussehen. Aber für Sam gab es keine Möglichkeit, wieder wie die Person auszusehen, die ihre Familie kannte, als sie weggegangen war – außer die *Aurora* würde sich in den *Fliegenden Holländer* verwandeln und für ein Jahr magisch über die Meere gleiten.

Die langen Tage vergingen angenehm. Wir vertrieben uns die Zeit nicht viel anders als auf der Hinfahrt – sahen Videos, spielten Scrabble, Trivial Pursuit und Tischtennis oder saßen auf der Brücke herum und sahen der rastlosen grauen See und dem endlos leeren Horizont zu. Irgendwann fand ein Darts-Turnier statt. Es ging über mehrere Tage. Erfahrene Ex-Marine-Spieler aus den diversen Antarktisstationen und Besatzungsmitglieder der *Aurora* holten ihre Ledertaschen mit den schön gefiederten Darts hervor. Im vergangenen Winter, so wurde mir erzählt, hatten die Mannschaften von Davis und Mawson über Funk mit den Amerikanern am Südpol ein Darts-Turnier abgehalten, und das deshalb, so wurde wenigstens großspurig behauptet, damit der Gewinner (oder die Gewinnerin) Darts-Champion von Antarktika (oder zumindest von Ostantarktika) genannt werden konnte.

Wer vermochte schon dem Versuch zu widerstehen, diesen Titel zu gewinnen? Ich trug mich jedenfalls in die Listen für die Vorrunden ein. Es war unfassbar, aber ich begann zu gewinnen, da sich die Chaostheorie und das Stampfen des Schiffs zu meinen Gunsten auswirkten. Die Spieler, die wirklich sehr gut waren, stöhnten enttäuscht auf. Ihre perfekt geworfenen Darts landeten knapp neben dem Ziel, während meine irgendwie auf die Reise geschickten Darts die Mitte trafen – nicht immer, aber oft genug. So überlebte ich Runde um Runde und gewann sogar das Viertel- und das Halbfinale. Es waren pure Zufälle, ganz so, als würde man eine Münze werfen und achtmal hintereinander Zahl erhalten oder einer lächerlich langen Aschenspitze auf einer gekrümmten Zigarette zusehen.

Man weiß, dass die Asche jeden Augenblick abfallen kann, sieht aber fasziniert zu, wie lange sie wohl noch hält. Ich hielt jedenfalls lange durch und schaffte es ins Endspiel.

Bis zu diesem Punkt waren alle Wettkämpfe mehr oder weniger formlos abgehalten worden. Die Spieler trafen sich zu einer Zeit, die ihnen zusagte, spielten gegeneinander und trugen ihre Ergebnisse auf dem schwarzen Brett ein. Das Finale hingegen war ein *Event*. Es wurde an einem Abend bei schwer rollender See abgehalten. Als ich unter Deck in den engen, fensterlosen Raum trat, der normalerweise als Bar diente, fand ich darin dicht gedrängt Seeleute und Expeditionsteilnehmer vor. Eine riesige australische Fahne schmückte die Decke. In der Mitte des Raums war eine kleine Stelle, von der aus man freie Sicht auf das Dart-Brett an der Wand hatte. Ich drängte mich nervös hinein. Mein Gegner – ein Meteorologe und ehemaliger U-Boot-Fahrer – wartete bereits mit seinem Lederbehälter voller Darts. Auch er wirkte nervös, vielleicht sogar mehr als ich, denn er hatte etwas zu verlieren – sein Gesicht. Ich nicht.

Wir fingen schlecht an und waren beide zittrig, aber schließlich fanden wir uns in dem Spiel ein. Und ehe ich mich's versah, brauchte ich nur noch eine Doppel-Zwanzig, um zu gewinnen, der Meteorologe eine Doppel-Sieben. Ich trat an die Wurflinie und ging mit der schwankenden Schiffsbewegung mit. Allmählich nahm ich die richtige Wurfpose ein, auch wenn es mir noch immer am nötigen Wurfgeschick mangelte – und dann warf ich meinen Dart. Ins Siegfeld? Die Menge holte tief Luft. Einige Köpfe schauten sich das Brett genau an – und begannen schließlich zu grölen. Die Gerechtigkeit hatte mich dann doch noch eingeholt. Mein Dart hatte den Plastikring im Brett getroffen und war hart an der Doppel-Zwanzig vorbeigeschrappt. Es hätte nicht einmal mehr ein Zigarettenpapier dazwischengepasst, so knapp hatte ich verfehlt. Ich meuterte laut und ließ mich ausführlich über mein Pech aus, wurde aber nur niedergelacht. Kein Mitleid. Und ich bekam auch keine zweite Chance mehr, nur den großen Riegel Cadbury-Schokolade als Lohn für den zweiten Platz, weil der Dart meines Gegners genau ins Ziel traf, in die Doppel-Sieben. Spiel aus. Großer Jubel. Die Gerechtigkeit des Karmas hatte obsiegt. Nichtsdestotrotz konnte ich immer noch damit angeben, dass ich zweitbester Dart-Spieler der Ostantarktis war. Und das tat ich dann auch.

Weihnachten kam und ging vorüber. Wir feierten mit einer bacchantischen Musikrevue, zu deren bemerkenswerten Nummern der Beitrag eines der Hubschrauberpiloten gehörte – er spielte fetzige Songs auf einer Bluesgitarre –, ferner ein Trio von Biologinnen, die das Publikum mit einer Imitation von Mustang Sally aufstachelten, für die sie sich Katzenanzüge aus PVC-Müllsäcken angefertigt hatten, sowie ein grotesk lüsterner Weihnachtsmann. Anschließend wurden aus voller Brust Weihnachtslieder geschmettert und ein großes Festmahl abgehalten. Der zweite Weihnachtsfeiertag markierte den Beginn des traditionellen Jachtrennens, das von Sydney nach Hobart ging. Wir lasen darüber in den Telexen, die am schwarzen Brett aufgehängt waren, so wie wir zuvor immer die Kricket-Ergebnisse verfolgt hatten. Dabei stellten wir fest, dass wir den Derwent etwa um die gleiche Zeit hinauffahren würden wie die Jachten. Wir kamen diesem Ereignis und damit der Heimat immer näher. Man konnte es regelrecht in der Luft spüren, wenn man an Deck ging. Sie fühlte sich für uns sanfter und wärmer an.

Als ich erwachte, waren vor meinem Bullauge sturmumtoste Felsenspitzen und eine dunkle bergige Küste zu sehen – Tasmaniens raues Südwestkap. Diese düstere und nebelumhüllte Wildnis ist so abweisend, dass die ersten Seefahrer, die hierher kamen, diesen Küstenabschnitt auf ihren Karten als Transsylvanien bezeichneten, der auch heute noch zu den wildesten Landschaften Australiens zählt. Im Augenblick war er jedoch nur der Hinweis darauf, dass wir in die Zivilisation zurückkehrten, die im wahrsten Sinn des Wortes um die Ecke lag.

Wir schlingerten wieder einmal durch einen schweren Sturm, denselben südlichen Orkan, der unter den Sydney-Hobart-Jachten so verheerende Schäden angerichtet hatte. Auf einem Eisbrecher war das aber auch kein Spaß. Wir hatten vorgehabt, am Nachmittag im Freien zu grillen, aber die schmutzigen, großen Wellen schwappten einen Meter hoch über die Reling auf das offene Deck. Außerdem war sowieso niemand besonders hungrig. Als wir in die Mündung des Derwent einfuhren und in ruhigere Gewässer kamen, brachte ein Lotsenboot die Leute von der Zoll- und Einwanderungsbehörde mit. Damit war der Rest des Nachmittags mit bürokratischen Formalitäten ausgefüllt. Außerdem stand die Rückgabe der Parkas und Stiefel an, ein bitterer Abschied von unserem antarktischen Leben (immerhin durften wir die Schlittenkappen behalten), und Checklisten mussten abgehakt werden. Einige weitere Bärte verschwanden, und schüchterne, glattgesichtige Fremde kamen an Deck, als wir uns entlang der Reling versammelten, um uns anzusehen, wie wir in den Hafen dampften. Hobart wartete. Es war noch immer die hübsche kleine Hafenstadt, die sich an den Fuß des Mount Wellington schmiegt, mit kleinen Bars und Hotels entlang des Hafens, den Lagerhäusern am Battery Point und dem Aufblitzen von Autos, die durch die Straßen fuhren. Die *Aurora Australis* legte an der Macquarie-Mole an, wo eine Menschenmenge wartete. Das Schiffshorn tutete zur Begrüßung. Taue wurden ausgeworfen, die Landungsbrücke hinuntergelassen. Wir waren zu Hause.

Der Rest des Tages verging wie in einem verschwommenen Nebel. Ich erinnere mich, dass ich die Landungsbrücke hinunterging und dem ersten Maat die Hand drückte. Vor mir war eine beunruhigend große Anzahl unbekannter Gesichter, die sich alle bemühten, Freunde und Verwandte auf den ersten Blick zu erkennen. Mein

Freund Ben und seine Schwester Phoebe waren zu meiner Begrüßung gekommen.

»He! Na, wie war's denn so?«

Bis zu diesem Augenblick hatte ich die ganze Ankunftsszene so distanziert betrachtet, als würde ich einen Bericht in den Nachrichten verfolgen. Es war interessant, aber auch nicht mehr, eine rührende Szene in einer Welt vieler rührender Szenen, die sich in letzter Zeit um mich herum abgespielt hatten. Aber Phoebes fröhliche Begrüßungsfrage und meine plötzliche Verpflichtung, ihr zu antworten, durchbrachen den Zauber. Auf diese Weise wurde ich selbst ins Spiel gebracht, und ich musste mir vergegenwärtigen, dass nun alles vorbei war. Auf einmal fühlte ich mich einfach nur überwältigt, bekam einen Kloß im Hals und konnte nicht sprechen. Nachdem ich ein paarmal geschluckt und tief Luft geholt hatte, um meine Fassung wiederzugewinnen, stammelte ich mit rauer Stimme: »Es war das Beste, was ich je gemacht habe.«

Ich wandte mich ab, um ihren fragenden Blicken auszuweichen und einen langen Abschiedsblick auf den eisverkratzten Bug des Schiffes zu werfen, das in den letzten Wochen mein Zuhause gewesen war. Ich fand es seltsam und traurig, das Schiff von so vielen Fremden umringt zu sehen, die auf einem öden Betonkai standen und nichts von den vergangenen Wochen wussten. Ich rief mir in Erinnerung, wie es unten im Süden gewesen war, als wir scheinbar endlos unter der blassen Polarsonne durch aufgebrochenes Packeis fuhren, oder wie es aussah, als das Schiff im Eis vor Davis feststeckte und die Adeliepinguine an uns vorbeiwatschelten, oder wie wir es begeistert als winzigen orangefarbenen Fleck aus 1000 Meter Höhe wahrgenommen hatten, wie ein Staubkorn, das zwischen Eis und Himmel jonglierte. Ein Bild schien das nächste auszulösen, immer neue Gefühle und Eindrücke stiegen in mir hoch. Ich riss meine Blicke von dem großen orangefarbenen Schiff los und schaute wieder in die Gesichter zweier guter Freunde, die so liebenswürdig gewesen waren, hier herunterzukommen und mich abzuholen.

»Kommt, lasst uns von diesem Ort verschwinden.«

Auf dem Rückweg zu Phoebes Wohnung hielten wir bei einem Supermarkt an, um ein paar Sachen für Spaghetti Bolognese einzukaufen. Wir saßen in der Nacht am Tisch, und ich versuchte, ihnen alles zu erzählen.

Die Antarktis berührt jeden, der dorthin kommt, auf eine andere Weise. Für mich war es, als wäre ich wieder zu einem Kind geworden, das mit fünfunddreißig den Sinn für Wunder neu entdeckt, den man als Kind für gegeben hinnimmt. Aber noch besser als das war, dass man mit fünfunddreißig weiß, wie selten und flüchtig dieses Erlebnis ist und wie überaus glücklich man sich preisen darf, wenn man ein zweites Mal in diese Kirsche auf der Sahnetorte beißen darf. Die Jugend ist, wie es in einem alten Lied heißt, an die Jungen verschwendet. Sieben Wochen lang hatte ich ein außergewöhnliches Leben mit Eisbrechern, Hubschraubern, Schlittenhunden und Abenteuern am äußersten Ende der Erde erfahren. Alles rings um mich herum war neu und erstaunlich gewesen, und mit nichts zu vergleichen, was ich bis dahin gesehen oder erlebt hatte. Jeder Tag brachte neue Wunder – und wurde dafür geschätzt. Dort unten hatte ich keine Sekunde meiner Zeit verschwendet, sondern jeden Augenblick bewusst genossen, sodass ich mit kindlicher Freude und Begeisterung in das »normale« Dasein zurückkehrt war und mich wieder fähig fühlte, die Schönheiten und Wunder in der verwirrenden realen Welt wahrzunehmen, die mir zuvor verborgen geblieben waren. Die Einfachheit der Antarktis hatte sie für mich alle deutlich hervorgehoben.

Ich beschloss für mich, diese wundersame Sicht auf Dinge auch nach meiner Rückkehr lebendig zu erhalten und diese seltene, flüchtige Chance nicht zu vergeuden, die ich bekommen hatte, um die Welt neu zu sehen. Aber genauso gut hätte ich versuchen können, eine besonders schöne Schneeflocke als antarktisches Andenken aufzubewahren. Ich habe die Erfahrung gemacht, dass das Schicksal, kaum dass man hehre Erklärungen abgibt, sofort mit einem kleinen Quiz aufwartet, um die Festigkeit eines Entschlusses zu testen. Sagt man zum Beispiel, dass man sich nie wieder von dieser oder jener Person beeinflussen lassen wird, kann man sicher sein, dass einem das Schicksal eine ähnliche Person über den Weg laufen lässt, um einem die Gelegenheit zu geben, den neuen Vorsatz in die Tat umzusetzen. Verschreibt man sich dem Frieden und der Toleranz, einer neuen Perspektive und dem Gespür für die Wunder dieser Welt, wie ich das getan hatte, findet man sich umgehend im Mahlstrom des Lebens mit seinen ungemein quälerischen Kleinigkeiten wieder – Langsamfahrer auf der Überholspur, Rasenmäher, die nicht anspringen wollen, angestoßene große Zehen, Kaffee, den man sich drei Minuten bevor man das Haus verlassen will, über das frisch gebügelte Hemd schüttet. Dann versucht man zu zeigen, dass man darüber steht – und scheitert. Was in der klaren Luft der Antarktis so offensichtlich und einfach erschienen war, erwies sich in der dickeren Luft hier oben in Melbourne als wesentlich komplizierter. Es war so ähnlich wie der Unterschied zwischen dem Jonglieren mit einem oder mit fünf Bällen.

Und so verblassten die großen, von der Antarktis bewirkten Willensbekundungen und wurden von einem plötzlichen Anfall von Heuschnupfen überlagert, der mich nach der Rückkehr in die staubige und von Pollen erfüllte Luft eines südaustralischen Sommers überraschte. Und es verblassten auch die auf der *Aurora Australis* geschlossenen Freundschaften. Wir blieben noch für eine Weile in Kontakt, einige von uns kamen ein paar Monate später zu einem Grillabend in Melbourne zusammen. Anschließend hörte ich jedoch kaum noch etwas von meinen einstigen Mitreisenden. Einige

Monate später rief mich aus heiterem Himmel der damalige Stationsleiter von Mawson an. Es war ein tolles Gespräch, weniger über die Antarktis als über das, was wir dort gemacht hatten, gleich dem Abtasten eines Stempelabdrucks, den die Antarktis in unserem Leben hinterlassen hatte. Aber die Umstände, die uns zusammengeführt hatten, gab es nicht mehr, und so führten uns unsere Wege gänzlich auseinander.

Im Lauf der Jahre wurde die Antarktis zu einer angenehmen Erinnerung. Nachts träumte ich oft, dass ich wieder dort wäre. Es waren impressionistische Träume mit unscharfen Linien, deren Details wie Cocktaileis in einem Glas herumwirbelten. Nur das Wesen dieses Ortes, sein kristallener Zauber, seine Grenzenlosigkeit und seine abenteuerliche Natur blieben scharf, klar und durchdringend. Vielfach tauchte der Wunsch in mir auf, wieder dorthin zu gehen. Es kam mir unglaublich vor, dass ich meine letzten Adelie- oder Kaiserpinguine gesehen haben sollte, die ein so wesentlicher Bestandteil dieser Umgebung gewesen waren. Aber wenn ich keinen Weg fand, ins Eis zurückzukommen, dann würde es dabei bleiben müssen. Sie lebten dort und nirgendwo sonst. Und eine Rückkehr nach Antarktika schien immer unwahrscheinlicher. Irgendwie kam es mir auch unverschämt vor, es erneut versuchen zu wollen. Das Rad des Schicksals hatte mich einmal begünstigt und war wirklich unerhört freundlich zu mir gewesen. Es wäre, als wollte man die Vorsehung auf die Probe stellen, wenn man sie noch einmal herausfordern wollte. Jetzt war jemand anders an der Reihe, das war nur fair.

Außerdem fragte ich mich, ob ich wirklich an meine Erinnerungen rühren wollte. Was konnte ich dabei gewinnen? Eine zweite Fahrt auf der *Aurora* würde nur mit der ersten konkurrieren, und die hatte den unangreifbaren Vorteil, durch keine Vergleiche beeinträchtigt zu sein. Und die zweite Reise konnte noch so fabelhaft werden, sie hätte einfach keine Chance, die erste zu überbieten.

Überhaupt keine. Bestenfalls könnte sie ihr ebenbürtig sein. Aber eher wohl doch nicht. Und was bliebe mir dann? Meine Erinnerungen an die erste Reise – so unvollkommen und idealisiert sie auch sein mochten – waren zu wertvoll, um sie aufs Spiel zu setzen. Ich wollte sie sicher und gut verstaut im Dachstübchen meiner Gedanken wissen, auf dass sie dort altern und im Lauf der Zeit immer wunderbarer werden konnten. So gab ich schließlich die Idee auf, in die wirkliche geographische Antarktis zurückzukehren, besuchte sie aber oft in meinen Träumen.

Viele Jahre später erhielt ich dann eines Tages einen Anruf von einem Redakteur, der bei *National Geographic* arbeitete. Es war die Art von Anruf, von dem ich als Kind immer geträumt hatte. Ich wurde gefragt, ob ich einen ganzen Sommer lang durch die Antarktis reisen und darüber schreiben wolle. Rossmeer, Transantarktisches Gebirge, Südpol, die Antarktische Halbinsel. Angedacht war eine Reise quer durch den Kontinent mit Besuchen bei Stationen und Feldcamps. Ich sollte Gespräche mit jedem führen, den ich auftreiben konnte – Wissenschaftler, Köche, Reinigungspersonal, selbst die Kinder, die heute dort leben. Ich würde auf einem Forschungsschiff unter russischer Flagge anreisen, das die Aufgabe hatte, im Südantillenmeer eine Untersuchung über die dortigen Krillbestände durchzuführen. Anschließend würde ich einige Wochen auf einer gecharterten Jacht verbringen, welche die entlegensten Buchten der Antarktischen Halbinsel ansteuern sollte. Ich spürte, wie sich meine Finger um den Hörer krallten und die Knöchel weiß wurden. Einen Herzschlag später sagte ich zu.

KAPITEL 3

Formulare, Formulare – von der Wiege bis zur Bahre

Zu Shackletons Zeiten begannen Reisen nach Antarktika in eleganten Wohnzimmern, wie sie zurzeit König Eduards VII. üblich waren. Dort vertrieb sich der angehende Forscher seine Zeit mit den rheumageplagten alten Herren der Royal Geographical Society oder unterhielt sich bei Portwein und Zigarre mit abenteuerlustigen Baronets, die man dazu verleiten konnte, Schecks zu unterschreiben. In dieser längst vergangenen Epoche gab es noch Dampfmaschinen und Vizekönige, Schiffe, die China erkundeten, und weiße Flecken auf der Landkarte.

Ich hatte alles Greifbare über das heroische Zeitalter der Polarforscher gelesen. Darunter befanden sich Neuauflagen von Apsley Cherry-Garrards Klassiker *The Worst Journey in the World*, Shackletons *Heart of the Atlantic*, Hochglanzbildbände mit herrlichen Schwarz-Weiß-Fotos von Frank Hurley und Herbert Ponting sowie brillant geschriebene Biographien und Berichte der Hauptakteure, vor allem Scott, Shackleton und Amundsen. Ganz speziell hatte mich Ernest Shackleton interessiert, jenes liebenswerte irische Schlitzohr, das zu Beginn des 21. Jahrhunderts eine Renaissance als der absolute Polarheld erlebte.

Ich liebe Bücher, und da mein neues, nun wesentlich größeres Abenteuer im Eis bevorstand, noch dazu in Regionen, in denen ich weitgehend den Fußstapfen dieser großen Forscher folgen würde, schien dies der richtige Zeitpunkt zu sein, mich wieder mit den kühnen Geschichten vertraut zu machen, mit denen ich aufgewachsen war. Also kaufte ich groß ein und karrte ganze Armladungen voller Taschenbücher mit schneeweißen oder eisblauen Titelbildern nach Hause.

Und dann las ich sie alle, um für meine Reise in die postmoderne Antarktis gut vorbereitet zu sein. Mit jedem Buch wurde ich zusehends wehmütiger. Kein Zweifel, das letzte Jahrhundert war für die Romantiker unter den Reisenden grausam gewesen. Da drehte man nicht mehr den Bibliotheksglobus, Spitzenschondeckchen für Sofas gab es längst auch nicht mehr, und schon gar keine Gepäckaufkleber im buntesten Jugendstildekor. Ich musste das auch erfahren, als meine große Reise durch das Eis Gestalt annahm. Ich hatte ein dickes Paket von Anmeldeformularen auszufüllen, musste wegen der Zeitverschiebung nächtliche Telefonate mit Bürokraten in Washington führen und langweilige Stunden in den Wartezimmern von Krankenhäusern verbringen, in denen man von Broschüren über das Abgewöhnen des Rauchens, Diabetes und Krätze umzingelt war. Ich hatte zum Glück einen dicken Stapel eskapistischer Abenteuergeschichten dabei, um mir die Zeit zu vertreiben.

Die Natur mag Leerstellen negieren und deshalb alles nur Erdenkliche tun, um sie zu füllen. Aber das ist nichts, verglichen mit dem Abscheu, den Politiker und ihre Regierungen vor nicht reguliertem Landbesitz haben, auf dem sich Menschen frei von jeder Überwachung bewegen und handeln können. Antarktika mag der letzte Kontinent der Welt sein, den niemand für sich beansprucht, aber es gibt nur wenige Orte auf dieser durch das Internet geschrumpften Erde, an denen der Amtsschimmel lauter wiehert und es mehr Restriktionen, berufliche Gesundheits- und Sicherheitsvorschriften sowie Umweltstaatsverträge gibt als bei den Forschungsstationen in der Antarktis. Wie ich allmählich herausfand, galt dies besonders für die amerikanische Station. USAP, das antarktische Programm der USA, ist die bei weitem größte Unternehmung auf dem Kontinent. Es hat ein Budget von vielen Millionen

Dollar und wird überwacht von der National Science Foundation (NSF), der US-Behörde zur Vergabe von Forschungsgeldern, und einer großen amerikanischen Rüstungsfirma. Unterstützt wird es von der amerikanischen Küstenwache (Coast Guard) und dem 109. Luftfrachtgeschwader der New Yorker Nationalgarde. Und da ich mit den Amerikanern wenigstens bis McMurdo und zum Südpol unterwegs sein würde, musste ich ihr bürokratisches Gewirr entwirren. Als ich mir den Berg in dreifacher Ausfertigung auszufüllender Formulare, Genehmigungen und medizinischer Fragebögen anschaute, die erforderlich sind, um eine ihrer Stationen zu besuchen, überfiel mich das Gefühl, dass ich in eine riesige militärische Maschinerie hineingeraten war. Dabei wollte ich nur eine Reise planen, welche in die angeblich letzte große Wildnis der Welt führen sollte.

Einige Dinge erschienen mir bei der Reiseplanung als absolut kafkaesk. So entdeckte ich zum Beispiel in den Handbüchern, die man mir überreicht hatte, folgenden Hinweis: Falls ich an einer auf dem Eis dösenden Robbe vorbeigehen und diese auch nur den Kopf heben würde, um mich anzusehen, würde ich mich einer »Störung« eines wild lebenden Tieres schuldig machen, eines Verbrechens, das möglicherweise mit einer beträchtlichen Geldstrafe oder gar mit Gefängnis geahndet werden könnte. Ähnliche Richtlinien besagten, dass zwischen Menschen und Pinguinen ein Mindestabstand von 4,5 Meter einzuhalten sei, eine scheinbar vernünftige Regelung innerhalb einer Naturlandschaft, aber kaum eine, welche die unstillbar neugierigen Pinguine befolgen würden. Ich dachte an diese vorwitzigen Adeliepinguine bei Davis, die mit ihren Schnäbeln in meiner Kameratasche herumgestochert und mich fast zum Stolpern gebracht hatten. Ich hatte sie damals als komische kleine Zöllner betrachtet, aber jetzt begriff ich, dass sie die Macht besaßen, mich ins Gefängnis zu werfen. Ich sah mich förmlich in einem

Zeichentrickfilm, wie ich von einem Schwarm von fünfundvierzig Zentimeter großen Adelies übers Eis gejagt wurde, während ich rutschend und gleitend versuchte, nicht im Kittchen zu landen. Ein wahrer Alptraum.

Die gleichen Gesetze, die es untersagten, Tiere in der Wildnis »zu stören«, verboten auch, dass man ihnen in irgendeiner Weise half. Das verwaiste Kaiserpinguinjunge, das die Jungs in Mawson in dem Jahr, in dem ich damals dort war, gerettet, großgezogen und später wieder erfolgreich in die Wildnis ausgesetzt hatten, müsste heute per Gesetz dem Hungertod überlassen werden. (Tatsächlich machte bei diesem speziellen Auftrag für *National Geographic* die Fotografin ein Foto von einem verlassenen Robbenbaby, das hungernd auf dem Eis lag und dessen Schnauze mit Schnee verkrustet war. Als das Foto in dem Magazin erschien, gab es viele Leser, die aufgebrachte Briefe schrieben, weil Maria Stenzel dem Robbenbaby nicht geholfen hatte. Der Redakteur der Leserbriefseite musste ihnen erklären, dass die Fotografin im Falle einer Hilfeleistung nicht nur das Gesetz gebrochen, sondern sich sogar eines Verbrechens schuldig gemacht hätte.)

Ich war verdutzt, als ich bei der Vorbereitung meiner Reise auch erfuhr, dass ich für den Besuch einer bestimmten Robbenkolonie auf den Süd-Shetland-Inseln eine Erlaubnis beantragen müsste, um Tiere »mitzunehmen«. Als diese Information per Post kam, verbunden mit der Bitte, meine Personalien und einen Lebenslauf einzureichen, dachte ich, es handle sich um einen Irrtum. Jemand müsse mich mit einem anderen, einem Forscher namens Smith, verwechselt haben, der vorhatte, Tiere zu wissenschaftlichen Zwecken einzufangen und zu beringen oder zu markieren. Daher schrieb ich einen amüsant-lapidaren Brief, in dem ich feststellte, ich hätte nicht die Absicht, irgendwelche wilden Tiere irgendwohin mitzunehmen. Per E-Mail kam die freundliche, aber entschiedene Antwort, es würde sich nicht um einen Irrtum handeln. Nach den strengen Richtlinien des Madrider Protokolls über Umweltschutz von 1989 würde jeder, der in bestimmten Gegenden wilde Tiere beobachtet und über sie schreibt, als jemand erachtet, der sie »mitnimmt.«

Pflichtschuldigst schickte ich die angeforderten Details meiner Reiseroute, meine Personalien und den Lebenslauf ab. Ich fand, dass dies eine mindestens so ausgeklügelte Strategie war wie etwas, das die katholische Kirche im Mittelalter über bereits in Gedanken begangenen Mord oder gedachten Diebstahl zu sagen hatte. Aber schließlich ist Umweltschutz im 21. Jahrhundert die Religion der Antarktis, die so strenggläubig und auf eine Weise fundamentalistisch ist, dass der spanische Generalinquisitor Tomás de Torquemada seine helle Freude daran gehabt hätte.

In meiner Naivität hatte ich auch irgendwie angenommen, dass alles schon geregelt sei, da *National Geographic* der National Science Foundation bereits mein Vorhaben präsentiert und die prinzipielle Genehmigung für Besuche bei den unter ihrer Aufsicht stehenden Forschungsstationen erhalten hatte.

Es wäre mir nie in den Sinn gekommen, dass ich als Außenseiter einer besonderen und frostigen Überprüfung durch die amerikanischen Behörden würdig sei. E-Mails, Konferenzschaltungen, ja sogar persönliche Zusagen verschiedener Redakteure konnten nicht überzeugen. Schließlich sah sich die Zeitschrift sogar gezwungen, mich in der Hoffnung, eine persönliche Begegnung könnte die Barrieren einreißen, zu einer einstündigen Konferenz mit den hohen Tieren des amerikanischen Antarktisprogramms nach Washington einzufliegen. (Später erfuhr ich, dass das alles nur passiert war, weil einer der großen Chefantarktiker der National Science Foundation missgelaunt war, da er wollte, dass ein bestimmter Autor die Geschichte schreiben sollte, die Redaktion den Auftrag aber mir erteilt hatte.)

Die alles entscheidende Sitzung war für zehn Uhr im NSF-Hauptquartier in Arlington, Virginia, angesetzt. Ich kam mit Jetlag an, trug eine Krawatte, die ich mir am Flughafen um den Hals gebunden hatte, und kam mir vor wie ein Angeklagter bei einer Gerichtsverhandlung. Es war ein schöner Septembermorgen, und als ich mit dem Taxi quer durch die Stadt fuhr, vorbei an den von der Sonne überfluteten Denkmälern Washingtons, hätte ich mich am liebsten ganz weit weg gewünscht. Um es positiv zu beschreiben, würde ich sagen, dass ich die Sitzung irgendwo zwischen einem Bankantrag auf ein Darlehen und einer Einkommenssteuerprüfung einstufte. Den Ablauf stellte ich mir als zähe Verhandlung vor, in der Anwalt und Kläger aushandeln, wie schuldig oder unschuldig sich der Angeklagte bekennen soll.

Die Fotografin, die für die Geschichte beauftragt worden war, Maria Stenzel, kam ebenfalls zu der Sitzung. Ich traf sie dort zum ersten Mal. Sie wohnte in Washington, D.C., und war bereits bei zwei früheren Aufträgen von *National Geographic* im besten Einvernehmen mit der USAP nach Antarktika gereist. Was die NSF anlangte, war sie eindeutig »auf Linie« und sehr beliebt.

Der Mann, den ich am meisten von meiner Aufrichtigkeit und meinen guten Absichten überzeugen musste, sah mich alldieweil unheildrohend über den Tisch hinweg mit einem Blick an, den ich zunächst für eiskalten Zorn hielt, der aber genauso gut nur der Ausdruck für eine Mumpserkrankung gewesen sein konnte. Jedenfalls versicherte mir der PR-Manager der Organisation im Anschluss an die Sitzung, als er mich den Flur hinunter zum Lift geleitete, dass alles außergewöhnlich gut gelaufen sei. Wie bei diesen Leuten üblich, klopfte er mir dabei noch mit einem fröhlichen Grinsen auf die Schultern. Er ließ sich auch darüber aus, wie glücklich ich es doch getroffen hatte, da alles in einer so entspannten und freundlichen Atmosphäre abgelaufen sei. Wenn erst die antarktische Sommersaison einsetzen würde, hätte man nur verdrießliche Gesichter vor sich.

Ich antwortete mit der lockeren Ja-ja-alles-klar-Attitüde, welche Journalisten annehmen, wenn sie mit PR-Typen reden. Dabei hatte ich die ganze Zeit daran gedacht, dass ich seine Chefs so fröhlich gefunden hätte wie die Statuen auf den Osterinseln. Ich trat hinaus in die warme Herbstsonne und hatte das dringende Bedürfnis, zu Mittag zu essen. Ich fühlte mich in diesem Augenblick mit Shackleton seelenverwandt, der bei seiner endlosen Suche nach Finanziers und Sponsoren Dutzende solcher Treffen absolviert hatte.

Aber der PR-Mann kannte seine Pappenheimer offensichtlich sehr gut. Denn ich flog am nächsten Tag mit dem Gefühl nach Hause, dass ich die Genehmigung für die Reise erhalten würde.

Antarktika gehört niemandem, zumindest nicht in einem juristischen Sinn. Sieben Länder (Australien, Großbritannien, Frankreich, Norwegen, Neuseeland, Chile und Argentinien) bestehen auf Teile des Kontinents als ihr Hoheitsgebiet, aber keiner erkennt diese Ansprüche an, und alle Beteiligten haben sich geeinigt, sie nicht weiter zu verfolgen, zumindest nicht in einem offensiven Sinne. So gesehen ist es also durchaus noch möglich, die Behörden auszuschalten und in Eigenregie jederzeit dorthin zu fahren – wenn man das nötige Kleingeld hat. Niemand kann einen aufhalten. Noch nicht. Es gibt aber bei einigen Regierungen Bestrebungen, etwa in Schweden, Reisen in die Antarktis ohne entsprechende Genehmigungen zu verbieten, auch wenn es sich dabei nur um Touristentouren auf Kreuzfahrtschiffen handeln würde. Aber selbst dann könnte man die Regeln noch umgehen, so wie sich Amerikaner routinemäßig wenig um das über Kuba verhängte Reiseembargo ihrer Regierung scheren. Es bedarf nur einer kreativ ausgewählten Reiseroute, bei der die Pässe – Danke schön! – nicht abgestempelt werden.

Aber Reisen in die Antarktis sind erschreckend teuer. Der Kontinent ist von überall teuflisch weit entfernt, und alles, was man zum Lebensunterhalt benötigt, muss unter großem finanziellem Aufwand herbeigeschafft werden. So war das schon immer. Ein wiederkehrendes Thema in den Tagen der frühen Forscher bestand in der Notwendigkeit, große Geldbeträge zu beschaffen. Das hatte zur Folge, dass viele langweilige Abende mit Billard, Brandy und Zigarren bei reichen Industriellen und Baronen verbracht werden mussten. Der schwierigste Teil einer jeden Expedition, so hatte sich Shackleton oft genug beklagt, sei das unaufhörliche Werben um Geldmittel,

Während es heute relativ einfach – wenn auch teuer – ist, eine Kabine auf einem Kreuzfahrtschiff zu buchen und die Antarktische Halbinsel zu umfahren, steht man doch vor ernsthaften finanziellen Problemen, wenn man ins Innere des Kontinents reisen will – ganz zu schweigen von der dafür erforderlichen alptraumhaften Logistik, deren genaue Planung Jahre in Anspruch nehmen kann. Es gibt keine Linienflüge in die Antarktis, und die Treibstoffkosten sind astronomisch hoch. Man muss sich bei einer individuellen Tour seine eigenen Depots anlegen, denn keiner verkauft einem Treibstoff, wenn er einem ausgegangen ist. Die Nationen, die in der Antarktis Stationen betreiben, haben eine Art heilige Allianz geschlossen, um unabhängige Reisende so gut es geht auszuschließen. Anscheinend mit Erfolg.

Individuelle Touren sind aber durchführbar. Es gibt regelmäßig Leute, die große Geldbeträge auftreiben, um am Südpol Ski zu fahren. Aber selbst für Zehntausende von Dollar bekäme man keine einzige Tasse Kaffee, wenn man eine solche in einer Station verlangen würde. Kaffee ist, wie es in der Mastercard-Werbung heißt, unbezahlbar. Will man dennoch eine Station aufsuchen, muss man sich ins bürokratische Netz begeben, endlos Formulare ausfüllen,

Genehmigungen beantragen und Behörden davon überzeugen, dass das, was man vorhat, legal ist – und ihnen etwas einbringt.

Und damit zu den Formularen. Ich dachte, die Australian Antarctic Division hätte schon eine gründliche ärztliche Untersuchung vorgenommen, als ich mit ihr nach Süden gefahren war. Aber ihre Check-ups waren ein Zuckerschlecken, verglichen mit den Auskünften, welche die prozesssüchtigen, cholesterinbewussten, firmenverbundenen Amerikaner von mir wissen wollten.

In den vierzehn Tagen nach Ankunft eines Wusts von Formularen aus Washington führte ich das Leben eines Hypochonders, ständig auf dem Sprung zum nächsten Termin. Hatte ich bisher kaum gewusst, wo mein örtliches Krankenhaus war, so fand ich mich jetzt in seinem Labyrinth gewachster Korridore, Blumenläden und Abteilungen zurecht wie jeder beliebige Krankenhaushelfer. Lange Nachmittage verrannen auf harten Plastikstühlen, wo ich die leere Zeit damit füllte, Shackletons Biographie, wahrlich ein dicker Wälzer, zu lesen und mir spaßeshalber vorzustellen, wie der Ire mit dieser Situation umgehen würde.

Er hätte es gehasst. Tatsächlich hätte er die Untersuchungen auch nicht mit Bravour überstanden. Shackleton besaß ein schwaches Herz und achtete sehr sorgfältig darauf, dass ihm nie ein Arzt zu nahe kam. Er starb dann ja auch 1922 während einer Expedition an einer Herzattacke, im Alter von siebenundvierzig Jahren. Der Boss, wie er bei seiner Mannschaft hieß, wäre vielleicht bei seinem Hausarzt damit durchgekommen, wenn er sein Kinn heldenhaft in die Höhe gereckt und einige Zeilen eines Gedichts von Alfred Lord Tennyson rezitiert hätte. Aber heutzutage wollen diejenigen, die das Sagen haben, Blut sehen und EKGs und eine Menge anderer medizinischer Details.

Man konnte ihnen dafür schwerlich Vorwürfe machen. Die Amerikaner hatten gerade Millionen von Dollars dafür aufgewandt, die

Stationsärztin mitten im Winter vom Südpol abzuholen, nachdem sie bei sich Brustkrebs diagnostiziert hatte. Sie hatten nicht die geringste Lust auf weitere Schwierigkeiten. Daher wurde ich gepikst und abgetastet, gewogen und gemessen, wurde meine Familiengeschichte durchleuchtet und meine gesamte Krankengeschichte minutiös erfasst. Meine Knie wurden mit einem Gummihämmerchen beklopft, und ich beantwortete Unmengen von Fragen über eventuelle Depressionen, Geisteskrankheiten, Asthma und die Einnahme von Vitaminen. Ich gestand eine Katzenallergie und gelegentliche Anfälle von Heuschnupfen. Mit zusammengekniffenen Augen schaute ich auf die kleinen Buchstaben beim Augenarzt und ließ meinen Herzschlag von einem Zwölf-Dioden-EKG messen. Es gab Urintests, Stuhltests, einen Tbc-Test und eine verwirrende Vielzahl von Blutanalysen, die meine Eisen-, Kalium-, Kalzium- und Magnesiumwerte feststellten. Ein Test untersuchte mein Kreatinin in der Leber, andere Verfahren wurden mit Großbuchstaben bezeichnet, hinter deren Sinn ich niemals kam. Es gab Untersuchungen auf Antikörper gegen Hepatitis A und B, ich musste einen HIV-Test absolvieren und noch einen weiteren Bluttest zur Bestimmung der Cholesterinwerte über mich ergehen lassen. Mein Blutdruck wurde vermerkt (wahrscheinlich outete ich mich dadurch als reizbarer Mensch) und die punktförmige Hautflechte auf meinem linken kleinen Zeh auf meiner Karte eingetragen (samt Empfehlung einer speziellen Marke eines Fußpuders).

Auch mein freundlicher Zahnarzt musste konsultiert werden. Ich verbrachte zwei zauberhafte Vormittage damit, meine Fingernägel in die Lehnen seines Behandlungsstuhls zu krallen, und einen weiteren in der Röntgenabteilung des Krankenhauses, wo Zähne und Kiefer ausgiebig durchleuchtet wurden.

Als ich mit allem fertig war, steckte ich wie betäubt die Formulare, Berichte, Karteikarten und Röntgenbilder in ein großes, braunes Versandkuvert und unterschrieb ein zusätzliches Formular, in dem ich versicherte, unter keinen Umständen gegen irgendjemanden Schadensersatzforderungen zu stellen. Außerdem musste ich ein Schreiben beeiden lassen, dass gegen mich keine Verurteilung wegen einer Straftat vorlag. Dann schickte ich das ganze Konvolut zum Büro von Raytheon in Denver. Die Betriebsärzte würden dort meine Ergebnisse durchsehen, sagte man mir, und entscheiden, ob ich »PQ« (physisch qualifiziert, körperlich geeignet) sei, um in die Antarktis zu reisen.

Im Lauf der Wochen, in denen ich Formulare ausgefüllt, E-Mails geschickt, Telefonate geführt und Konferenzen besucht hatte, lernte ich, den Abkürzungsstil der USAP zu beherrschen. Neben PQ gab es auch noch NPQ für »nicht physisch qualifiziert«. Wissenschaftler wurden als PIs (primäre Investigatoren) eingestuft. Ich wurde auf meinen Formularen als V-002 bezeichnet, als Besucher (V für *visitor*) Nummer 2. Natürlich musste jeder, die PIs inklusive, erst PQ sein, um CONUS, die *Continental United States* (die kontinentalen USA), Richtung *Cheech* (Christchurch) verlassen zu dürfen, von wo aus die Reise weiter nach *MacTown* (die McMurdo-Station, die Hauptbasis der USA in Antarktika) gehen sollte. In Cheech sollten wir uns beim CDC (Clothing Distribution Center, Kleiderverteilzentrum) melden, um unsere ECW (*extreme cold weather gear*, extreme Kaltwetterausrüstung) in Empfang zu nehmen.

Ich übte die Abkürzungen, ging zum Geldausgeben in einen Bergsteigerladen in der Nähe meines Wohnorts und kaufte meine eigene Antarktisausrüstung für den späteren Aufenthalt auf der Jacht. Dann hakte ich die Tage auf meinem Kalender ab.

Zwei Tage bevor ich nach Neuseeland fliegen sollte, erhielt ich eine freundliche E-Mail von den Leuten in Denver, die mir mitteilten, sie hätten meine Bluttests verloren, weshalb ich NPQ sei. Es folgte eine überstürzte Fahrt zum Royal Adelaide Hospital, wo die

Ärzte netterweise die Bluttests sofort noch einmal durchführten und die Resultate an Raytheon faxten. Dann gaben sie mir noch eine beglaubigte Kopie für den Fall, dass ich sie noch einmal faxen müsste, wenn auch diese jüngsten Testergebnisse nicht angekommen sein sollten.

Am nächsten Morgen bestieg ich meinen Flieger. Sechs Stunden später stand ich frierend im kalten Nieselregen vor dem Flughafen von Christchurch, nestelte an einem frischen Pflaster in der Ellenbeuge herum, wünschte mir, ich hätte meinen Regenparka dabei, und fragte mich, wie lange ich wohl noch auf mein anscheinend verschollen gegangenes Gepäck warten müsste. Nicht ohne Ironie dachte ich daran, wie herrlich es doch war, dass eine Reise in die Antarktis immer noch mit so vielen Abenteuern und Ungewissheiten verbunden sein konnte. Dabei wusste ich zu diesem Zeitpunkt nicht einmal die Hälfte von dem, was alles noch passieren würde.

Wenn alles nach Plan gehen würde – vorausgesetzt, die Ärzte von Raytheon sähen ihre eingegangenen Faxe durch, billigten meine Bluttests und stuften mich als PQ ein –, sollte ich einen Tag in Christchurch verbringen, um dort meine ECW-Ausrüstung angepasst zu bekommen. Am Morgen darauf, so überlegte ich weiter, könnte ich dann einen Flug nach McMurdo erwischen. Aber der Taxifahrer, der mich, um Konversation zu machen, gefragt hatte, warum ich in der Stadt sei, schätzte meine Chancen nicht so gut ein.

»Das Wetter war da unten die ganze Woche über lausig gewesen«, sagte er, als wir vom Flughafen wegfuhren. «Schneesturm, geringe Sichtweite, das ganze Programm – sie haben jeden Tag Flüge gestrichen. Man weiß natürlich nie, ob man Glück hat. Die Wetterfront könnte durchgezogen sein. Heute habe ich jedoch noch nichts gehört.«

Enttäuscht, aber bemüht, es nicht zu zeigen, ließ ich mich in meinen Sitz zurückfallen. Mich beunruhigte nicht so sehr die Aussicht, ein paar Tage in Christchurch herumzuhängen – schließlich gab das meinem fehlgeleiteten Gepäck die Möglichkeit, mich einzuholen. Aber dass der Taxifahrer sich über gestrichene Flüge in die Antarktis ausließ, als handle es sich um einen Stau auf der Autobahn, war nicht genau das, was ich mir als Beginn eines großen Abenteuers vorgestellt hatte.

Der Gedanke an McMurdo versetzte mich plötzlich in Unruhe. Dieser Ort erschien mir wie Buffalo im Staat New York – eines dieser schneereichen Ziele, bei denen schlechtes Wetter oft Verzögerungen und lästiges Warten für Flugpassagiere bedeutet. Zu den großartigsten Dingen der Reise nach Mawson auf der *Aurora Australis* hatte für mich die dunkle und stürmische Seereise gehört, die notwendig war, um hinzukommen. Es waren zehn Tage voller Sturmböen und leerer Horizonte, düsterer Wolken und wandernder Albatrosse gewesen, welche die Entfernung und die verklärte Isolation der Antarktis bestärkten. Entsprechend räumte ich diesem Kontinent auf meiner geistigen Weltkarte einen besonderen Platz ein.

Mit dem Flugzeug hinzufliegen – was ein Frühstück in Christchurch und ein verspätetes Mittagessen in der Antarktis bedeutete – würde immer etwas anderes sein. Wie anders, das hatte ich noch gar nicht durchdacht. Aber ein wenig begriff ich davon, als der Taxifahrer anfing, über die hier gestrandeten Fluggäste zu erzählen, die seit Tagen zum Airport und wieder zurück in die Stadt fuhren.

Christchurch ist das klassische Tor zur Antarktis seit der Ära von Scott und Shackleton. Fast jeder hier kennt jemanden, der schon im Eis gewesen ist. Mein Taxifahrer, das erfuhr ich auf der Fahrt ins Hotel, war in seiner Zeit bei der Marine selbst schon dort gewesen, und zwar auf der Campbell-Insel, eines von Neuseelands abgelegenen subantarktischen Eilanden.

Seit 1955 ist Christchurch die Transportdrehscheibe für die USAP, Millionen von Dollar werden an diesem Ort ausgegeben.

Über 3000 Passagiere – die meisten von ihnen Amerikaner – treffen hier jeden Sommer ein, um von diesem Flughafen aus in die Antarktis zu gelangen. Einige von ihnen fliegen mehrmals hin und zurück. Es ist kaum vorstellbar, dass während dieser hektischen Sommermonate von Christchurch International Airport aus mehr Flüge nach McMurdo gehen als nach Sydney.

Die Museen der Stadt sind voll gestopft mit antarktischen Denkwürdigkeiten, und in den Souvenirläden funkeln gläserne Pinguine neben Postkarten mit antarktischen Motiven. Mittendrin steht eine monumentale Statue von einem heldenhaft posierenden Scott in Polarausrüstung. Bedeutungsvoll blickt er auf ein Petunienbeet und den Fluss Avon, der durch Christchurch fließt. Die Antarktis ist ein Riesengeschäft. Als ich bei einem der Bergsteigerläden an der Cashel Street Halt machte, um eine zusätzliche Fleecejacke zu kaufen, reichte mir der Verkäufer hinter der Theke einen Katalog mit dem vorhandenen Angebot und sagte mir, ich bräuchte mir keine Gedanken zu machen, wenn ich etwas vergessen hätte. Eine E-Mail würde ausreichen, und schon würde die Bestellung mit dem nächsten Flieger ausgeliefert werden.

»Das machen wir unentwegt«, hörte ich ihn noch sagen.

KAPITEL 4

Es grüßt das Murmeltier

Als ich in mein Hotelzimmer kam, rief ich zuallererst beim International Antarctic Center an, dem örtlichen Hauptquartier der USAP. Dort teilte mir eine Frau mit, Raytheon hätte meine Bluttestergebnisse erhalten, sei damit zufrieden und habe mich offiziell für PQ erklärt. Sie verkündete diese frohe Nachricht mit der unbekümmerten Direktheit einer jovialen Krankenschwester, die einem mürrischen Patienten zu verstehen gibt: »Na, sehen Sie doch! Sie sind ja gar nicht so krank.« Und da ich nun zu denjenigen gezählt werden konnte, die PQ waren, lud sie mich in die Kleiderverteilzentrale ein, damit man mir meine Ausrüstung für extrem kaltes Wetter aushändigen konnte. Die Anprobe sei am nächsten Tag um zwei Uhr.

Ich erkundigte mich wegen des Wetters in McMurdo. Wie es schien, war mein Taxifahrer doch nicht mehr so ganz auf dem Laufenden, wie er es vorgegeben hatte, was mir ein merkwürdiges Gefühl der Befriedigung gab. Das Wetter sei schon lausig und der Flugplan völlig durcheinander, aber einige Flüge kämen trotzdem durch. Erst gestern hätte es wieder eine Maschine geschafft. Die Dame am Telefon klang zuversichtlich, als ich von meinen Plan erzählte, in zwei Tagen abreisen zu wollen. Sie gab mir zum Schluss die Adresse des International Antarctic Centers. Ich notierte sie mir und legte anschließend auf.

Das Antarctic Center erwies sich als ein Gebäudekomplex in Form eines glänzend weißen Eisbergs, der knapp einen Kilometer vom Flughafen entfernt auf einem gepflegten Rasen errichtet worden war. Wenn nicht der Name in großen polarblauen Buchstaben neben einem kitschigen Kaiserpinguin auf der Hauptmauer stehen würde, das Gebäude könnte auch als eines der Exportbüros durchgehen, die man normalerweise in der Nähe von Airports findet. Mir fiel auch noch »Computersoftware-Firma« ein.

Der Taxifahrer setzte mich vor der Tür des Antarctic Centers ab, wo eine Gruppe von US-Soldaten – alle mit Bürstenhaarschnitt, Tarnanzug und blitzblanken Kampfstiefeln – herumstand, rauchte, plauderte und Witze erzählte. Sie waren vom 109. Luftfrachtgeschwader, jener Einheit, welche für die USAP einen großen Teil der Transporte erledigt.

Ich schob mich an ihnen vorbei in ein muffiges Vorzimmer, das mich an den Wartesaal eines Kleinstadt-Busbahnhofs erinnerte. Rund zwanzig amerikanische Naturburschen mit Ausflugsrucksäcken auf den Schultern hockten in einem Halbkreis und lauschten einem pausbackigen Mann um die fünfzig, der einen Pullover der Royal New Zealand Air Force trug und einen Vortrag über die Kleiderzuteilung hielt, die uns ausgehändigt werden würde. Einzelteile waren an der Wand hinter ihm drapiert: Parkas, Stiefel, Thermalunterwäsche, Fleeceoutfit, Handschuhe, Socken, Fäustlinge. Er ging vor den Gegenständen auf und ab, verwendete einen Zeigestock aus Holz und ermordete die Vokale in seinem breiten Kiwi-Akzent.

Als er fertig war, setzten wir uns mit überkreuzten Beinen auf den Boden und sahen uns ein zwanzigminütiges Video an. Allmählich kam ich mir vor wie beim Turnunterricht in der achten Klasse. Der Sprecher des Films war ein Amerikaner mit einer dieser tiefen, überzeugend klingenden Stentorstimmen, einer Stimme von der Art, wie sie CNN für seine Eigenwerbespots verwendet. Die Musik, die zur Untermalung des Films diente, war jedem vertraut, der schon einmal die Präsentation einer Minenfirma für die Aktionäre miterlebt hat. Sie erweckte den Eindruck schonungsloser Vitalität.

Das Video präsentierte uns noch einmal, in Kurzfassung, unsere Kleiderzuteilung und wandte sich dann Einzelheiten des Fluges und der Ankunft in McMurdo zu. Die Sprecherstimme erinnerte uns bei jeder passenden und auch unpassenden Gelegenheit daran, dass die ausgegebene Bekleidung amerikanisches Regierungseigentum sei. Über jeden Gegenstand, sei er noch so abgetragen, zerrissen oder ausgefranst, müsse Rechenschaft abgegeben werden.

Nachdem dies zum vierten Mal wiederholt worden war, dachte ich mir, okay, hier haben wir es mit einer fixen Idee zu tun. Und mein innerer Witzbold fing an, lustige Bemerkungen darüber zu äußern. Aber als ich mich umschaute und sah, wie ernst das jedermann nahm, wurde mir klar, dass mein lapidar dahingemurmelter scherzhafter Kommentar auf dornigen Boden gefallen war. Von entwendeten und gestohlenen Gegenständen ging es weiter zum beängstigenderen Bereich der Feuerwaffen und illegalen Drogen. Es wurde die Ermahnung ausgesprochen, beides zu Hause zu lassen. Veranschaulicht wurde das Ganze mit einer Gruppe von Reisenden, die auf Anordnung eines Einsatzkommandos in blauen Overalls in Reih und Glied angetreten war. Anschließend wurden die Leute und ihre Seesäcke von Drogenspürhunden beschnuppert.

Nach einer letzten, also fünften Ermahnung, dass jedes Ausrüstungsteil Eigentum der US-Regierung sei, wurde die Vorstellung mit einem Anflug institutionalisierter Lockerheit beendet: Die Videostimme gratulierte uns, denn nun seien wir alle in die »Connoisseur Class« aufgestiegen. Abschließend wurden uns noch die beengten, für Fallschirmspringer typischen Sitzgelegenheiten gezeigt, die wir in dem Frachtflugzeug genießen würden. Dazu sollten wir eine Reiseproviantbox und Gratis-Ohrstöpsel bekommen. Licht an. Es war Zeit, die Ausrüstung anzuprobieren.

Weihnachten bei der Heilsarmee stelle ich mir nicht anders vor. Jeder von uns erhielt zwei leuchtend orangefarbene Seesäcke, prall gefüllt mit Ausrüstungsutensilien. Nachdem ich meine in Empfang genommen hatte, öffnete ich die Reißverschlüsse und holte gebrauchte dicke Winterkleidung heraus. Was einem zugeteilt wurde, hing davon ab, wohin man in Antarktika gehen und welche Arbeit man verrichten würde. So erhielt zum Beispiel jeder, dessen Ziel der Südpol war, besonders windundurchlässige Parkas in einem typischen Grün und Schwarz. Handwerker bekamen stabile Carhartt-Overalls ausgehändigt und Wissenschaftler, die in der Kälte mit feinjustierten Instrumenten hantieren würden, mehrere Paare dünner Thermalhandschuhe.

Ein Journalist auf Besuch erhielt die Standardausrüstung: zwei Sätze Thermalunterwäsche (natürlich mit langen Unterhosen), sechs Paar dicke Socken, schwere Fleecehosen und -pullis, Goretex-Overalls, einen Berg Handschuhe, Fäustlinge, Halswärmer, Wollmützen und ein Paar im Armeestil gefertigter Stulpenhandschuhe aus Leinen und Leder mit Pelzfutter, das aussah, als könnte es von Admiral Byrds Expedition übrig geblieben sein.

Obenauf lag der USAP-Parka, der den Spitznamen Big Red trug – eine schwere Gänsedaunenangelegenheit mit Kunstpelzfutter in der Kapuze, unzähligen Taschen und einem Klettband über der linken Brust, an dem man ein Namensschild befestigen konnte. Er war so konstruiert, dass sein Träger immer von einer angenehmen Wärme umhüllt wurde, selbst mitten im Winter am Südpol, wo die Temperaturen regelmäßig unter minus 67 Grad fallen. Und für die Füße gab es ein Paar gigantischer weißer Stiefel aus Gummi. Die Schuhe waren nach Vorgaben produziert worden, die Kaltwetterforscher der amerikanischen Marine in den dreißiger Jahren ausgetüftelt hatten. Sie wurden liebevoll Häschenstiefel genannt. Neben ihnen sahen meine Wanderstiefel Größe 50 wie zierliche Ballettschuhe aus.

Sämtliche Ausrüstungsgegenstände mussten vor Ort anprobiert werden. Ich kam mir vor, als würde ich mich für einen Ausflug mit der Raumfähre ausstaffieren. Alles passte gut, aber mit so viel Polsterung um die Körpermitte fiel es mir nicht leicht, mich zu bücken und die Schnürsenkel meiner Hasenstiefel zu binden. Die Gummistiefel waren so steif und die gewachsten Schnürsenkel derart rutschig, dass es nahezu unmöglich erschien. Als ich dann doch fertig damit war, sahen meine Hasenohrschleifen aus wie die eines Vorschulkindes, das seine ersten Versuche unternommen hat, seine Schuhe selbst zu binden.

Ich watschelte versuchsweise herum, wobei ich sofort anfing, unter all den Schutzschichten zu schwitzen und mich fiebrig zu fühlen. Diese Sachen waren verdammt warm. Es war eine Erleichterung, sie wieder ausziehen zu dürfen. Die Luft fühlte sich auf meiner Haut wunderbar kühl an. Ich packte die Polarausrüstung wieder in die Seesäcke, unterschrieb, dass ich sie in Empfang genommen hatte, und trat hinaus in den klaren Sommersonnenschein.

Bevor ich das Gelände endgültig verlassen konnte, musste ich noch im USAP-Reisebüro vorbeischauen und mein Rückreiseticket nach Australien abgeben. Der Grund dafür war, dass man hier meinen Linienflug nach Australien umbuchen konnte, sollte ich wegen schlechten Wetters in McMurdo festsitzen. Das war vermutlich eine sinnvolle Vorsichtsmaßnahme, dennoch war mir unwohl dabei, mein Ticket herzugeben, weil ich den ganzen Morgen schon wie eine Musterung empfunden hatte, ganz so, als wäre ich gerade der Armee beigetreten.

Im Austausch für mein eingereichtes Ticket bekam ich einen Passierschein, der es mir gestattete, einen zollfreien Laden zu betreten, zu dem normalerweise nur amerikanisches Militärpersonal Zutritt hat. Dort konnte ich auch Post aufgeben oder jemanden in den USA anrufen – vorausgesetzt, es gäbe dort jemanden, den ich anrufen wollte –, und zwar so kostengünstig, als würde ich von Seattle aus telefonieren.

Im nächsten Raum sahen rund ein Dutzend Amerikaner in Tarnanzügen ihre E-Mails durch oder surften im Internet. Sie kannten einander alle und waren mit dem bei der USAP üblichen Militärton und den spezifischen Regeln vertraut.

Anschließend schlenderte ich über den Rasen und begab mich zu einem großen Anbau, in dem sich ein Antarktismuseum samt Souvenirladen und Cafeteria befand. Das Wetter hatte sich beträchtlich gebessert, und immer mehr Sonnenstrahlen drangen durch immer größer werdende Wolkenlöcher. Der Rasen war hellgrün und sah frühlingshaft aus. Touristen warteten auf dem Gehsteig vor dem Museum in einer Schlange. Sie wollten für zwanzig Dollar pro Fahrt einmal auf einem Hägglund mitfahren, auf einem Raupenfahrzeug, wie es auch in der Antarktis verwendet wurde. Reisegruppen fotografierten sich gegenseitig vor einem antarktischen Wandgemälde, bei dem eine Ehrentafel darauf hinwies, dass Bill Clinton das Center 1999 besucht und eine Rede über Antarktika und die Umwelt gehalten hatte.

Ich ging zum Mittagessen ins Museums-Café. Laut Karte gab es Shackleton-Suppe, Scott-Pasta und Bellingshausen-Hoki, einen Langschwanz-Seehecht. Ich entschied mich für einen McMurdo, aß ihn an einem Tisch beim Fenster und dachte dabei darüber nach, ob es nicht doch ein Riesenfehler gewesen war, wieder ins Eis zu wollen. Es war dieses Mal alles so anders. Die Antarktika fing an, seltsamer und weiter entfernt als je zuvor zu wirken.

Wir wurden im unnachahmlichen USAP-Stil angewiesen, um sechs Uhr morgens beim CDC zu sein, um dort nach McMurdo einzuchecken. Ich stellte meinen Wecker auf 4.30 Uhr, wachte während der Nacht aber ungefähr jede Stunde auf. Zehn Minuten bevor es läuten sollte, hielt ich es nicht mehr aus und rollte mich aus dem Bett. Ich stand unter der Dusche, als plötzlich das Telefon klingelte.

Tropfnass griff ich zum Hörer und vernahm eine piepsende Stimme, die mir sagte, ich könne ruhig noch ein Weilchen schlafen. Der Flug sei wegen schlechten Wetters und geringer Sichtweite über McMurdo um einige Stunden verschoben worden. Der Check-In (neuseeländisch ausgesprochen klang es mehr wie *chicken* – Hühnchen) sei jetzt für neun Uhr angesetzt.

Ich hing im Frühstücksraum herum und las die Zeitung von vorne bis hinten. Nirgendwo stand etwas über das miserable Wetter in McMurdo. Als ich in mein Zimmer zurückkehrte, blinkte am Telefon das Licht, das auf einen aufgezeichneten Anruf hinwies. Der Check-In war jetzt auf halb drei Uhr festgesetzt worden. Um die Mittagszeit herum wurde für diesen Tag der Flug komplett abgesagt. Wieder hieß es, wir sollten am nächsten Tag um sechs Uhr morgens zur Stelle zu sein.

Und so begann eine Art von Existenz, die an *Und täglich grüßt das Murmeltier* erinnert, in der wir – wie Bill Murray in seiner Filmrolle – scheinbar dazu verdammt waren, den gleichen Tag bis ans Ende der Zeiten immer wieder zu erleben: Aufstehen um halb fünf, duschen, Anruf, um die neue Check-In-Zeit entgegenzunehmen, Frühstück, Anruf, Mittagessen, Anruf – und wieder alles von vorne.

Als ich eines Tages nach dem Frühstück zurückkam, läutete das Telefon jedoch nicht. Ich saß in meinem Zimmer und zappte langsam die Fernsehkanäle durch, während ich auf den Anruf wartete, der eine weitere Verzögerung ankündigen sollte. Der Apparat blieb jedoch stumm. Während ich mich noch über diese Wendung meines Lebens wunderte, packte ich meine Sachen zusammen, ging die Treppe zur Rezeption hinunter, immer noch auf das Telefon hinter der Tür lauschend. Es blieb stumm, und auch am Empfang lag keine Nachricht für mich vor. Ich checkte aus dem Hotel aus.

Der Taxifahrer kam trotz des morgendlichen Berufsverkehrs gut voran. Wir erreichten das Antarctic Center sogar einige Minuten früher als vorgegeben. Am Gehsteig wimmelte es von Gepäck und Menschen. Es würde im Flugzeug wohl eng werden, dachte ich.

Das einzig Gute, das man über den Flug nach McMurdo schreiben kann, ist, dass es genügt, ihn einmal gemacht zu haben, um für alle Zeit Stoff für Tischgespräche zu haben. Selbst die kargste und engste Economy Class werde ich in Zukunft mit absoluter Gelassenheit, wenn nicht gar mit Vergnügen akzeptieren. Der Flug von Christchurch ins Eis kann bis zu neun Stunden dauern, je nachdem, welchen Flugzeugtyp man erwischt. In diesem Punkt hatte ich Glück. Mich hatte das Los für einen der großen C-141 Starlifter bestimmt, ein Frachtflugzeug von der Größe einer Linienmaschine, das den Weg in sechs Stunden bewältigt.

Das Flugzeug wartete auf dem Rollfeld in einem abgegrenzten Bereich, sah schlank, dunkel und raubvogelartig aus. Es hatte einen rätselhaft wirkenden Buckel über dem Cockpit – damit der Flugkapitän, wie es in dem alten Pilotenwitz heißt, seinen Cowboyhut tragen kann. Entlang des Flugzeugrumpfes waren nur einige winzige Bullaugen zu sehen. Über Schubkraft oder Frachtkapazität konnte ich nichts sagen, aber ich musste der Maschine sehr gute Noten für ihren perfekten Walter-Mitty-Stil geben. Wenn man aus dem Alltag gerissen und in eine Welt aufregender Gefahr geworfen werden wollte, war dieses Flugzeug genau das Richtige.

Als wir aber schwitzend Schlange standen, um an Bord gehen zu können, war jegliche Abenteuerlust verflogen. Nach einer Bestimmung, die von Joseph Heller stammen konnte, dem Autor von *Catch 22*, oder aus einer Episode der Fernsehserie *M*A*S*H*, hatte jeder der Passagiere den kompletten Satz seiner extremen Kaltwetterausrüstung während des Wartens auf die Einsteigeerlaubnis tragen müssen. Im Flugzeug selbst war dies nicht erforderlich, so wurde uns mitgeteilt, nur hier auf dem Boden in der milden sommerlichen Wärme von Christchurch. Wahrscheinlich sollte man in dieser Montur gesehen werden, um die Bedeutung des Flughafens zu demonstrieren. Das war nur eine der vielen seltsamen Bestimmungen der USAP – offensichtlich ausgeklügelt von einem auf Schadensersatz spezialisierten Anwalt. Oder wollte man nur dafür sorgen, dass keiner auch nur einen Fäustling oder sonst etwas vergisst?

Wir hatten in diesem Outfit bereits einige Stunden gewartet, weil von McMurdo immer noch zweifelhafte Wetterverhältnisse gemeldet wurden. Und bis man uns aufs Flugfeld hinüber karrte, hatte ich bereits an die fünf Liter Wasser ausgeschwitzt und benötigte dringend ein Deodorant. Als ich uns so versammelt auf der Rollbahn stehen sah, in unseren unförmigen roten Parkas, schwarzen, winddichten Hosen und weißen Häschenstiefeln, konnte ich nur daran denken, dass wir aussahen wie dreiundneunzig Kaufhaus-Weihnachtsmänner in einer Revuenummer, die Uncle Sam zum falschen Ort befördern wollte.

Der Lademeister holte uns in Gruppen zu zehn Mann an Bord und schichtete uns in zwei langen Reihen auf Sitze aus Aluminiumrohr mit Stoffbezügen in einem hellen Orange. Wir saßen Schulter an Schulter, Stiefel an Stiefel; anschließend wurden Proviantüten durch die Reihen gereicht. Die Luke wurde geschlossen und dann ... warteten wir.

Eine Stunde schmorten wir so vor uns dahin, bis der Pilot über Lautsprecher meldete, dass wir Probleme mit dem Triebwerk Nummer vier hätten.

»Das müsste in ungefähr fünfundvierzig Minuten repariert sein«, sagte er langsam, ehe er mit einer Bemerkung von besonderem Sadismus endete: »Es ist draußen auf dem Rollfeld etwas kühl und zugig geworden, daher behalten wir Sie alle einfach an Bord.«

Die Zeit kroch dahin. Wir dampften langsam vor uns hin wie in einem Schmortopf. Der Bursche, der neben mir eingezwängt saß, ein Bauwerker namens Brian, bedachte mich mit Geschichten seines glorreichen Landlebens in Idaho (»Wo wir einfach unsere Waffen und unsere Freiheit lieben«). Es gab dort anscheinend nichts anderes als Trinken und Herumfahren, Herumfahren und Trinken – und Schießen.

Irgendwann verfiel er darauf, lange und umständlich zu erzählen, wie er unlängst einige Motocrossfahrer von einem abgeschiedenen Stück Land auf einem Hügelkamm vertreiben musste. Ich bekam von der Hitze und dem Sauerstoffmangel allmählich Kopfschmerzen und hörte ihm nicht mehr so genau zu, bis ich ein paar Wortfetzen aufnahm und in meinen Gedanken zusammensetzte: »Die Lügner behaupteten, ich hätte Drogen angebaut und bewacht.« Und: »Sie haben mir Handschellen angelegt und mich ins Gefängnis geworfen.«

»Entschuldigung, habe ich das richtig gehört? Haben Sie gesagt, dass Ihnen zu Hause mehrfache Anklagen wegen verschiedener Straftaten und Waffenbesitz drohen?«

»Verdammt richtig! Zwölf Anklagepunkte! Tätliche Drohung oder Hantieren mit einer tödlichen Waffe – Sie können sich's aussuchen. Im März habe ich einen Gerichtstermin. Teufel, die haben sogar noch Verwendung einer Handfeuerwaffe beim Begehen einer Straftat drangehängt. Was ist denn das für eine Scheißanklage? Der Staatswalt fordert sechzig Jahre.«

»Wie kommen Sie denn hierher? Nach all den Formularen zu urteilen, die ich ausfüllen musste, hatte ich den Eindruck, man darf nicht mal einen Strafzettel für Falschparken haben.«

»Ach, ich bin auf 50 000 Dollar Kaution frei. Es gab ja auch noch keine Verurteilung. Die dachten nicht, dass ich den Betrag aufbringen könnte, aber ich hatte Bargeld, von dem sie nichts wussten. Mein Anwalt hat vom Richter eine Einwilligung eingeholt, dass ich hier runterkommen und meine Arbeit ausführen kann. Es war ja schon alles fest vereinbart gewesen. Vermutlich denken die, am Südpol kann ich sowieso nirgendwohin weglaufen.«

»Sechzig Jahre, hm?« Ich dachte an das witzige kleine Buch *What Do You Say, Dear?* von Sesyle Joslin, das wir als Kinder besessen hatten. Es war voller Vorschläge, wie man in den merkwürdigsten Situationen korrekte Konversation macht, etwa wenn ein Elch zum Tee hereinspaziert oder ein Doppeldecker durch die Zimmerdecke ins Wohnzimmer stürzt. Ich konnte mich aber nicht erinnern, ob es einen Ratschlag beinhaltete, wie man einem Kerl sein Mitgefühl ausdrückt, der neben einem im Militärtransporter sitzt mit der Aussicht auf sechzig Jahre Kittchen. Also musste ich improvisieren: »Nun ja, ich denke, Sie kommen wieder raus, bevor Sie hundert sind.«

»Ach, ich komm schon vorher aus der ganzen Scheiße raus, aber wissen Sie was? Wenn nicht, dann sitze ich auch nicht ein. Niemals. Ich habe mir das schon alles ausgerechnet: Ich beantrage dann Kaution bis zur Berufungsverhandlung – das kostet nur 10 000 Dollar mehr, das habe ich überprüft – und haue dann nach Südamerika ab. Adios, ihr Ärsche. Und wenn sie mich doch erwischen, dann – ganz im Vertrauen unter uns gesagt – habe ich eine Menge Zyankali, von dem die nichts wissen, und das nehme ich glatt, bevor ich mich in den Bau stecken lasse. Kein Witz. Ich kenne da einen Burschen, der ...«

Die Motoren wurden in diesem Augenblick angelassen und der Lärm übertönte seine Stimme. Ich lächelte Brian entschuldigend zu und riss das Paket mit den gelben Schaumstoff-Ohrstöpseln auf. Einige Minuten später hoben wir ab. Sechs Stunden Flug lagen vor uns. Für die meisten Menschen ist das ein langer Flug, aber wenn man in Australien lebt, sind sechs Stunden gewissermaßen nur ein Hopser – oder wären es, wenn es im Flugzeug nicht so beengt gewesen wäre.

Ich hatte mir ein Buch als Reiselektüre mitgebracht: *Der Schatz der Sierra Madre* von B. Traven. Ich schlug es auf und fing zu lesen an: »Die Bank, auf der Dobbs saß, war keineswegs gut. Die eine Latte war herausgebrochen, und eine zweite Latte bog sich nach unten durch, darum konnte man recht gut das Sitzen auf dieser Bank als Strafe empfinden ...«

Hmmmm.

Die Stunden krochen so langsam dahin wie eine verregnete Woche. Wie der niedergeschlagene Dobbs in meinem Buch stellte ich bald fest, dass es keine Möglichkeit gab, es sich auf diesen Sitzgelegenheiten gemütlich zu machen. Das Beste war eine Art unergonomisches Hinlümmeln, das eine kurze Illusion von Bequemlichkeit hervorrief, aber die Muskeln im Lendenbereich so verkrampfte, dass ich mich nach kurzer Zeit wieder gerade hinsetzte.

Im Flugzeug war es stickig und eng, warm und muffig. Brian schälte sich neben mir fast ganz aus seiner Kleidung und saß nur noch in der Unterhose da. Ich versuchte mein Buch zu lesen. Ich versuchte zu dösen. Ich zappelte nervös umher und aß langsam die Sandwichs meiner Flugration auf. Einmal nahm ich aus Neugier meine Ohrstöpsel heraus. Es klang, als hielte man sein Trommelfell direkt an die Düse eines Industriestaubsaugers. Mit den Ohrstöpseln war es so, als würde man dasselbe hören, nur unter Wasser.

Ich hatte insofern Glück, als ich schräg gegenüber einem der wenigen Bullaugen des Flugzeugs saß – winzige Fenster, die knapp eine Handspanne breit waren –, sodass ich meine Augen an der kühlen Bläue des Himmels laben und mir vorstellen konnte, wie klar und sauber die frische Luft vorbeisauste. Nach einer Weile gestikulierte jemand, der neben einem Fenster saß, aufgeregt, deutete nach draußen und rief etwas von Eisbergen. Einige Leute reichten ihm ihre Kameras. Er knipste ein paar Bilder und gab die Fotoapparate anschließend zurück.

Ich schaute auf meine Uhr: noch eine Stunde. Eine Stunde kann jeder aushalten. Das sagte ich mir immer wieder. Die Motoren dröhnten. Meine Beine fühlten sich schwer und tot an. Mein Rücken, mein Hinterteil und meine Hüftmuskeln schmerzten. Ich blickte wieder auf meine Uhr. Erst fünf Minuten waren vergangen. O Gott! Und dann machte der Pilot eine Durchsage über Lautsprecher. Ich vermochte seine Worte kaum zu verstehen, obwohl er den Ton sicher voll aufgedreht hatte. Ich konnte nicht glauben, was ich zu hören dachte. Die bestürzten Gesichter um mich herum bestätigten aber meine Ahnung. Die Sichtweite in McMurdo, das jetzt nur noch eine Stunde entfernt lag, war auf eine Meile gesunken. Drei Meilen sind das Minimum für eine Landung. Der Pilot beschloss, den Anflug abzubrechen. Wir kehrten um. Im USAP-Jargon waren wir ein »Bumerang«. Ich hätte weinen können.

Irgendwann während des fünfstündigen Rückflugs, als die Nacht durch das Bullauge hereinkroch, sank ich in einen alptraumhaften Halbschlaf, in den das Dröhnen des Frachtflugzeugs, die Fallschirmspringersitze und das verstörende Gefühl, einen Krieg durchlebt zu haben, hineinspielte: Ich war in meinem Traum zur Fremdenlegion gegangen, sozusagen als Beau Geste in Häschenstiefeln.

Ich erwachte mit einer schädelspaltenden Migräne. Die gedämpfte Lautsprecherstimme sagte irgendetwas von Christchurch und dreißig Minuten. Es war jetzt draußen vor dem Bullauge dunkel, wie zum letzten Beweis dafür, dass das alles nicht nur ein böser Traum gewesen war. Um diese Jahreszeit gab es in der Antarktis keine Nacht; wir waren wirklich irgendwo über Neuseeland. Die Lichter an der Unterseite der Flügel gingen an und aus wie pulsierende Nachtlichter. Das Flugzeug rüttelte stark, als es Turbulenzen durchflog. Wir landeten kurz nach Mitternacht, und das Flugzeug rollte wieder in den abgesperrten Bereich des Flughafens neben dem USAP-Hangar. Der Flughafen war still. Wir quollen auf schlaffen Beinen aus dem Flugzeug hervor und sogen in tiefen Atemzügen die kühle, feuchte Nachtluft ein. Ein Shuttle-Bus brachte uns zurück zum CDC, wo wir wieder unsere Straßenkleidung anzogen.

Einige der nächtlichen Taxis, die von ihrer Zentrale auf die jüngst von der Antarktika Abgewiesenen aufmerksam gemacht worden waren, kamen auf den Parkplatz gefahren, wobei uns ihre Scheinwerfer erfassten wie auf die Fahrbahn gelaufene Rehe. Ich winkte ein Taxi herbei und fuhr in mein Hotel zurück.

Der Nachtportier gab mir mein altes Zimmer wieder. Es kam mir vor, als hätte ich es zuletzt vor einem Jahr gesehen. Ich schluckte ein paar Aspirin, kroch mit der Vitalität eines Mannes, der doppelt so alt war wie ich, ins Bett und blickte durch den Vorhang hinaus auf die blinkenden Lichter von Christchurch. Ich kam mir vor, als hätte man mich durch ein Schlüsselloch gezogen. Und morgen würden wir das Ganze wiederholen. Und nach allem, was ich wusste, konnte es mir passieren, dass ich morgen meinen schmerzenden Kopf wieder auf dieses Kissen legen würde, nachdem ich einen weiteren Tag wie diesen verbracht hatte. Es gab keinen Grund anzunehmen, dass dem nicht so sein würde.

Zum Glück kam es aber nicht so. Wir schafften es am nächsten Tag nach McMurdo. Wir flogen um 17.00 Uhr los, hatten einen eingepferchten, unangenehmen, aber ansonsten ereignislosen Flug und landeten auf dem Eisrollfeld kurz nach 22.00 Uhr in einer hellen antarktischen »Nacht«.

KAPITEL 5

Ein McMurdo-Empfang

Wir leben in einem Zeitalter von Langstreckenflügen. Routinemäßig haben wir uns daran gewöhnt, die geographische Diskrepanz zu akzeptieren, einen Flug im warmen Sydney zu beginnen und viele Stunden später im frostig kühlen London anzukommen oder in der schwülen Hitze, dem Lärm und der Hektik von Bangkok. Aber selbst in dieser Ära der hohen Geschwindigkeiten ist es ein gewaltiger Schock, am selben Tag in der Antarktis anzukommen, an dem man einen duftenden Garten in Neuseeland verlassen hat. Darauf kann einen nichts so richtig vorbereiten, nicht einmal, wenn man schon einmal im Eis gewesen ist und meint, man wüsste, was einen dort erwartet.

Die Luke geht auf, und Antarktikas frostiger Hauch wirbelt in den Frachtraum, zerschneidet die muffige, abgestandene Luft und den ranzigen Geruch von vertrocknetem, übrig gebliebenem Essen. Einen Augenblick später klettert man wie betäubt und geblendet vom intensiven weißen Licht auf wackeligen Füßen die Stufen auf das harte Meereis hinunter. Es ist diese blendende Helle, die einem als Erstes auffällt, vor der Kälte. Während man sich noch im Gänsemarsch zur Tür bewegt, überrascht einen dieses Licht, das durch die Luke hereinfällt und das Innere des Flugzeugs erhellt.

Die bittere Kälte folgt ungefähr eine Sekunde später. Sowie man aus dem Flugzeug steigt, trifft einen der Wind, der wie mit Rasiermessern über den zugefrorenen McMurdo-Sund fegt. Steife Finger fummeln am Reißverschluss des Parkas herum, der in der schläfrig machenden Wärme im Flugzeug viele Stunden lang offen geblieben ist. Gleichzeitig versucht man sich daran zu erinnern, in welcher Tasche die Gletscherbrille steckt.

Und dann kommt das Gefühl der Weite. Es ist nahezu überwältigend. Eine seltsame, kahle, blendend weiße Welt aus Eis und Schnee erstreckt sich bis zum Horizont. Der Himmel ist riesig. Im einen Augenblick ist man noch im Frachtraum eines Flugzeugs eingekeilt, im nächsten kommt man sich so verloren vor wie eine in eine Landkarte gepinnte Nadel. Der verwirrende Ansturm von Bildern und Eindrücken nach so vielen Stunden sensorischen Entzuges genügt, um einen auf der Stelle die qualvolle Enge des Fluges vergessen zu lassen.

Wir wankten mit Krämpfen in den Beinen vom Flugzeug weg und kamen uns ein wenig wie transportierte Gefangene vor, insbesondere da uns die Bodenmannschaft in tarnfarbener Kleidung zurief, dabei den Lärm der Motoren übertönend, wir sollten jetzt schnell weitergehen, keine Zeit, Fotos zu machen, los, los ...

Wenn ich die unmittelbare Umgebung jedoch nicht ansah, sondern nur in die Ferne blickte, war es, als würde ich in eine dieser herrlichen alten Aufnahmen von Frank Hurley oder Herbert Ponting treten, die ich in den letzten Wochen so sehr bestaunt hatte. Die klassischen Merkmale waren alle da: die leere Weite des Meereises, der theatralische Streifen der Royal-Society-Kette und, über der Station aufragend, die erhabene Symmetrie des Mount Erebus, des am weitesten südlich gelegenen aktiven Vulkans der Welt, der majestätisch Rauch in den klaren Abendhimmel aufsteigen ließ und auf diese Weise unverhohlen seine Bedrohlichkeit demonstrierte. Nichts hatte sich verändert – zumindest nicht hier draußen.

Hinter uns heulte das graue Düsenflugzeug auf, und weiteres Bodenpersonal kam mit Tanklastwagen und Gepäckkarren herbei – wie Madenhacker beim Anflug auf ein Nilpferd. Wir wurden auf ein übergroßes Menschenbeförderungsmittel geladen, das den Namen

Iwan trug. Dieser Terra-Bus hatte so riesige Reifen, dass wir erst eine Stufenleiter hinaufsteigen mussten, um einsteigen zu können. Ich lümmelte mich in meinen Sitz und blickte rund fünf Kilometer hinüber zum breit hingeduckten MacTown – die hiesige Station.

Als wir über eine schnurgerade Straße auf dem Eis darauf zufuhren, die den Namen Antarctic-1 trug, versank der Mount Erebus dezent hinter einem seiner seitlichen Vorberge. Iwan, der Terra-Bus, rumpelte einen steilen Hang hinauf. Wir verließen das Meereis und gelangten auf festen Boden, schließlich führte der Weg über eine holprige Hauptstraße, umrahmt von Fertighäusern, Pipelines und einem Gewirr von Telefonleitungen. Ein orangefarbener Container mit der Aufschrift »Halloween Decorations« sah wie weggeworfen aus, überzogen von einer zentimeterdicken Schicht alten Schnees. Daneben aufgeschichtet waren Stapel mit Holz und Baumaterial.

Der Fahrer setzte uns vor dem Chalet ab, einem Gebäude im Stil einer Schweizer Skihütte, dem örtlichen Hauptquartier der National Science Foundation. Wir wurden zu unserer Ankunftsveranstaltung hineingeführt, bei der wir auch die Zuweisung unserer Schlafstelle erhalten sollten. Wieder fühlte ich mich unwohl, gleich einem Rekruten, der zur Grundausbildung einrücken muss.

Im Chalet war es warm, behaglich und überfüllt. Wir saßen auf Plastikstühlen, die vor einem Rednerpult aufgestellt waren. Die Wände ringsum zierten Wimpel, Fotos und Gedenkplaketten. Während der nächsten zwanzig Minuten stellte sich eine Kavalkade der verschiedensten Stationsleiter und NSF-Oberen jedem vor, der sie nicht bereits kannte. Die Grundregeln wurden grob umrissen, danach wurden Kuverts verteilt, in denen sich Schlüssel und fotokopierte Lagepläne der Station befanden.

Die Versammlung löste sich in einem Gewirr von Insiderscherzen und Informationen aus, die ausgetauscht wurden, um sich auf den neuesten Stand zu bringen. Ich hatte momentan niemanden, mit dem ich auf diese Weise kommunizieren konnte. Maria, die Fotografin, war schon seit einer Woche hier und befand sich gerade in einem Feldlager auf dem westantarktischen Eisschelf. Sie würde erst in einigen Tagen zurück sein.

Ich bekam ein Zimmer zugeteilt. Anschließend ging ich hinaus in die mitternächtliche Helle. Der Ausblick vom Holzvorbau des Chalets aus war umwerfend: ein Panorama der Royal-Society-Kette, die über drei Kilometer in einen straffen blauen Himmel hinaufragte. Das grelle Sonnenlicht hob die Details auf den Bergen hervor und ließ sie wie hingemeißelt erscheinen.

Als ich die Straße zu meiner Unterkunft hinaufmarschierte, ertönte hinter mir eine Hupe. Verblüfft sprang ich beiseite, als ein großer, neuer Plattformanhänger eines Transporters an mir vorbeifuhr. Der Fahrer winkte. Ich winkte zurück. Der Vorfall hatte etwas Surreales an sich und war so ganz anders als die Antarktis, an die ich mich von damals erinnerte.

Mein Zimmer befand sich in dem Gebäude 155, einem ausgedehnten Häuserkomplex, in dem sich auch der Speisesaal, Geschäfte, ein Friseurladen und der Fernsehsender der Station befanden. Die Schlafräume befanden sich alle im oberen Stockwerk. Sie waren sauber, aber schäbig, und erinnerten mich an eine billige Unterkunft für Rucksacktouristen: muffiger Geruch, Sprünge in den Wänden, eingerissene Teppiche, abgestoßenes Linoleum und ausgestanzte Löcher in den Deckenplatten, durch die Kabel und Wasserrohre zu sehen waren. Aber wenigstens gab es keine Küchenschaben. Es gibt hier in MacTown auf 78° südlicher Breite überhaupt keine Insekten.

Ich dachte an die ersten Zeilen des Buches *The Worst Journey in the World*, wo Apsley Cherry-Garrard anmerkt, dass die Erforschung der Antarktis für ihn die beste Methode sei, es sich schlecht ergehen zu lassen. Er fährt dann fort und vergleicht das unvorteilhafte Leben in der Antarktika mit dem Dasein in den matschigen

Schützengräben an der französischen Westfront im Ersten Weltkrieg. Es stimmt schon, dass es Cherry-Garrard nicht sonderlich gut ergangen war, wie auch schon dem Buchtitel zu entnehmen ist. Er war ein Teilnehmer von Scotts letzter Expedition gewesen und verbrachte den Rest seines Lebens mit der bohrenden Ungewissheit, ob er etwas zur Rettung seiner Kameraden dort draußen auf dem Eisschelf hätte beitragen können. Später war er bei dem Suchtrupp gewesen, der ihre steif gefrorenen Leichen fand.

Ich hoffte, dass ich es angenehmer haben würde.

Endlich hatte ich mein Zimmer gefunden. Es war spät, also drehte ich den Schlüssel leise im Schloss um und öffnete vorsichtig die Tür, falls dort drinnen schon jemand schlafen sollte. Es schlief keiner. Das Zimmer war leer und überraschend groß: zwei große Stockbetten, ein abgewetztes Sofa, ein Couchtisch, einige Kleiderschränke und ein Eckregal, auf dem Kabel herumlagen. Sie verrieten, dass dort früher einmal ein Fernseher gestanden haben musste. Eine schwere Decke war vor das Fenster geklebt worden, um den Vierundzwanzig-Stunden-Sonnenschein abzublocken. Eine Ecke hatte sich gelöst, sodass etwas Licht hereinfiel und ich einiges erkennen konnte. Ich schaltete das Licht an, schloss die Tür und ging hinüber zum Fenster, um den Lichtschutz wieder zu befestigen.

Zwei der Betten waren bereits gemacht und belegt. Rucksäcke und Kleider lagen auf ihnen. Ich warf mein Gepäck neben das untere Bett beim Fenster und fing an, es für die Nacht herzurichten. Ich machte mir nicht die Mühe, die Decke richtig zu entfalten, denn es war hier drinnen heiß genug, um Orchideen zu züchten. Ich sah mich nach einem Thermostaten um. Es gab keinen. Offensichtlich war dies die Temperatur, die hier jedermann mochte. Ich fragte mich kurz, warum jemand ein so riesiges Gebäude so warm beheizt haben wollte, wo hier doch der Liter Heizöl 2,50 Dollar kostete. Dann erinnerte ich mich an den knallroten Transporter, der auf der

Hauptstraße an mir vorbeigerollt war, und kam von selbst auf die Antwort: Die Amerikaner tun das, weil sie es können.

Ich war vom Flug und dem langen Tag hundemüde, aber noch zu aufgedreht, um schlafen zu können. Ich ging nach unten in den Speisesaal, der noch aus den Marinezeiten von McMurdo den Namen »Kombüse« trug. Inzwischen war der Raum renoviert worden und sah so hell, freundlich und modern aus, wie die Zimmer im Gebäude 155 schmuddelig und melancholisch wirkten. Es wurden »mid-rats« serviert, Mitternachtsrationen für Schichtarbeiter und Nachteulen. Ich nahm mir einen Teller Lasagne und einen Becher heißen Kakao und schaute auf einen stumm geschalteten Fernseher, auf dem Textseiten mit Tagesankündigungen, Kinoprogramm, Gottesdienstzeiten, Terminen für Treffen der Anonymen Alkoholiker und der Weightwatchers sowie allgemeine Nachrichten aus der Station abliefen.

Bald sollte ein Vorsprechen für eine McMurdo-Produktion von Shakespeares *Viel Lärm um nichts* stattfinden, speziell auf die Antarktis zugeschnitten. Statt eines Soldaten, der in eine italienische Villa zurückkehrt, so verkündete das elektronische schwarze Brett, würde in dieser Fassung ein Nationalgardist aus dem Fluggeschwader nach McMurdo zurückkehren. »Bombenstimmung entsteht. Heiterkeit folgt. Liebe siegt und alle haben eine vergnügliche Zeit.« Ich aß meine Lasagne auf und ging kurz nach zwei Uhr schlafen.

In der Kombüse herrschte Hochbetrieb, als ich zum Frühstück herunterkam. Sie war erfüllt von Stimmen und Geklapper sowie dem einladenden Geruch von Kaffee, Speck und Eiern. An diesem Morgen sollte ein Flugzeug Richtung Südpol starten. Ich sah Brian – »Sechzig-Jahre-Brian«, wie ich ihn jetzt insgeheim nannte, um ihn von den anderen Brians zu unterscheiden, die ich kennen gelernt hatte – auf dem Weg zum »Sackschleppen«, wie man an diesem Ort das Einchecken für einen Flug nennt. Er winkte mir fröhlich zu und sagte, er würde mich dort unten in ein paar Wochen sehen, dann könnten wir eine Flasche Scotch leeren. Wie er es so hinwarf – »Wir seh'n uns am Pol« –, während er zur Tür hinauswalzte, konnte ich kaum ein Lachen unterdrücken. Auf so bodenständige Weise machten seine Worte bewusst, wo wir waren. Ich häufte Eier, Pfannkuchen, Speck und Rösti auf meinen Teller, schenkte mir einen Becher Kaffee ein und setzte mich neben ein Fenster.

Es war schon fast sieben Uhr, und MacTown wurde wach. Ein steter Strom von Menschen kam in Zweier- oder Dreiergruppen die Straße herauf, entweder um in die Kombüse zum Frühstücken zu kommen oder um sich einen Thermosbecher Kaffee zu holen, für einen weiteren Tag im Büro, in einer Werkstatt oder einem Labor. Es ähnelte auf geradezu unheimliche Weise der Hauptstraße einer amerikanischen Kleinstadt, die irgendwo in der Kälte lag.

Nach dem Frühstück ging ich auf Erkundungstour.

Der Fernsehmonitor neben der Tür gab die örtlichen Wetterbedingungen bekannt und verriet mir, dass es draußen ungefähr minus 16 Grad kalt war, bei einem Windchill – der gefühlten Temperatur, die abhängig von Windgeschwindigkeiten war – von minus 30 Grad. Ich las es mit distanzierter Neugier, während ich in meinen Parka schlüpfte und seine rund ein Dutzend Taschen nach meinen Handschuhen und der Gletscherbrille abtastete. Minus 30 Grad – keine große Sache.

Aber dann öffnete ich die schwere Tür, die der eines großen Kühlschranks ähnelte, und trat hinaus. Der rasiermesserscharfe Wind raubte mir fast den Atem. Es war lange her, dass ich etwas Ähnliches gespürt hatte. Es war noch beträchtlich kälter als gestern bei unserer Ankunft, und in Mawson, wo ich das letzte Mal Schnee gesehen hatte, war es auch nie so eisig gewesen. Meine Wangenknochen wurden innerhalb von Sekunden taub, und meine Ohrläppchen brannten. Ich streifte mir die geräumige Kapuze des Parkas über den Kopf, steckte meine Hände tief in die wärmsten Taschen und stapfte die Straße hinunter. Dabei kam ich mir etwas töricht vor, weil ich anfing, mit mir darüber zu verhandeln, diesen speziellen Morgenspaziergang eher kurz zu gestalten. Das war die Antarktis!

Ich war froh, dass ich den Lageplan der Station in meiner Tasche hatte. Es wäre leicht gewesen, sich hier zu verlaufen. MacTown ist in der Antarktis das, was einer Stadt am Nächsten kommt. Hier leben im Sommer rund 1200 Menschen, es gibt Straßen und Kreuzungen, Verkehrsschilder mit Geschwindigkeitsbeschränkungen und einen Shuttle-Bus, der durch die Stadt fährt, hinaus zum Flugplatz und hinüber zur knapp drei Kilometer entfernten neuseeländischen Scott Base. Es gibt einige Bars, eine altmodische Kegelbahn, einen Rundfunk- und einen Fernsehsender, ein Postamt, Läden, Geldautomaten, eine Kirche mit bunten Glasfenstern, auf denen Pinguine zu sehen sind. Der Kommandeur der Station ist ein Deputy U.S. Marshal. Trucks mit offener Ladefläche fahren durch die Straßen, und schlaksige, bärtige Burschen in Jeans und Wanderstiefeln grüßen einander im breiten Dialekt des amerikanischen Mittelwestens mit »Hey, Dude!«.

Als ich an diesem ersten Morgen durch die gefrorenen Straßen ging, kam ich mir abwechselnd vor, als befände ich mich in einer Goldgräberstadt in Alaska, einer abgelegenen Radarstation des Kalten Krieges oder einer Fachoberschule irgendwo in den Rocky Mountains. Es ist kein schöner Ort. Keine Antarktisstation ist das. Die Architektur ist vorwiegend industrielle Fertigbauweise, überall parken schwere Maschinen, Berge von Baumaterial stapeln sich auf allen möglichen Flächen. Offen verlegte Rohre befördern Treibstoff, Wasser und Abwasser.

MacTown bringt dennoch Leidenschaften zum Vorschein. Manche lieben seine Grenzland-Kameraderie, andere beklagen seine unansehnliche städtische Ausbreitung. Amerikas Anwesenheit auf der Ross-Insel wurde mit vollem Einsatz zur Geltung gebracht, seit McMurdo im Jahr 1956 eröffnet wurde (das betrifft übrigens auch jeden anderen Ort der Antarktis, den Amerikaner betreten haben). Von Anfang an war es die größte Station auf dem Kontinent. In den sechziger Jahren hatte MacTown sogar einige Zeit lang ein Atomkraftwerk, einen 1,8-Megawatt-Reaktor, der als Nukey-Poo bekannt war. Aber er funktionierte nie richtig und musste 1972 entfernt werden, zusammen mit Tausenden von Tonnen verseuchter Felsen und Erde.

Die Amerikaner haben auf allen Ebenen viel getan, um seit jenen Zeiten MacTown zu säubern, indem riesige Mengen von Müll und Abfall in die Vereinigten Staaten zurückbefördert wurden und ein allumfassendes Recycling-Programm zum Einsatz kam. Eines der ersten Dinge, die ich heute Morgen erledigen musste, bestand darin, mich für den Pflichtvortrag anzumelden, bei dem erläutert werden sollte, wie das Recycling-System der Station funktioniert, wo und wie man verschiedene Arten von Abfall zu entsorgen hat und wer zu verständigen ist, wenn Chemikalien oder Treibstoffe auslaufen.

Ich kam bald dahinter, dass McMurdo eher neben der Antarktis existierte, ganz so, als wären knapp vier Quadratkilometer vom Kontinent abgetrennt worden. Was einem auch als Analogie für diesen Ort in den Sinn kommt – Fachoberschule, Radarstation oder amerikanische Kleinstadt –, eines ist er auf keinen Fall: ein Teil der Antarktis. Zumindest nicht in meiner Wahrnehmung. Denn schließlich holt man in der Antarktis nicht zwanzig Dollar aus einem Geldautomaten von Wells Fargo, geht damit in den nächsten Laden, um sich eine Schachtel Oreos-Cookies, eine Tüte Fritos und ein Sechserpack Bud zu kaufen, um dann damit heimzukehren und ein im Fernsehen übertragenes Football-Spiel der Cornhuskers anzusehen. Aber in MacTown kann man das. Und viele Leute tun es auch.

Durch das viele Eis wirkt die Antarktis wie eine aufgemalte Theaterkulisse oder eine Schaufensterdekoration, nicht wie eine reale

Umgebung. Man kann an einer Straßenecke stehen, aufblicken und die Royal-Society-Kette in all ihrer Pracht sehen, aber abgesehen vom scharfen Wind, der immer wieder zwischen die Gebäude fährt, kommen einem die schneebedeckten Gipfel in der Ferne und das ganze Eis ringsum nicht wirklicher oder greifbarer vor als eine Postkarte – oder ein Tagtraum.

McMurdo ist nicht nur die größte und stadtähnlichste Station auf dem Kontinent, es ist auch der Ort, an dem einige der ersten menschlichen Bewohner der Antarktis lebten (oder besser gesagt hausten) – Robert Falcon Scott wählte denselben felsigen Landvorsprung auf der Ross-Insel, um hier die Basisstation für seine Expedition im Jahre 1902 zu errichten. Die alte Holzhütte steht noch da, draußen auf dem Hut Point, nur einige hundert Meter von der Stadtmitte entfernt.

Nachdem ich den Ort durchstreift hatte, spazierte ich dorthin, in der Hoffnung, etwas zu finden – vielleicht so etwas wie ein antarktisches Gefühl –, das in der Stadt zu fehlen schien. Der Weg war länger, als er auf den ersten Blick ausgesehen hatte, und der Wind draußen auf der Landspitze war beißend kalt. Der Schnee, den er mit sich brachte, brannte auf der Haut. Die Hütte hatte ich mir kleiner vorgestellt. Sie war an jeder Seite rund zwölf Meter lang, hatte ein pyramidenförmiges Dach und eine Veranda, die außen um die gesamte Hütte herumlief. Die Architektur war vertraut: Sie glich der jener alten Bungalows im australischen Outback um die Jahrhundertwende – und die Hütte war auch tatsächlich ein solcher Bungalow gewesen. Scott hatte ihn in Melbourne in Fertigbauteilen mitgenommen, als er dort 1901 durchkam.

Ich fuhr mit einer in einem Fäustling steckenden Hand über eine Außenwand. Ein Jahrhundert von Schneestürmen hatte das Holz zu seidigem Glanz poliert. Ich hatte die Hütte ganz für mich, und als der Wind nachließ, war die Stille wunderbar. Es war der Vormittag eines Wochentags, und McMurdo steckte in einer kollektiven Tretmühle von Büros, Labors und Werkstätten. Ich saß auf der Veranda abseits vom Wind und schaute nach Süden, weg von der brummenden Aktivität und der sich ausbreitenden Stadt hinter mir. Ungefähr eine Stunde verbrachte ich mit Nichtstun, in der ich mir vorstellte, wie hier das Leben für diese ersten Expeditionsteilnehmer gewesen sein musste und warum ihre Antarktis »authentischer« wirkte.

Sicher waren sie der rauen Wirklichkeit des örtlichen Klimas weit stärker ausgesetzt gewesen, als ich es in meinem überheizten Zimmer im Rückgebäude 155 je sein würde. In dieser Hinsicht hatten es die alten Forscher schwer gehabt. Sie konnten auch nicht zwischen fünf vegetarischen Gerichten im Speisesaal wählen. Aber zu ihrer Zeit konnte diese Hütte wohl genauso vom Rest Antarktikas abgeschnitten gewirkt haben wie McMurdo jetzt für mich. Immerhin war sie einst eine Bastion des Empire und mit jedem Komfort und jeder Annehmlichkeit ausgestattet gewesen, die es im Zeitalter König Eduards VII. gab – natürlich unter Berücksichtigung von Logistik und Finanzen. Denn schließlich kamen Scott & Co. nicht hierher, um ein Einsiedlerleben zu führen oder kälteabwehrende Hemden zu tragen, sondern um den Ruhm des britischen Empire zu mehren und ihre Karrieren bei einem in der Tat glorreichen Pfadfinder-Campingausflug voranzutreiben. Ihr Zeitalter bewunderte technische Spielereien nicht minder, als wir das heute tun. Sie brachten Autos, Heißluftballons und Grammophone mit und unterhielten sich während der langen Polarnächte mit Laterna-magica-Vorführungen. Dass sie keine E-Mail, Videos und Satellitenfernsehen hatten, lag nur daran, dass es das damals noch nicht gab.

Amundsen und seine Leute hatten sich drüben in der Walbucht, wo sie ihr Basislager Framheim errichtet hatten, eine Sauna hingestellt, während sie 1911 darauf warteten, das Wettrennen zum Südpol zu beginnen. Im gleichen Jahr ließ Scott von seiner alten Hütte zu der neuen, die er zwanzig Kilometer weiter entfernt auf Kap Evans hatte bauen lassen, eine Telefonleitung legen. Es war die erste Telefonverbindung auf dem Südkontinent, und wenn sie nicht so lange oder so gut funktionierte, wie es damals möglich gewesen wäre, lag das nicht daran, dass man es nicht versucht hätte. Scott und seine Leute spielten auf dem Eis Fußball, hielten Gottesdienste ab, führten Theaterstücke auf und verlegten Bücher und Zeitschriften. Später sollte Scott geradezu poetisch über sein Ideal schwärmen, zu Fuß den Südpol zu erreichen, ihn also »rein« zu erobern, auf die wackere britische Art, bei der die Männer ihre eigene Ausrüstung schleppen, im Gegensatz zum moralisch eher zweifelhaften norwegischen Einsatz von Hunden. Aber als der bedrängte Engländer diese Behauptungen aufstellte, erklärte er nur die Notwendigkeit zur Tugend. Denn die Motorfahrzeuge, mit denen er gehofft hatte, den größten Teil der Strecke über das Ross-Eisschelf zurücklegen zu können, versagten. Die Pferde, die er mitgebracht hatte, erwiesen sich für die Aufgabe ebenfalls als absolut ungeeignet. Außerdem mangelte es ihm am Geschick der Norweger im Umgang mit Hunden und Skiern, die auch er mitgeführt, aber ohne Erfolg ausprobiert hatte. Daher blieb als letzte Möglichkeit nur, alles von den Teilnehmern selbst schleppen zu lassen.

Aber Scott war nicht nur Romantiker, sondern auch ein wortgewandter Optimist. Gab man ihm eine Zitrone, machte er daraus die köstlichste Limonade. Und so konnte er seine Expeditionsteilnehmer auch davon überzeugen, dass es zur Noblesse eines jeden Mannes gehöre, seinen eigenen Schlitten zu ziehen, Schritt für Schritt, durch Schneestürme und tiefen Schnee, quer über das polare Hochplateau. Die letzten bewegenden Passagen seines Tagebuchs, sein heldenhaft-aristokratischer Tod (und der seiner Kameraden) nur wenige Kilometer vom lebensrettenden Basislager entfernt, ließen ihn den wahren Sieg erringen. Amundsen, mit seiner kühlen, klinischen Effizienz, mochte zwar das Rennen tatsächlich gewonnen haben, und das sogar ziemlich leicht, aber Scotts glorreicher, edler Kampf mit den Elementen war es, der die Phantasie beflügelte.

Bis zu einem gewissen Grad tut er das noch immer. Während ich auf der Veranda saß und der Stille lauschte, dachte ich zurück an die beengten Zinkaluminium-Hütten von Mawson, die in dem Sommer, als ich dort gewesen war, ausgefegt und geschlossen wurden. Die Veteranen unter den Überwinterern hatten tief geseufzt, waren der Meinung, damit verschwinde die heldenbewegte, alte, kühne Antarktis endgültig. Mit dem herausgeputzten neuen Schlafsaal der Roten Hütte wäre nichts mehr so wie zuvor. Dieses Argument wirkte damals für mich einleuchtend, aber jetzt fing ich an, mich zu fragen, ob das nicht eine Überbetonung unserer Bequemlichkeit war, unserer Fähigkeit, die eigene Umgebung passend zu machen. Die Antarktis – jener gewaltige Raum jenseits der Grenzen von MacTown und Hut Point – hat sich kein bisschen geändert. Sie ist distanziert und unnachgiebig wie je zuvor. Diese Hütte, diese gefrorenen Landschaften sind identisch mit den von frühen Forschern auf Glasplatten aufgenommenen Fotos. Gefahren? Man kann hier noch immer, sogar auf der Hauptstraße von MacTown, an Unterkühlung sterben, wenn man in einen Blizzard gerät, der alles in ein kaltes Weiß verschwinden lässt. Weicht man von den ausgeflaggten Pisten ab, die die Station umgeben, könnte man in eine Eisspalte stürzen und nie wieder aus ihr herauskommen.

Nein, trotz aller Fritos, Buds und Football-Spiele, die es in der Station gibt – oder, um nicht für einen Heuchler gehalten zu werden, trotz meiner eigenen Verfolgung der Kricket-Ergebnisse im Internet –, besitzen wir von der Antarktis nicht wirklich mehr als das, was sich unter unseren Stiefelsohlen befindet.

KAPITEL 6

Im Zentrum von MacTown

Zum Mittagessen begab ich mich zurück ins 21. Jahrhundert. Wieder war die Cafeteria geschäftig, voller Stimmen, Essensgerüche und Geschirrgeklapper. Sie war groß, hell und geräumig wie der Speisesaal eines finanziell gut ausgestatteten Colleges. Es gab Salatbars, frisch gebackenes Brot und eine riesige Auswahl an Gewürzen, Saftmaschinen und Softeisspendern. Köche in weißen Jacken und klassischen karierten Hosen grillten Burger und schnitten Braten auf. Küchenhelfer eilten herum, um Salatschüsseln und Puddingformen nachzufüllen.

Ich nahm ein Tablett, stellte einen Teller mit einem mexikanischen Gericht darauf und begab mich zu einem Fenstertisch. Ich trank mein Saftgetränk und sah den Leuten zu, die alle über die verschneite Hauptstraße zum Essen herkamen. Alle trugen Blue Jeans und Parkas und hatten abgetragene Schultertaschen umhängen. Auf den ersten Blick wirkt MacTown wirklich wie die klassenlose Gesellschaft, welche es laut Behauptung der Leute ist, die hier das Sagen haben. Sozusagen ein antarktisches Utopia, wo jeder in einer kaum voneinander unterscheidbaren Unterkunft wohnt, unabhängig von Bezahlung und sozialem Status, und wo jeder den gleichen standardmäßig ausgegebenen Big-Red-Parka trägt, sodass es unmöglich ist, den weltberühmten Wissenschaftler vom Hausmeister zu unterscheiden. Aber Menschen sind Menschen. Und hier, in der Kombüse, wo die Parkas abgelegt sind und sich MacTowns etwas mehr als tausend Bewohner tummeln, wurden sie zu freien Radikalen, die sich bald zu ihren eigenen Cliquen zusammenfanden.

Es war ziemlich unterhaltsam, diesem Treiben zuzusehen. Die interessanteste Gruppe, die stets den großen runden Tisch im Zentrum des Speisesaals einnahm, war ein Kreis von Bürokraten mittleren Alters. Sie waren von der National Science Foundation und damit die Herrscher über diese Station. Sie versammelten sich zu jedem Mittag- und Abendessen um diesen Tisch, selbstsichere, starkhüftige Männer in Jeans und mit Baseballmützen auf dem Kopf. Bereitwillig machten sie Platz, wenn ihre Kollegen, die sie laut mit Handelskammerstimmen begrüßt hatten, an den Tisch traten. Ihr freundlicher Umgang erinnerte an eine Gruppe von Rotariern auf einem Jagdausflug oder an Manager bei einer Gruppentherapie, die froh sind, einmal dem Büro und all seiner Formalität mit Buttondownkragen und Krawatte entkommen zu sein, und doch gleichzeitig etwas befangen wirken, dass man sie in Blue Jeans und Flanellhemden sieht.

Die Bürokraten strahlten eine gewisse Unvoreingenommenheit aus, aber nur sehr wenige Leute, die nicht zu ihrem Kreis gehörten, setzten sich je zu ihnen an den Tisch. Es gab keine Vorschrift, dass man dies nicht tun dürfte, denn ihr Tisch war nicht reserviert, aber kaum jemand wagte es. Sie produzierten um sich herum ihre eigene Exklusivitätszone. Das unterschied sich sehr stark vom Führungsstil, den ich auf den australischen Stationen erlebt hatte. Obwohl das Wort des leitenden Offiziers Gesetz war und er immer etwas von einem Kommandeur zur See hatte, gab es dort ein starkes Gefühl der Gleichheit. So beteiligten sich die Stationsleiter von Mawson, Davis oder anderen Stationen stets auch an den »niederen« Arbeiten, wischten die Böden mit dem Mopp, säuberten die Toiletten und teilten sich auch für die am wenigsten beliebten Dienste ein, zum Beispiel für den Wachdienst an Weihnachten und Ähnliches – ganz im Sinne von Noblesse oblige. So etwas wäre hier undenkbar gewesen. Toiletten? Mopps? Dafür gab es doch Mitarbeiter.

In diesem Zusammenhang fand ich es faszinierend, wie Shackleton so in Mode kommen konnte. In TV-Miniserien, Biografien und sogar in einer Personalführungsanleitung für Manager wird herausgestellt, wie man von Shackletons partnerschaftlichem und mitfühlendem Führungsstil profitieren könnte. Wenn es aber um die Leitung einer Antarktisstation ging – was heutzutage zunehmend ein wirtschaftliches Unterfangen ist –, musste die steife, formelle und hierarchische Einstellung Captain Scotts, seine Unterteilung in »Offiziere« und »andere Ränge«, streng befolgt werden.

Denn hinter all der Fröhlichkeit dieser Männer am runden Tisch (und es waren vornehmlich Männer) war nicht zu übersehen, dass sie die Entscheider, die Bosse waren, darin Scott sehr ähnlich. Von ihren Launen war vieles abhängig, und es war klar, dass man ihnen nicht in die Quere kommen sollte. Sonst könnte man sich leicht auf dem nächsten Flug nach Hause wiederfinden. Und wie bei den Urteilen von Richter Roy Bean im Wilden Westen des 19. Jahrhunderts – der einst als »das Gesetz« westlich des Pecos berühmt war – hätte es auch hier keine Möglichkeit gegeben, Widerspruch einzulegen. Natürlich wurde viel über diese Chefs geredet, und zwar in einer Art und Weise, wie sich jüngere Kinder in einem strengen Internat flüsternd über ihren Direktor auslassen. Zum Vorschein kam dabei eine Mischung aus Angst, Scheu und latenter Zuneigung.

Wie Schulkinder träumten jedoch auch viele Bewohner Mac-Towns von diversen Trotzreaktionen. Eine davon: Skifahren an den Hängen des Mount Erebus. Anscheinend ist das mehr als einmal gemacht worden. So war einst ein Typ auf den Vulkan gestiegen – ohne jegliche Autorisierung (die er ohnehin unter keinen Umständen erhalten hätte) –, hatte ein paar Skier auf den Schultern mitgeschleppt und soll dann die steilen, eisigen Hänge hinuntergefahren sein. Es war gefährlich gewesen – wirklich hirnverbrannt gefährlich, wenn man bedenkt, wie schnell man dort sein Leben in einer Eisspalte beenden konnte –, aber es hatte etwas von trotziger Courage und flüchtigem Ruhm an sich gehabt. Die Leute redeten oft darüber.

Der Legende zufolge soll am Ende der Abfahrt der Mann, der als Bürgermeister von McMurdo bekannt war, ein äußerst gefürchteter Bürokrat der NSF und der einstmals wichtigste Mann am runden Tisch, auf den Skifahrer gewartet haben. Er machte ihm keine Szene, er starrte den flotten Skifahrer bloß mit eisigem Blick an, während er ihm zum Weiterfahren ermunterte – Richtung Flughafen. Seine Taschen waren bereits gepackt und in die Maschine verladen. Er wurde heimgeschickt.(Sein geradezu majestätisches Verhalten, das der Bürgermeister angesichts eines solchen Trotzes an den Tag gelegt hatte, trug ihm in puncto Stil – und zwar in allen Versionen der Geschichte, die ich gehört habe – die volle Punktzahl ein.)

Doch die wahre Zuneigung galt dem Skifahrer: »Ich muss ja sagen, wenn ich je beschließen sollte, dass ich nicht mehr hierher zurückkommen will, dann ist das die Art und Weise, wie ich mich verabschieden möchte«, sagte mir einer der alten Veteranen wehmütig. »Am Erebus Ski zu fahren, Mann, was für ein Abgang!«

»Dies hier ist eine merkwürdige Gesellschaft«, sagte mir Josh Landis, der Redakteur der Wochenzeitung *Antarctic Sun* (Auflage: siebenhundert Exemplare), vielleicht etwas überflüssigerweise, als wir nach dem Mittagessen in seinem Büro saßen. »Geld oder die üblichen Statussymbole der wirklichen Welt haben hier unten keine Bedeutung. Der größte soziale Unterschied wird durch Mobilität bestimmt – wer kann die Station verlassen – und wer muss bleiben? Der Assistent eines Forschers mag zwar einen schlecht bezahlten Job haben, aber da er oft ins Feld hinaus darf, um den Wissenschaftlern zur Hand zu gehen, wird er ernsthaft beneidet.«

Aber die Assistenten werden nicht halb so sehr beneidet wie die Wissenschaftler selbst. Wissenschaftler führen in der Antarktis ein märchenhaftes Leben. Wenn sie zu Hause zur oberen Mittelklasse gehören, führen sie hier ein Dasein wie Aristokraten. Ihnen wurden formell Millionen von Quadratkilometern der letzten unberührten Wildnis der Welt zum exklusiven Gebrauch unterstellt, also ein ganzer Kontinent, zusammen mit Flotten von Hubschraubern, Schiffen und Flugzeugen sowie Millionen von Dollar an Forschungsgeldern. Im Lauf der Jahre haben sich einige dieser Akademiker private Lehensgebiete abgeteilt, die größer sind als so manches europäische Land. Sie kehren dann jeden Sommer zum selben Berg, Gletscher oder zu einer Insel zurück, die aufgrund der dort ausgeführten wissenschaftlichen Arbeiten mehr oder weniger zum Besitz geworden sind. Im Großen und Ganzen tragen sie recht leicht an dieser Aristokratenrolle, meist in der huldvollen Manier des alten Geldadels, und können sich dadurch auf unkomplizierte Weise mit den Menschen ihrer Umgebung vermischen, ganz anders als die Bürokraten der Wirtschaftsklasse, welche die Stationen leiten. Für die Forscher ist ihr Weißer Süden ein fortgesetztes Abenteuer mit Entdeckungen und Eroberungen.

Einer meiner Zimmergenossen war ein rothaariger Geologieprofessor namens Rick aus New Mexico. Er betreute eine Reihe von seismischen Monitoren am Mount Erebus. (Unser anderer Zimmergenosse war Ricks bester Freund aus Collegezeiten, ein Typ namens Rich, der als Ingenieur bei Palm arbeitete und einige Wochen unbezahlten Urlaub von seiner Arbeit genommen hatte, um Rick beim Aufbau einer neuen seismischen Messstation zu helfen). Ich mochte die beiden sofort und hing viel mit ihnen herum, während sie ihre Ausrüstung vorbereiteten und ihre Instrumente für einen Sommereinsatz am Gipfel des Vulkans justierten.

»Ich liebe es hier unten«, sagte mir Rick eines Tages, als wir in einem dieser glänzenden roten Fords durch die Stadt fuhren, um eine große, isolierte Kiste abzuholen, welche Zimmerer als Schutz für sein neues Breitband-Seismometer angefertigt hatten. »Zu Hause kann man von Glück reden, wenn man den Chevy Suburban der Abteilung für ein Wochenende erhält. Hier kannst du dir eine Hercules kommen lassen, die dich, dein Team und neun Tonnen Fracht zum Südpol bringt, wenn dein Projekt das erfordert. Wenn du dir einen speziellen Ausrüstungsgegenstand bauen lassen musst – wie diese Kiste –, ist das kein Problem. Das Teil wird sofort angefertigt.«

In einigen Tagen sollten Rick und Rich und der Rest des Mount-Erebus-Teams zu einem gut ausgerüsteten Feldlager in Gipfelnähe geflogen werden, um den Sommer in nahezu klösterlicher Abgeschiedenheit zu verbringen. Sie würden weiter die Vorgänge im Innern des Vulkans untersuchen und, je nach Bedarf, von Hubschraubern Unterstützung erhalten.

Forschung in der Antarktis ist sehr teuer. Aber dafür steht sie letztlich auch im Dienst der Politik – Altruismus ist für sie ein Fremdwort. Sie gewährt den jeweiligen Regierungen eine respektable Tarnung, um die Anwesenheit auf dem Kontinent zu rechtfertigen. Und nach den Bestimmungen des Antarktis-Vertrages haben ja nur jene Nationen, die aktiv wissenschaftliche Forschung betreiben, etwas zu sagen, wenn es darum geht, die Zukunft der Antarktis zu bestimmen.

Insgesamt unterhalten zurzeit siebenundzwanzig Länder »wissenschaftliche« Stationen in der Antarktis. Viele von ihnen tun dies nur, um einen Sitz am Verhandlungstisch beanspruchen zu können. Zu Gunsten der Vereinigten Staaten – sowie Australiens, Großbritanniens und Neuseelands – muss man sagen, dass diese Länder die aus dem Vertrag resultierenden Verpflichtungen tatsächlich ernst nehmen und enorme Geldsummen in sinnvolle Polarforschung stecken. Alle Projekte werden von der wissenschaftlichen Gemeinschaft begutachtet und in angesehenen Fachzeitschriften veröffentlicht. Washington hat auf diese Weise für seine massive Anwesenheit in der Antarktis einen einwandfreien Leumund, während die

Phantasie von uns Laien durch weit reichende Entdeckungen und Enthüllungen angeregt wird, die sonst nie gemacht worden wären. Und natürlich haben die dortigen Wissenschaftler die wunderbarsten Gelegenheiten, in entlegene Winkel der Erde vorzudringen und das abenteuerliche Leben zu führen, von dem ihre Kollegen zu Hause nur träumen können (sie können sich nur darum streiten, wer an welchem Wochenende den Chevy Suburban benutzen darf).

Ein rascher Blick auf die Liste der Projekte in jenem Sommer gab mir zu verstehen, dass die Amerikaner das antarktische Eisschelf durchqueren ließen, eine Besteigung des Mount Erebus vorsahen, nach Meteoriten in den blauen Eisfeldern der Allen-Berge suchten, Steine im Transantarktischen Gebirge zerklopften, um die Kontinentaldrift zu erforschen, aus der Luft Radaruntersuchungen über Wostok vornahmen, um den See kartographisch zu erfassen, der rund drei Kilometer unter dem Eis verborgen liegt, die Pinguin- und Robbenpopulation entlang der Küste des Rossmeers überprüften und mit Radioteleskopen am Südpol in die Tiefen des Weltalls horchten.

Leider setzt sich keine Gesellschaft nur aus Aristokraten zusammen. Die Wissenschaftler machen nur ein Viertel der Sommerbevölkerung von McMurdo aus und sind kaum bei den Überwinterern vertreten. Die überwiegende Mehrheit der Bewohner von MacTown sind Köche, Reinigungskräfte, Fahrzeugmechaniker, Installateure, Elektriker, Zimmerleute, Tellerwäscher, E-Werk-Mitarbeiter, Büroangestellte, Schreibkräfte, Friseure, Verkäufer, Buchhalter – eben die Leute, die man benötigt, um eine Kleinstadt am Laufen zu halten. Ihr Weißer Süden bleibt eine sonderbare Existenz von Wohnheimen, Kantinenessen, Vorschriften und Insiderscherzen.

Ganz selten, wenn überhaupt, verlassen sie die nähere Umgebung der Station, an die sie durch Zehn-Stunden-Jobs, eine Vielzahl von Sicherheitsvorschriften und eine Kontrollbürokratie gekettet sind. Wenn sie Glück haben, treu ergeben sind und die wohlwollende Aufmerksamkeit ihrer Herren erregt haben, können sie zu einer bestimmten Zeit im Sommer mit einer Kurzreise zu den Pinguinforschern am Kap Crozier belohnt werden oder Wissenschaftler in einem Feldlager in den Dry Valleys besuchen – die mit einem fünfundvierzigminütigen Hubschrauberflug erreicht werden können. »Boondoggle« nennt man das, ein netter Zeitvertreib. Aber es läuft nicht immer so. Es kommt nicht selten vor, dass Leute einen ganzen Sommer in McMurdo verbringen und wieder nach Hause zurückkehren, ohne je einen einzigen Pinguin in freier Wildbahn gesehen zu haben.

Aber die Gelegenheit, einfach hier zu sein, seine Stiefelsohlen auf antarktischen Felsboden zu setzen, das reine Weiß und die wolkenartigen Berge zu sehen, die sich vom Wohnheimfenster aus in die Ferne erstrecken, und McMurdo-Station, Antarktika, wie kurz auch immer, als eigene Adresse angeben zu können, ist eine mächtige Verlockung. Ich selbst konnte das nur allzu gut verstehen.

Josh Landis – Journalist wie ich – gab sein mietpreisgebundenes Apartment in New Yorks trendigem Greenwich Village auf, um drei Monate lang für die *Antarctic Sun* zu arbeiten. Eine junge Frau aus Alaska, die im selben Flieger wie ich gesessen hatte, war fast 20000 Kilometer gereist, nur um in MacTown Hausmeisterin zu werden. »Ich hätte hier jeden Job angenommen«, sagte sie mir. »Mag zwar sein, dass man nur Toiletten putzt, aber diese Toiletten stehen in der Antarktis. Das gab für mich den Ausschlag.«

Bei der Bewerbung um den Job hatte sie starke Konkurrenz gehabt; MacTowns anderer Hausmeister war übrigens ein Anwalt aus Chicago. Auch der Job eines Tellerwäschers am Südpol lockte Dutzende von Bewerbern an – der erfolgreichste unter ihnen war ein Musiker. Und es kommt auch nicht jeder in den Süden, weil er auf der Suche nach aufregenden Abenteuern ist. Die Abgeschiedenheit von McMurdo und der simple Lebensstil machen die Stadt zu einem attraktiven Ort der Besinnung. Einer der Lagerhausarbeiter, ein Anwalt namens Jeff, kam zur geistigen Regeneration hierher, nachdem er vier Jahre lang in Albuquerque als Pflichtverteidiger an Fällen gearbeitet hatte, bei denen stets die Todesstrafe drohte.

»Das war die seelisch auslaugendste Arbeit, die ich jemals gemacht hatte«, sagte er mir. »Ich hatte eine Anzahl sehr schwieriger Fälle, die im letzten Jahr zu einem gewissen Abschluss gebracht worden waren, und mir war klar, dass ich eine Zeit lang Abstand gewinnen musste. Daher kündigte ich und bewarb mich hier unten um einen Job. Das ist ein guter Ort, um abzuschalten und einige der Dinge, die ich im Lauf der Jahre erlebt hatte, zu verarbeiten. Die Umgebung und das Wetter sind eine stete Erinnerung an das Wunder des Lebens.«

Es gibt einen beliebten Spruch in MacTown, der besagt, dass die Leute beim ersten Mal wegen der Erfahrung kommen, beim zweiten Mal wegen des Geldes, und beim dritten Mal, weil sie es anderswo einfach nicht schaffen.

»Na, wo ist dein Container?«, fragte mich eines Abends ein Techniker namens Phil, als wir schon spät bei einer Flasche Whisky saßen. Seine Frage war lockerer MacTown-Veteranenslang für: »Wo bist du zu Hause?« Viele der alten Hasen beschreiben sich gerne als »bipolar«, da sie ihr Leben damit verbringen, zwischen den amerikanischen Arktisstationen auf Grönland im nördlichen Sommer und der Antarktis im australischen Sommer hin und her zu pendeln. Ihr weltliches und bewegliches Eigentum haben sie in einem Mietcontainer eingelagert. Meist steht er dort, wo sie einstmals Wurzeln hatten.

»Die Antarktis ist nichts für jedermann«, erklärte mir Phil weiter. »Entweder man mag institutionalisiertes Leben – Schlafen in einem Wohnheim, Kantinenessen und Kleider tragen, die einem zugeteilt werden –, oder man mag es nicht. Im Prinzip eigentlich eine einfache Sache. Ich selbst mag dieses Dasein nun einmal.«

Wie Phil sagte, das Eis ist tatsächlich nichts für jedermann. Eines Tages, als ich zum Mittagessen in die Kantine ging, bemerkte ich neben dem Eingang zum Speisesaal ein Plakat, das die Kinowerbung für *Independence Day* nachahmte, nur dass auf diesem die riesige Fliegende Untertasse nicht drohend über dem Weißen Haus schwebte, sondern über der McMurdo-Station. Die Worte darüber verkündeten die Neuigkeit, dass Außerirdische – unter Angabe von Tag und Uhrzeit – kommen würden.

Wegen des heiteren Tonfalls nahm ich an, dass eine Party unter dem Motto »Außerirdische besuchen die Station« geplant war. Beim Mittagessen bekam ich eine Menge belustigter Tischgespräche mit, die sich mit der bevorstehenden Ankunft von Ufos befassten. Am Nachmittag beschäftigte sich auch der Discjockey im Radio mit der Geschichte und riss Witze darüber, dass die Außerirdischen unsere Gedanken übernehmen werden. Am nächsten Tag fing ich an, das doch alles seltsam zu finden, und fragte deshalb beim Frühstück eine junge Frau aus der Kfz-Werkstatt, was es denn mit den Außerirdischen auf sich hätte.

»Hast du's denn noch nicht gehört?«

Ich musste verneinen. Wie sich dann dank der jungen Frau herausstellte, hatte ein Mann aus dem Mitarbeiterstab der NSF behauptet, Außerirdische hätten seine Gedanken übernommen, und dass zur festgelegten Stunde ein Raumschiff nach McMurdo kommen werde, um ihn abzuholen. Die Meinungen darüber, was wirklich dahinter stand, waren geteilt. Etwa die Hälfte der Bewohner von MacTown war überzeugt, »dass er einen auf Corporal Klinger macht«, also wie in der alten Fernsehserie M*A*S*H ein Irresein vortäuschte, um heimgeschickt zu werden. Wahrscheinlich hatte er festgestellt, es war ein Fehler gewesen, nach MacTown zu kommen, weshalb er von seinem Vertrag entbunden werden wollte. Andere waren der Ansicht, dass er wohl wirklich glaubte, Außerirdische hätten seine Gedanken übernommen und würden bald in Erscheinung treten, um ihn abzuholen.

Ich schloss mich der ersten Meinung an und hoffte, das alles würde sich als ein guter Spaß entpuppen. Aber als dann die Stunde null gekommen war, erhaschte ich einen Blick auf diesen Mann, wie er verwirrt vor dem Krankenhaus stand, umgeben von Ärzten und Gaffern, von denen einige Alien-Masken trugen. Die Szenerie sah beunruhigend mittelalterlich aus.

MacTown war nachgerade fesselnd. Wie Peyton Place, die kleine New-England-Stadt in der gleichnamigen TV-Serie aus den siebziger Jahren, schien es sich auszubreiten, bis es eine eigene Welt wurde, die in diesem Fall sogar groß genug war, um darin einen riesigen Kontinent unterzubringen. Manchmal wirkte es schäbig, kaltschnäuzig und sehr direkt. Etwa wenn man in die Herrentoilette ging und dort einen großen leeren Pappkarton sah, an den unten ein Schild geklebt war: «Sorry, Leute, die Kondomschachtel wird erst am Dienstag nachgefüllt. Im Notfall bitte in der Ambulanz nachfragen.« Und dann wieder konnte man sich wundern, dass die am Dienstag aufgefüllte Schachtel am Freitag schon wieder leer war, obwohl noch ein langes Wochenende bevorstand.

Es war eine Stadt, in der Leute T-Shirts trugen, auf denen geschrieben stand: »Wir feiern, bis die Sonne untergeht« – ein scharfsinniges Konzept an einem Ort, wo die Sonne monatelang nicht von der Bildfläche verschwindet. Es war eine Stadt, wo leere Whiskyflaschen Markierungsstriche hatten, die verrieten, wie schnell der Inhalt aufgebraucht worden war. Es war ein Ort, an dem Frauen als »antarktische 10« eingestuft wurden: schön genug, um ihretwegen die Bar in MacTown zu stürmen, aber zu gewöhnlich, wenn man mit ihnen ein Flugzeug besteigen will.

Bei anderen Gelegenheiten wirkte es wie ein geselliges Städtchen aus einem Roman von Sinclair Lewis. Man brauchte nur an einer Ecke stehen und ratlos aussehen, schon kam jemand herbei, um einem den Weg zu zeigen oder, noch wahrscheinlicher, sich die Zeit zu nehmen, einen dorthin zu führen, wo man hinwollte. In der Kantine war sowieso jeder hilfsbereit – ohne Ausnahme. Und im Speisesaal konnte man den Chefkoch, einen unbekümmerten Mann in karierten Hosen, immer dabei antreffen, wie er seine Runden um die Tische drehte, wie ein stolzer Restaurantbesitzer, der sich darum kümmert, ob jedermann gut versorgt und zufrieden ist.

Ich frühstückte ziemlich regelmäßig mit einem Mann namens Greg, einem leise sprechenden Afroamerikaner, der während der Nachtschicht im E-Werk arbeitete und einer der nettesten Menschen war, denen ich je begegnet bin. Er war über fünfzig, seine Kinder gingen in Colorado aufs College, und er hatte Zeit seines Lebens an verschiedenen Arbeitsplätzen in Übersee gearbeitet. Er hatte diesen Auslandsjob angenommen, den letzten, um mit diesem Geld später seine Rente aufbessern zu können. (Mit einer spitzfindigen legalistischen Regelung gewährt das Finanzamt Antarktisarbeitern Steuerfreiheit, vorausgesetzt, sie geben bei ihrer Rückkehr an, dass sie auf neuseeländischem Gebiet am Rossmeer gewesen sind und nicht einfach »Antarktika« als ihren letzten Wohnsitz nennen.)

Bevor er zu seinem Jahr in MacTown aufbrach, hatten Greg und seine Frau je zwei Exemplare einer großen Menge von Romanen gekauft, die sie jetzt gemeinsam lasen, auch wenn sie 16 000 Kilometer voneinander entfernt waren. Dann schickten sie sich jeden Tag E-Mails, um über die Bücher zu diskutieren, die sie gerade lasen. Ein anderes gemeinsames Leben hatten sie nicht.

Als ich mich an den Rhythmus von MacTown gewöhnt hatte, fing ich an, kleine Dinge zu bemerken, mit denen seine Bewohner versuchten, sich voneinander zu unterscheiden. Auf diese Weise betonten sie ihre Individualität angesichts einer allgegenwärtigen Autorität. Wie das Kinder oft mit ihren Schuluniformen machen, entwickelten sie unterschiedliche Arten, ihre Parkas zu tragen, schmückten sie mit diversen Aufnähern oder steckten sich auffällige Anstecknadeln an die Mützen. Einige befestigten kunstvoll gewobene Quasten an den Reißverschlüssen ihrer Parkas. Ich kaufte mir selbst so eine, einen Knoten in violetten Tönen, den der »Commander« angefertigt hatte. Der »Commander« gehörte zu den Veteranen unter den Tischlern in MacTown. Ich befestigte ihn am Reißverschluss meines dicken Neuseeland-Pullovers.

»Jeder von uns hat seinen besonderen Stil bei der Anfertigung von diesen Dingern«, erklärte er mir, als er mir die Quaste überreichte. »Wer sich hier auskennt, kann sie anschauen und dir anhand der Farben, der Webart und Knoten sagen, wer sie gemacht hat.« (Und tatsächlich traf ich Jahre später in einer Antarktisstation auf der anderen Seite des Kontinents einen Amerikaner, der einen Blick darauf warf und sagte: »He, hat das da der ›Commander‹ gemacht?«)

Manchmal, wenn ich am Ortsrand stand und die Nüchternheit der Umgebung betrachtete, empfand ich MacTown wie eine belagerte Festungsstadt. In gewisser Weise war sie das auch. Sie war umgeben von Eisspalten und Meereis, die jederzeit zur Gefahr werden konnten.

MacTown hat sein eigenes Gewächshaus zum Anbau von Gemüse sowie ein nachapokalyptisches Lager, in dem ein Zweijahresvorrat an Nahrungsmitteln untergebracht ist, für den Fall, dass die Nachschubwege der Station aus irgendwelchen Gründen abgeschnitten werden sollten.

Was immer man zu tun hatte, bestimmt wurde es von Extremwettereinstufungen. Stufe III war die Norm, bei dieser konnte man sich innerhalb der Station überall hinbegeben. Wenn die Windstärke auf achtundvierzig Knoten anwuchs oder die Sichtweite unter vierhundert Meter sank, galten die Regeln für Stufe II: Nur absolut notwendige Tätigkeiten durften jetzt im Freien verrichtet werden, und das natürlich auch nur im Bereich der Station. Verschlechterte sich das Wetter weiter, stiegen die Windgeschwindigkeiten bis auf über fünfundfünfzig Knoten, lag die Sichtweite unter dreißig Metern oder gab es einen Windchillfaktor von minus 73 Grad, dann wurde Stufe I ausgerufen und eine Ausgangssperre verhängt.

Da die menschliche Natur aber nun einmal ist, wie sie ist, scheint es fast unmöglich zu sein, etwas vereint auf die Reihe zu kriegen. Selbst in einer unwirtlichen Isolation wie hier unten gab es »die anderen«, jene, die kein Wir-Gefühl kannten.

Ich saß eines Tages beim Mittagessen an einem Tisch mit lauter Jungs aus dem Flugzeuggeschwader der Nationalgarde, die alle einen Südstaatendialekt sprachen, Tarnkleidung trugen und die Hosenbeine in blitzblank gewienerten Stiefeln stecken hatten. Das 109. Geschwader besaß in McMurdo eine privilegierte Stellung, vergleichbar mit einer Football-Mannschaft an einer Universität. Die Jungs bekamen Räume in den Wohnheimen zugewiesen, die jeweils einen eigenen Fernseher und Kühlschrank hatten. Sie steckten immer die Köpfe (Bürstenhaarschnitt!) zusammen und verströmten einen Esprit de Corps, der auf Anhieb jedem vertraut ist, der auch nur einmal das Haus einer Burschenschaft betreten hat. Viele von ihnen sahen auch nach Burschenschaft aus, hatten enorme Bizepse und eine erstaunlich kräftige Brustmuskulatur dank vieler Stunden, die sie beim Gewichtstemmen im Trainingsraum der Station verbracht hatten.

Ihre Weltanschauung neigte dazu, ebenso muskelbepackt zu sein. So erhielt ich durch die Nationalgardisten eine neue Sichtweise der Antarktispolitik – vom Blickpunkt des Bankdrückens aus. Von der offensichtlichen Macht und Reichweite des amerikanischen Antarktisprogramms beeinflusst, prahlten sie lauthals (ohne es dabei zu unterlassen, weiter an ihrem Cheeseburger zu kauen), dass sie, die Jungs vom 109. Luftfrachtgeschwader, ganz allein »der gesamten königlichen Luftwaffe Neuseelands den Arsch versohlen könnten«. Sie gaben damit an, dass den Amerikanern die Antarktis mit allem Drum und Dran gehöre (»das Eis ist unser Kontinent«), und dass niemand sie betreten könne, »es sei denn, wir lassen sie«.

Ich bemerkte etwas gereizt, dass ich bereits mit der Australian Antarctic Division in der Antarktis gewesen war und mich nicht erinnern könnte, dass deshalb jemand die USA um Erlaubnis gefragt hätte.

»Egal. Wenn wir euch Aussies hier unten nicht haben wollten, wärt ihr nicht hier. Nichts für ungut, aber so ist das nun mal.«

Der Typ meinte es noch nicht einmal zynisch oder bösartig, und er wäre zweifelsohne ob meiner Überempfindlichkeit bass erstaunt gewesen, hätte ich an seinen Worten Anstoß genommen. Es war einfach simpel gestrickt. Die Vereinigten Staaten hielten, als die großartigste Nation der Welt, hier unten alle Trümpfe in der Hand – so viel war doch wohl offensichtlich – und waren mit bewundernswerter Großmütigkeit gerne bereit, sich den Ort mit anderen zu teilen. Warum also lange herumstreiten?

Ich ging davon aus, dass diese aufgeblasenen Angeber wohl kaum als offizielle Sprachrohre der US-Politik zu bezeichnen waren – und genau genommen waren sie noch nicht einmal typisch für Nationalgardisten. Ich sollte später noch einigen von ihnen begegnen, und es gab ganz nette Burschen unter ihnen. Aber die Tatsache, dass es überhaupt zu einem solchen Gespräch gekommen war, deprimierte mich. Warum mussten sie darüber reden, dass sie der Königlich Neuseeländischen Luftwaffe nach Belieben den Arsch versohlen konnten? Und gepaart mit ihrer Arroganz und der amüsierten Gönnerhaftigkeit gegenüber den Kiwis, die hier draußen als Partner der Vereinigten Staaten gehandelt wurden, hinterließ dies einen hässlich engstirnigen Eindruck, der nur schwer wegzuwischen war. (Man hatte uns tatsächlich beim ersten Briefing in Christchurch geraten, wir sollten es möglichst vermeiden, mit Kiwi-Piloten zu fliegen.)

Ich hatte langsam genug von MacTown – in der Tat mehr als genug –, und ich wollte unbedingt hinaus in die Antarktis, in die richtige Antarktis, mit den ungestörten weißen Räumen, den strahlend blauen Himmeln und der faszinierenden Einsamkeit, welche bei meinem ersten Besuch meine Phantasie so sehr gefesselt hatte.

Aber zuerst musste ich die Camperschule absolvieren, den polaren Überlebenskurs, dessen Besuch für jeden Pflicht ist, ehe er ins gefrorene Hinterland darf. Ich ging also zu einem kleinen, beengten Büro in einer von der Beeker Street abgehenden Seitenstraße, das man über eine Holztreppe ereichte. Eine freundliche Dame namens Dawn nahm meine Personalien auf, dann sagte sie, ich solle mich am nächsten Morgen um neun Uhr beim Byrd Field Center mit all meiner warmen Kleidung, die ich auftreiben könnte, melden. Als ich wieder draußen war, bemerkte ich ein paar dieser glänzend roten Pickups, die vor dem Gebäude parkten. Sie waren an Heizungskabel angeschlossen, die den Motor warm hielten. Ich musste dabei an Pferde denken, die in Western vor einem Saloon angebunden wurden.

KAPITEL 7

Die Glückliche Camperschule

Das Byrd Field Center steht an einem Berghang in der Nähe des Stadtrands, und zwar etwas abseits der Straße, die sich über den Bergkamm zur neuseeländischen Scott Base windet. Ich ging mit meinem Zimmergenossen Rich ein paar Minuten vor neun zu Fuß hin. Er war Ende dreißig, ein brillanter Ingenieur, der auch einen akademischen Abschluss im Fach Musik vorweisen konnte. Er besaß Sinn für trockenen Humor, und seine Ironie war rasiermesserscharf. Es war seine erste Reise in die Antarktis, aber Schnee, Eis und ein Überleben im winterlichen Freien waren ihm nicht fremd, da er schon einmal den Denali in Alaska bestiegen hatte. Aber niemand, der die Glückliche Camperschule nicht absolviert hatte, egal wie erfahren er war, erhielt die Erlaubnis, sich hinaus ins Feld zu begeben.

Wir legten unser Gepäck bei der Tür ab, traten den Schnee von unseren Stiefeln und gingen hinein. Wärme und der Duft frisch aufgebrühten Kaffees erfüllten den Raum. Ich fand einen Plastikbecher und goss mir einen Schluck zum Wachwerden ein. An diesem Kurs sollten vierzehn Leute teilnehmen: Wissenschaftler und Tischler, die entfernt gelegene Feldlager bauen oder renovieren sollten, und einige schwer arbeitende Mitarbeiter des McMurdo-Stabs, die mit diesem Training belohnt wurden.

Unser Lehrer war ein professioneller Bergsteiger namens Thai, ein wandelndes Geographiebuch, halb Vietnamese, halb Italiener, der in Hawaii zur Welt gekommen war, aber in Alaska lebte, wenn er nicht gerade seine Klienten auf Gipfel in den Anden oder im

Himalaja führte. Er war windgegerbt und fit, lachte gern in einer Art und Weise, die Vertrauen einflößte, und beherrschte sein Thema voll und ganz. Er mochte offensichtlich die Menschen, und ich konnte mir gut vorstellen, dass er als Bergführer beliebt war. Wir saßen im Halbkreis herum, während er uns durch Erfrierung, Unterkühlung und Dehydrierung geleitete und uns erklärte, dass wir alle heute im Freien übernachten würden, um unser bald zu erlangendes Wissen in die Praxis umzusetzen.

Ich schlürfte meinen Kaffee und bemühte mich, eifrig – oder zumindest willig – auszusehen. Meine Jahre in Australien hatten mein einst dickes Neuenglandblut dünner werden lassen, weshalb ich die Kälte hier unten stärker spürte, als ich das erwartet hatte. Jeder andere in diesem Raum schien vor kurzem aus Gegenden wie Minnesota oder Alaska oder von irgendwo hoch oben aus den Rocky Mountains zu kommen, wo diese Art Wetter nur ein weiterer Wintertag war. In der Tat hatten einige von ihnen an diesem Morgen noch darüber gelacht, dass es zu Hause, wo gerade Winter war, kälter war als hier in MacTown. Was mich anging, so hatte ich im Internet einen Blick auf die australische Wetterkarte geworfen, nachdem ich mir die Kricket-Ergebnisse angesehen hatte. Dabei hatte ich festgestellt, dass es daheim in Adelaide, wo ich jetzt wohnte, 38 Grad hatte, plus natürlich. Das war ich gewohnt.

Der eiskalte Spaziergang vom Wohnheim hierher hatte mir keinen besonderen Spaß gemacht. Und hinter meinem aufgesetzten Lächeln fürchtete ich insgeheim die Aussicht auf die nächsten beiden Tage – und die eine Nacht –, die wir im Freien verbringen sollten, ganz egal wie warm der Schlafsack auch sein mochte, den man mir zugeteilt hatte.

Nachdem Thai fertig mit seinem Vortrag war, gingen wir hinaus und luden unsere Ausrüstung auf zwei Hägglunds. Zusätzlich zu unserem persönlichen Gepäck und den schweren Seesäcken mit unserer Campingausrüstung, die jeder von uns erhalten hatte, lagen da noch Berge von Stricken, Schneesägen, Eispickeln und Überlebenspaketen. Verdrießlich bemerkte ich, dass sich das Wetter ein wenig verschlechtert hatte, seit wir zum Unterricht gekommen waren. Der Himmel war wolkenverhangen und grau geworden. Ein kalter, böiger Wind wirbelte zusätzlich Wolken von Schnee auf. Thai war begeistert. »Ihr habt Glück! Sieht aus, als könnte es für euch Burschen heute Nacht hier draußen recht lebhaft werden.«

Es war eine holprige, schwankende Fahrt von fünfundvierzig Minuten, vorbei an Neuseelands Scott Base zur »Schneehügelstadt«, einem offenen, einsamen und windgepeitschten Fleck am Rand des Ross-Eisschelfs, wo die Schüler der Glücklichen Camperschule Kurs für Kurs übten, Iglus und Notunterkünfte zu bauen. Als wir uns dem Platz näherten, konnte ich die Überreste von Schneewänden erkennen, welche die vorherigen Kursteilnehmer errichtet hatten und deren Blöcke nun zerfielen und halb unter Schneewehen begraben waren. Es war gespenstisch und trostlos. Es sah aus, wie ich mir immer die alten Ruinen entlang der Seidenstraße vorgestellt hatte, die langsam von der Wüste verschlungen wurden.

Das Raupenfahrzeug hielt rumpelnd an. Wir sprangen heraus auf die verharschte Oberfläche und sahen uns verdattert um. Die Welt hier draußen bestand aus einem traurig monochromen grauen Himmel, stumpfem Eis, den Umrissen von Black und White Island und dahinter der dunkle Gipfelkegel des Mount Discovery, eines erloschenen Vulkans, der sich in mehr als achtzig Kilometern Entfernung erhob. Ein schwacher, gelblich verschmierter Fleck der Wintersonne schimmerte durch die Wolkendecke. So freudlos es hier war, fühlte es sich doch wunderbar an, jenseits der engen Grenzen MacTowns zu sein.

»Okay. Also, wo ist Süden?«, fragte Thai.

Wir lachten beklommen. Dann zeigten vierzehn Finger prompt in vierzehn verschiedene Richtungen. Wir sahen einander an. Einige änderten abrupt ihre Meinung und zeigten in eine andere Richtung. Die Situation war so absurd wie jene, als das Mädchen Dorothy der Vogelscheuche in *Der Zauberer von Oz* den Weg zur Smaragdstadt zeigt. Das immense Schweigen der Eisebene verschluckte unser verlegenes Lachen. Dies hier war eine sehr fremdartige Umgebung, und die vollkommene Aufsicht, unter der wir in MacTown gelebt hatten, hatte uns völlig abgewöhnt, für uns selbst zu denken. Unnötig zu wissen, wo Süden war. Jemand von Autorität würde es uns sagen, wenn wir es je wissen müssten.

»Dort ist Süden.«

Verlegen ließen wir schnell die Hände sinken, obwohl ich einen gewissen – und völlig unbegründeten – Stolz empfand, weil ich tatsächlich nicht so weit daneben gelegen hatte. Der einzige Grund, weshalb ich die Richtung gewählt hatte, in die ich gezeigt hatte, war der ins Auge springende aufragende Mount Discovery gewesen. Er hatte mich angezogen, so wie ich als Kind von einem Zauberer dazu verführt worden war, bei einem Kartenspiel ohne nachzudenken den Joker auszuwählen. Nach allem, was ich wirklich wusste, hätte ich ebenso gut nach Norden zeigen können.

Wir luden unser Gepäck aus, häuften es auf surfbordförmige Plastikschlitten und schleppten diese dann, ganz im Stil von Scott, einige hundert Meter hinter uns her. Es ging über buckeligen, vom Wind zusammengebackenen Schnee, und zwar zu der Stelle, an der uns Thai unsere Schutzunterkünfte bauen lassen wollte. Wir bekamen eine Kakaopause, dann begann der Unterricht.

Unsere erste Aufgabe war es, einige so genannte Scott-Zelte aufzubauen. Das sind altmodische pyramidenförmige Zelte aus schwerer Leinwand, die in ihrer Ausführung jenen ähneln, die Polarforscher vor einem Jahrhundert benutzt hatten. Sie wiegen etwa vierzig Kilogramm und sind groß genug, dass jemand von meiner Größe, etwas über 1,80 Meter, darin stehen und sich wie ein riesiger Schirm entfalten kann. Richtig aufgebaut, können diese Zelte selbst Winde von Hurrikanstärke überstehen – »Herbies«, wie diese Winde im Slang von MacTown heißen, die wie aus dem Nichts aufkommen und rasant übers Eis fegen können.

Thai zeigte uns, wie man ein solches Zelt aufzieht, seine dicken Stahlpflöcke in der Eisoberfläche verankert, die Seiten befestigt, und dass man an seinem unteren Ende Schnee aufhäuft, um zu verhindern, dass es dem Wind gelingt, die Zeltleinwand auch nur durch den kleinsten Spalt zu fassen zu bekommen. Wir strafften die Spannschnüre bis zu den Verankerungen, die »tote Männer« genannt werden, und Thai zeigte uns, wie man sie sicher im Schnee begräbt. Als wir mit Aufstellen fertig waren, ließen die straffen Leinen und das fröhliche Gelb des Stoffes die gefrorene Einfarbigkeit rings um uns weit weniger bedrohlich wirken.

Vielleicht lag es an der menschlichen Kühnheit, die das Aufstellen eines Zeltes an einem solchen Ort andeutete, vielleicht an dem Farbtupfer oder vielleicht nur daran, dass es einen willkommenen Vergleichsmaßstab bot. Ich dachte jedenfalls an die Stellen in *The Worst Journey in the World*, wo Apsley Cherry-Garrard beschreibt, wie sie am Ende eines Tagesmarsches das Lager aufschlugen und es ihm das wunderbare Gefühl von Geborgenheit und Zugehörigkeit gab, das man auch in jeder von Kerzen erhellten Abendbrotszene von Dickens empfinden würde. Ich konnte seine Romantik verstehen, da meine Bereitschaft, selbst poetisch zu werden, von der Tatsache unterstützt wurde, dass ich zu beschäftigt und vertieft gewesen war, um viel von der Kälte zu spüren.

Als Nächstes machten wir uns daran, Schneeschutzräume zu bauen. Das war ein herrlicher Spaß, fast so, als wäre man wieder ein Kind und würde versuchen, die tollste Eisfestung seit Bestehen der

Welt zu errichten (wie sollte es auch anders sein, wenn man wie ich die Winter Neuenglands erlebt hatte). Abgesehen davon, dass kein Hinterhof oder Spielplatz in Neuengland einen Schnee wie diesen hier geboten hätte. Er war vom Wind nämlich so dicht gepackt worden, dass man ihn bearbeiten konnte wie weichen Speckstein. Mit einem langen Sägeblatt schnitten wir Quader aus dem Eis heraus, als befänden wir uns in einem Steinbruch, mit einer Schaufel transportierten wir dann die styroporartigen Blöcke zum »Bauplatz«. Sie passten perfekt zueinander. Unsere Burg wuchs Stück um Stück, erst hüfthoch, dann schulterhoch, bis sie den Wind völlig abhielt. Hinter ihren Schneemauern blieb genügend Platz, um ein paar Bergsteigerzelte aufzubauen. Wir gerieten so richtig in Fahrt und planten schon, Regale und Tische zurechtzuschneiden und an den Mauern Burgzinnen anzubringen. Thai ließ uns irgendwann abbrechen und lenkte unser Augenmerk nun auf eine andere Schutzmöglichkeit: die Schneehöhle.

Sie erforderte mehr Schweiß und weniger Kunstfertigkeit. Um sie zu bauen, stapelten wir unser ganzes Gepäck zu einem riesigen Haufen und verbrachten die nächste halbe Stunde damit, es unter einem riesigen Berg von Schnee zu begraben. Alle zusammen betätigten wir uns wie die Kohlenschipper und pausierten nur gelegentlich, um den Schnee mit der Rückseite unserer Schaufeln festzuklopfen, ehe wir weiteren Schnee aufhäuften. Als schließlich der Berg so hoch, tief und fest war, dass man den Stiel eines Eispickels hineinrammen konnte, ohne dabei auf das Gepäck zu stoßen, fingen wir mit dem Ausgraben an. Zwei von uns gruben sich durch den Harsch neben dem Berg und hoben einen U-förmigen Tunnel aus, der unter dem Gepäckberg mündete. Wir verschwanden in diesem Bau wie Dachse, warfen hinter uns Schneeklumpen hinaus, fanden schließlich das Gepäck und reichten es Stück um Stück durch das Loch hinaus. Als schließlich der letzte Rucksack herausbefördert war, verblieb uns eine wohnliche Höhle, die groß genug war, dass darin vier Mann schlafen konnten. Es war rundum ein Tag, der wider Erwarten sehr viel Laune machte.

Es war spät am Nachmittag, als wir aufhörten. Thai zog sich in die fast zwei Kilometer entfernte Hütte des Kursleiters zurück und überließ es uns, die erste Nacht auf amerikanische Art in der Antarktis zu zelten.

Ein alter Hase hatte Rich und mir den Tipp gegeben, wir sollten uns eines der Scott-Zelte nehmen, und das taten wir dann auch. Wir schlugen es erneut auf und richteten uns darin für den Abend ein, stapelten unser Gepäck übereinander, legten die Schlafsäcke aus und setzten einen Feldkessel auf den zweiflammigen Coleman-Kocher, um Kakao zuzubereiten. Im Zelt wurde es warm und angenehm. Wir streiften unsere Stiefel ab und stocherten in der Vorratskiste herum, die randvoll gepackt war mit Tiefkühlmahlzeiten, Instantsuppen, dünnen Salamis, Keksen, Nudeln und Schokolade.

Ich trank an diesem Abend drei Becher Erbsensuppe, verspeiste ein paar dieser Spielzeugsalamis, die Slim Jims hießen, und eine doppelte Portion Black Bart Chili. Rich entschied sich für eine Pasta. Die ganze Szenerie erinnerte mich daran, wie ich als kleiner Junge zum ersten Mal im Garten zeltete.

Wir blieben bis spät in die Nacht auf, erzählten uns gegenseitig Geschichten, amüsierten uns über die Häschenstiefel, gingen den grauenhaften Flug von Christchurch hierher noch einmal in allen Einzelheiten durch und belustigten uns ob des geschäftigen, arroganten, pompösen Beamtentums in McMurdo. Ich hatte kein so aufregendes Zeltlager mehr gehabt, seit ich zehn war. Als wir uns sehr spät schlafen legten, drang plötzlich strahlender Polarsonnenschein durch die Zeltwände.

Man sollte annehmen, dass eine Nation, die eine Flotte knallroter Pickup-Trucks ihrer erstklassigen Antarktisstation zur Verfügung stellt, auch erstklassige Zeltausrüstungen bereithalten würde – mit dieser Vermutung lag man absolut richtig. Die Ausrüstung, welche das US-Antarktis-Programm zum Übernachten an seine Feldmannschaften verteilt, ist von bester Qualität: ein übergroßer, mit Gänsedaunen gefüllter Schlafsack, der einem auch bei minus 45 Grad noch das Gefühl eines herrlichen Kaminsfeuers gibt, stabile Thermalmatratzen, eine warme Fleecedecke und ein Zeltkopfkissen. Ich schlief darin bequemer als auf der Station, ja sogar bequemer als im Hyatt Hotel in Christchurch, trotz des feinen Frostbelags auf meinem Schlafsack, wo in der Nacht mein Atem festgefroren war. Es war, als läge man an einem Sonntag zu Hause im Bett. Ich wollte nicht aufstehen, und ich hatte vor allem keine Lust, wieder nach McMurdo zurückzugehen. Jetzt konnte ich verstehen, warum man diesen Kurs die Glückliche Camperschule nannte.

Ich öffnete die steifgefrorene Zelttür und steckte meinen Kopf durch die Öffnung hinaus. Ich sah, dass der Tag noch trübseliger heraufdämmerte als der vorhergehende. Der Mount Discovery war am schmutziggrauen Horizont verblasst und nur noch schwach sichtbar. Der Wind hatte sich gelegt, zumindest hier auf Meereshöhe, aber eine bedrohliche linsenförmige Wolke, glatt wie eine fliegende Untertasse, hing dort am Himmel, wo der Mount Erebus hätte sein müssen.

Dort oben wäre es jetzt sicher sehr ungemütlich, aber hier im Schnee, kniend, kam es mir recht angenehm vor. Seit vor sieben Jahren die letzten Eisberge hinter dem Heck der *Aurora Australis* verschwunden waren, hatte ich zum ersten Mal das Gefühl, in der Antarktis zu sein. Von MacTown hatte ich sie nur vom Rande aus betrachtet. Tatsächlich war ich jetzt mitten in ihr, umfasst von ihrer gewaltigen Majestät.

Wir frühstückten gemütlich und bauten anschließend das Lager ab. Gerade waren wir damit fertig geworden, als Thai mit einem der

Hägglunds angerumpelt kam. Wir packten die Ausrüstung auf das Fahrzeug und folgten ihm dann zu Fuß die knapp zwei Kilometer zum Unterricht in Thais Hütte. Wir kamen uns alle wie abgehärtete Naturburschen vor.

Das Lager des Kursleiters war eine Hütte aus Restbeständen der Armee, die Jamesway genannt wurde. Es war eine bogenförmige, über einen Holzrahmen gespannte Form aus gummierter Leinwand, die auf Anhieb jedermann wiedererkennt, der je eine Episode von M*A*S*H gesehen hat. (Tatsächlich soll dieser spezielle Jamesway am Set der alten Fernsehserie verwendet worden sein.) Im Lauf der kommenden Wochen sollte ich noch viele solcher Relikte aus der Zeit des Koreakrieges zu sehen bekommen. Als die Armee beschloss, sie nicht weiter zu benutzen, kaufte das amerikanische Antarctic Program alle Restbestände auf, deren es habhaft werden konnte. Sie ergaben perfekte Feldstationen: billig, flexibel, tragbar und überraschend behaglich.

Wir saßen da, schlürften heiße Getränke und kauten Müsliriegel, während Thai uns die Funktionsweise von Feldradios erklärte und wie man aus verschieden langen Drähten Antennen bastelt, je nach der Frequenz, deren man sich bedienen will. Wir übten, Bergsteigerkocher zu entzünden, und wir gingen verschiedene Krisenszenarien durch.

Für unsere Abschlussprüfung mussten wir einen spontanen Rettungsplan ausarbeiten, um ein im Schneesturm verirrtes Teammitglied (Thai) zu retten, und ihn anschließend auch ausführen, wobei wir weiße Plastikeimer über den Kopf gestülpt bekamen. Auf diese Weise wurde die fehlende Sicht bei Schneetreiben simuliert.

Unser Plan war es, dass wir vierzehn uns entlang eines Kletterseils verteilten wollten, wobei einer als Anker an der Jamesway-Tür bleiben sollte. Um diesen Angelpunkt herum suchten wir die Umgebung im Kreis ab. Als wir mit den Eimern, auf denen Smileys aufgemalt waren, durch den Schnee stolperten, musste das Ganze ausgesehen haben wie der Dreh einer billig produzierten Kindersendung, mithin eine antarktische Version von Blindekuh. Aber wir bestanden diese Prüfung ebenso wie die nachfolgenden, bei denen wir zeigen mussten, wie man etwa ein Zelt aufstellt, eine Schneemauer baut, einen Campingkocher in Gang setzt und Funkkontakt mit der Mac-Zentrale herstellt.

Am Spätnachmittag fuhren wir nach MacTown zurück, nun richtiggehend heiß darauf, wieder zurück ins Feld zu gehen. Ich hatte mich schon vor geraumer Zeit mit einigen Geologen verabredet, die sich bereits in einem entlegenen Feldlager im Transantarktischen Gebirge befanden. Ich sollte am folgenden Morgen dort hinfliegen. Mit dieser Aussicht wirkte MacTown für mich nicht mehr ganz so schlimm. Ich nahm eine heiße Dusche, aß mehrere Teller Nudeln und packte meine Taschen.

Die hochnäsigen, Cheeseburger verzehrenden Jungs von dem 109. Luftfrachtgeschwader mochten zwar in der Lage sein, den Mitgliedern der Royal New Zealand Air Force das Hinterteil zu versohlen, und wahrscheinlich waren sie auch in der Lage, gleichzeitig die Verteidigungsstellungen von Island, den Fidschi-Inseln und den Seychellen zu überrennen und das mit einer hinter dem Rücken festgebundenen Hand, aber selbst sie gaben nun zu, dass sie angesichts der Naturgewalten der Antarktis die Waffen strecken mussten.

Eine frische Folge von Schneeböen war während der Nacht so leise wie eine Katze auf dem Kaminsims über das Rossmeer hereingezogen. Die Winde hatten mindestens zehn Zentimeter Neuschnee über McMurdo ausgeschüttet und die Sichtweite auf ein paar hundert Meter in einem düsteren, grauen Gewirbel reduziert. Es war nichts Spektakuläres, kein heulender Blizzard aus den Tagen von Scott, nur ein sanftes, ständiges Fallen großer, feuchter Flocken, die durch die Luft wirbelten und die Station wie auf einem der Weihnachtsbilder von Currier & Ives überzogen. Es ließ sie fast hübsch aussehen.

Auf jeden Fall war es friedlich. Die eingeschränkte Sichtweite hatte hier aber wieder einmal alles zum Stillstand gebracht. Alle Flüge waren gestrichen, in absehbarer Zukunft konnte niemand mehr die Station verlassen. McMurdo war auf dem besten Weg zu seinem bisher schneereichsten November. Bisher waren über vierzig Zentimeter Schnee gefallen, und der Monat hatte noch fünf Tage. Der bisherige, 1971 aufgestellte Rekord waren dreiundfünfzig Zentimeter.

Ich schlüpfte nach dem Frühstück in meinen Parka und ging die Beeker Street hinauf zum Crary Building, einem ausgedehnten, beigefarbenen Häuserkomplex, wo die Wissenschaftler ihre Labors und Büros hatten. Das Gebäude war benannt nach Albert Crary, einem amerikanischen Geophysiker, von dem ich vermutete, dass er wohl derselbe Crary war, nach dem man die Crary-Bergkette benannt hatte, die ich auf der Landkarte in der Nähe der Exekutivkomitee-Berge entdeckt hatte.

Die Luft fühlte sich kalt und mild zugleich an, wahrscheinlich lag die Temperatur um den Gefrierpunkt herum. Dicke Schneeflocken verfingen sich dort in meinem Pullover, wo ich den Parka nicht ganz geschlossen hatte. Alles war still. Im Grau vor mir war nur eine einsame Gestalt in Blue Jeans und Parka mit einem schäbigen, über eine Schulter gehängten Rucksack zu sehen. Einen Augenblick lang fühlte ich mich in meine Collegezeit zurückversetzt und sah mich an einem Wintermorgen zu einem Lehrgebäude stapfen, auch wenn McMurdo keineswegs mit dem efeuumrankten Campus aus dem 19. Jahrhundert in Ohio, wo ich vor einem Vierteljahrhundert Geologie studiert hatte, vergleichbar war. Verräterisch war auf jedem Fall, dass die Pferdeschwänze und Bärte, die ich jetzt ringsum sah, größtenteils mit grauen Strähnen durchsetzt waren. Die Leute meines Alters waren Professoren mit ihren eigenen Studenten. Es war, als wäre ich wie Dornröschen eingeschlafen und als über Vierzigjähriger wieder aufgewacht.

Aber es wurde noch alles viel unheimlicher. Als ich in Crary anlangte, suchte ich sofort Ricks Büro im Tiefparterre auf, um zu sehen, wie sein seismischer Detektor vorankam – es hatte beim Kalibrieren einige Probleme gegeben. Doch bedingt durch die sanfte Melancholie des Wetters ließen wir uns treiben und forschten stattdessen in unserer Vergangenheit herum. Wir hatten beide Geologie studiert, obwohl Rick das Studium offensichtlich weiter verfolgt hatte als ich. Er erzählte mir, wie sein Interesse am Gestein begonnen hatte, als er noch ein Junge war und im Sommer immer in den White Mountains in New Hampshire Wanderungen unternahm.

»Wo?«, fragte ich.

»In einem kleinen Ort, von dem du noch nie was gehört hast.«

»Wetten, doch?«

Er nannte eine Ortschaft, die nur einige Kilometer von jener entfernt war, in der ich aufgewachsen war. Seine Mutter war dort Betreuerin in einem Sommerlager gewesen, und stets hatte er sie begleitet. Rick war fast so alt wie ich, ein Jahr jünger, und wusste, wo man in der waldreichen Gegend am besten schwimmen konnte, auch kannte er die geheimsten und schönsten Wanderwege. Er erinnerte sich sogar, wo bei Tices, einem alten Dorfkaufladen, der vor vielen Jahren abgebrannt war, die Süßwarentheke gestanden hatte, und an Harry White von White's Garage, einen großen, schlanken, wettergegerbten Mechaniker, einen alten Kameraden meines Großvaters. Und natürlich hatte er den Mount Chocorua nicht vergessen, den Berg mit dem Granitgipfel, der über unserer Wiese aufragte. Oft war er dort oben gewesen, und der Aufstieg hatte zu seinen liebsten Wanderungen gehört (ich konnte nur mit dem Kopf nicken). Die

Routen, die er benutzt hatte, um den Gipfel zu erreichen, waren keineswegs die ausgetretenen Touristenpfade. Er hatte die abseits gelegenen Schleichwege aufgespürt, welche die Menschen aus der Umgebung bevorzugten. Wir hätten einander damals sehr gut über den Weg laufen können. Wenn ich bedenke, wie häufig ich den Berg bestiegen hatte, war es mehr als nur möglich – es war wahrscheinlich.

Dieselben Pfade und dieselben rosafarbenen Granitfelsen hatten uns beide, fast gleichzeitig, zur Geologie gebracht. Doch dann aber trennten sich unsere Wege. Er war weitergegangen, um Geologieprofessor zu werden, mich zog es Richtung Journalismus. Jetzt unterrichtete Rick in New Mexico, einem Bundesstaat, in dem ich als Zwanzigjähriger kurze Zeit gelebt hatte, und wo es mir so gefiel, dass ich überlegt hatte, dorthin zu ziehen. Doch dann entschloss ich mich, meine Zelte völlig abzubrechen und nach Australien auszuwandern. Während wir die alten Zeiten Revue passieren ließen und draußen vor den Fenstern der Schnee vorbeitrieb, fing ich an, mich zu fragen, wie sich wohl mein Leben entwickelt hätte, wenn ich in den Vereinigten Staaten geblieben wäre, und ob diese zufällige Begegnung mit Rick nicht doch wie ein Blick auf eine mögliche Parallelexistenz zu deuten war.

Das große Tiefdruckgebiet schien die Absicht zu haben, sich – zumindest über unserem Teil des Rossmeers – als Dauergast zu outen. Jedenfalls rieselten auch die nächsten Tage weiche Schneeflocken aus diesen grauen, tief hängenden Wolken herunter. Die Flugzeuge und Hubschrauber saßen am Boden fest, das Stationsleben verlief auf der Kriechspur.

Crary war ein angenehmer Ort, um sich die Schneetage zu vertreiben. Die Bibliothek hatte eine umfangreiche Sammlung von Material über die Antarktis, aber auch Reihen von iMacs und PCs, an denen man im Internet surfen oder seine E-Mails nachsehen konnte. Außerdem gab es ein Fernrohr, mit dem man die Landebahn und die Royal-Society-Kette betrachten konnte – wenn klares Wetter gewesen wäre. Aber die Wolken hingen wie festgeklebt dicht über dem Boden, und alles, was man gerade noch sehen konnte, waren ein paar dunkle, undeutliche Umrisse von Hercules-Frachtflugzeugen, die untätig auf dem Eis standen.

Die Wissenschafter in den Büros und Labors von Crary saßen untätig herum und starrten niedergeschlagen durch die Fenster hinaus. Sie warteten ungeduldig auf einen Wetterumschwung – hier vergeudeten sie nur ihre wertvolle Sommerzeit, die sie im Feld verbringen wollten. Normalerweise wären sie jetzt schon über den ganzen Kontinent verstreut gewesen. Für jeden, der etwas über die Antarktis erfahren wollte, war Crary im Augenblick wie ein Füllhorn voller Polarexperten. Ich nahm die Chance wahr, um meine Neugierde zu stillen.

Einer meiner ersten Besuche galt den Meteoritenjägern, einem Team von Geologen, die ihre Sommer damit verbrachten, dass sie die Blaueisfelder der Antarktis – jene Gebiete, in denen das Eis an der Oberfläche sichtbar ist und nicht von Schnee verdeckt –, nach Spuren von verräterischem schwarzem Gestein absuchten. (Die Antarktis ist eines der größten Meteoriten-Gebiete der Welt, weil das Eis hier wie ein Tuch zu betrachten ist, das unter einem Kirschbaum ausgelegt ist: Alles, was man darauf findet, muss von oben gekommen sein.) Vor einigen Jahren sorgten die Meteoritenjäger für Schlagzeilen, die rund um die Welt gingen, als sie ein Stück Marsgestein fanden, das vor langer Zeit ein Asteroid aus dem roten Planeten herausgeschlagen hatte. Es war schließlich auf die Erde gestürzt, nachdem es viele Äonen lang durchs Weltall geflogen war.

Ich klopfte an die Tür zu diesem Geologenteam und war überrascht, weil ich das wettergegerbte Gesicht und den grau werdenden Pferdeschwanz wiedererkannte. Beides gehörte zu einem Mann namens John, der auf dem zweiten Flug von Christchurch nach

McMurdo, dem Flug, der durchgekommen war, mir schräg gegenüber gesessen hatte. Aus Langeweile hatte ich bei diesem Flug angefangen, mir zu den Gesichtern, die um mich herum waren, Lebensgeschichten auszudenken. Bei John hatte ich aufgrund des zerfurchten Gesichtes, des Pferdeschwanzes, seines ironischen Blicks und des zähen Aussehens eines Naturburschen darauf getippt, dass er wahrscheinlich aus einer Gegend wie Alaska kam, ein alternder Hippie, der am College Kant und Sartre gelesen hatte, irgendwann Zyniker und deshalb Tischler geworden war, um sich in einer beschissenen Welt seinen Lebensunterhalt zu verdienen.

Zumindest lag ich richtig, was sein Naturburschendasein anbelangte: Er war ein erfahrener Bergsteiger, der den Makalu in Nepal bestiegen hatte, einen der höchsten und gefährlichsten Gipfel der Welt. Eine Grönlanddurchquerung auf Skiern – und zwar im Alleingang – gehörte auch zu seinen Abenteuern. Er lebte nicht in Alaska, aber in den Rockies, und nach allem, was ich wusste, könnte er auch Kant und Sartre gelesen haben – neben geologischen Werken. Nur eines war er mit Sicherheit nicht, abgestumpft und zynisch. Als er von seinen Meteoriten erzählte, leuchteten seine Augen enthusiastisch auf, wie die eines kleinen Jungen, der auf Schatzsuche gehen wollte. Und die folgenden rasch verfliegenden Stunden redete er ununterbrochen über Sternenstaub in der Antarktis (und über Pläne, in Grönland, der Sahara und Australiens Nullarbor-Ebene Meteoriten finden zu wollen). John zeigte mir Sammlungen von Brocken aus Eisen und Nickel, die er katalogisiert hatte, und das alles auf eine Art und Weise, die mich wie bei Rick in die Vergangenheit zurückschauen ließ, zu meinem kindlichen Treiben, das mich einst zur Geologie geführt hatte.

Einen weiteren Nachmittag verbrachte ich damit, in der Bibliothek mit einem Wissenschaftler namens Norbert Kaffee zu trinken. Er war Radarexperte beim U.S. Army Cold Regions Research Laboratory, dem Forschungslabor der amerikanischen Armee für Kälteregionen. Eigentlich hätte Norbert auf dem westantarktischen Eisschelf sein sollen, um es im Lauf des Sommers im Rahmen der Internationalen Transantarktischen Wissenschaftsexpedition zu durchqueren, hatte aber eine Reihe von Migräneanfällen erlitten und war deshalb mit einem der Versorgungsflugzeuge nach McMurdo zurückgeflogen, um sich durchchecken zu lassen. Und wegen des großen Schneefalls konnte er nun nicht wieder zurück, um sich dem Team anzuschließen.

Die Durchquerung hatte zum Ziel, Klimaveränderungen, insbesondere während der letzten zweihundert Jahre, zu studieren. Das Polareis gibt ein wunderbares Archiv der Erdatmosphäre ab. Wenn Schnee fällt, entstehen zwischen den Flocken kleine, luftgefüllte Taschen. Im Lauf der Jahrhunderte verwandelt das Gewicht des angehäuften Schnees die unteren Schichten in Eis und presst diese Lufttaschen zu winzigen Bläschen zusammen, welche dabei kleine Proben der Atmosphäre zu einem bestimmten Zeitpunkt aufbewahren. Durch eine Analyse dieser Bläschen können Wissenschaftler Änderungen im Kohlenstoffdioxidgehalt der Luft ebenso feststellen wie bestimmte Gasentwicklungen durch Vulkanausbrüche oder umfassende Umweltverschmutzungen. Solche können beispielsweise die Atomwaffentests zu Zeiten des Kalten Krieges oder die Reaktorkatastrophe von Tschernobyl sein.

Das war alles verdienstvoll, und der Journalist in mir notierte pflichtschuldigst die unheilvollen Anzeichen steigender Temperaturen, und dass die Schmelze des westantarktischen Eisschelfs – einer instabilen Eismasse, größer als Mexiko – die Meereshöhe rund um die Welt ansteigen lassen und alle Landkarten verändern könnte.

Aber was meine Phantasie beschäftigte, das war die Durchquerung an sich: Da brachten Menschen Tage und Wochen damit zu, quer durch eine absolut konturlose, existenzielle Leere von weißem

Eis und blauem Himmel zu reisen und sich dabei nur mit Hilfe von Radar und GPS zu orientieren. Norbert zeigte mir Bilder von einer schier endlosen, von Raupenfahrzeugen gezogenen Karawane, einer merkwürdigen Mischung aus *Mad Max* und Seidenstraße, mit ihren vielen Schlitten, Wohnmobilen, fahrbaren Labors und Bohrgestängen. Hinzu kamen Späher, die auf Schneemobilen den Zug begleiteten. Eine Radareinheit, die am vordersten Hägglund montiert war, wurde vorausgeschoben. Sie war dazu da, Eisspalten ausfindig zu machen, während ein Plexiglastoilettenhäuschen auf Skiern – bekannt als Polarpupser – die Nachhut bildete.

Eine langsam sich dahinschleppende Fahrt auf einen endlos zurückweichenden Horizont mag als Aussicht interessant klingen, doch in der Realität konnte sich das anders darstellen. Die Ärzte hatten Norbert die Rückkehr zu seinem Team wieder gestattet, aber so ganz schien ihn dieses Untersuchungsergebnis nicht erfreut zu haben, denn er hatte seine Abreise um einige Tage hinausgezögert. Und nun sah es ganz so aus, als könnte er seine Chance verpasst haben, überhaupt wieder zu seinem Team zu gelangen, was ihn aber nicht übermäßig zu beunruhigen schien.

Unten, bei den nach Fisch riechenden Labors im rückwärtigen Teil des Gebäudes, besuchte ich Marinebiologen und Videotechniker. Sie werteten gerade Filmaufnahmen aus, die mit einer Miniaturkamera gemacht worden waren. Diese spezielle Kamera hatte man einer Robbe auf den Rücken gebunden. Die Bildsequenzen zeigten die fast unheimliche List, mit der sich eine hungrige Robbe an einen nichts ahnenden antarktischen Dorsch bis auf wenige Zentimeter unterhalb seines Bauches heranpirscht, ehe sie dann gnadenlos zupackt.

In einem anderen Büro erklärte mir ein Biologieprofessor, wie er einen Experten für Strichcodierungen hatte kommen lassen, um ihm bei der Kennzeichnung einer Auswahlgruppe von Kaiserpinguinen am Kap Crozier behilflich zu sein. Der entsprechend entwickelte Mikrochip wurde den Tieren in die Schulter implantiert, anschließend wurde am Zugang zur Pinguinkolonie eine computerisierte Tafelwaage aufgestellt. Jedes Mal, wenn ein Pinguin diese betrat, wurden seine Identifizierungsnummer, sein Gewicht und das Datum erfasst, sodass die Forscher den Erfolg der Nahrungssuche überwachen konnten. Es war eine Art Orwell'sches Arrangement für die Pinguine, und mich erinnerte es an die institutionellen Reglementierungen, die die menschlichen Bewohner von MacTown zu ertragen hatten.

Nicht alle Wissenschaftler wurden von dem schlechten Wetter in ihren Labors und Büros festgehalten. Einige von ihnen mussten für ihre Feldarbeiten nicht zu weit entfernt liegenden Orten auf dem Südkontinent fliegen, sie bestritten diese in Sichtweite von MacTown.

Ich stand an einem Nachmittag in einem Flur von Crary herum, als ein dänischer Forscher namens Kim an mir vorbeirannte, dann anhielt und sich zu mir umdrehte. Er fragte mich, ob ich mit ihm zum Angeln gehen wolle. Kim suchte Freiwillige, die ihm dabei halfen, einige Fische für bestimmte Untersuchungen zu fangen. Klar, sagte ich und eilte zu meinem Wohnheim, um mich wärmer anzuziehen. Einige Minuten später saß ich hinten auf einem Hägglund mit einem halben Dutzend weiterer Helfer, um aufs Meereis hinauszurollen.

Die meisten Freiwilligen kamen aus der Fahrzeugwerkstatt oder waren Büroangestellte, die turnusmäßig ihren freien Tag hatten. Nach etwa drei Kilometern parkten wir auf dem Eis. Kim begann den Bohrer zusammenzubauen, während wir die Handangelschnüre, die Haken und die Köder verteilten.

Das Eis war an dieser Stelle über drei Meter dick. Das Teil, das erforderlich war, um das Eis zu durchbohren, war so lang, dass Kim aufs Dach des Raupenfahrzeugs steigen musste, um mit der Arbeit überhaupt anfangen zu können. Wir standen da und sahen ihm bei seinem Tun zu, die Schultern hochgezogen, die Arme verschränkt und den Rücken zum Wind. Das wütende Schnarren des Zweitaktmotors kratzte an der Stille.

Nach einigen Minuten war das Loch geschafft. Kim versetzte dann den Hägglund etwas weiter nach vorn – ein zweites Loch war für sein Vorhaben erforderlich. Die Bohrlöcher durften nur einen kleinen Durchmesser haben. Würde man sie größer machen, käme zu viel Licht hindurch, was wiederum die Robben anlocken würde. Und hungrige Robben würden unsere Aussichten, irgendetwas zu fangen, absolut zunichte machen.

Wir angelten nach Borch. Der Borch ist ein silbergrauer, etwa zwanzig Zentimeter langer Fisch, für den sich die Wissenschaft interessiert, weil sich in seinem Blut eine Art Frostschutzmittel befindet. Dadurch ist es dem Borch möglich, auch in den eisigen Gewässern der Antarktis munter herumzuschwimmen.

Wir befestigten Köder an unseren Angelschnüren und hockten uns wie Eskimos über unsere Löcher im Eis. Es war grauenhaft kalt. Mehr als einmal blickte ich sehnsüchtig Richtung Station zurück. Als sich der Nachmittag in die Länge zog, versuchte ich mich zu erinnern, wann ich das letzte Mal im Eis geangelt hatte. Ungefähr dreißig Jahre musste es her sein. Ich hatte zusammen mit Jack, meinem besten Freund, die Schule geschwänzt, und wir waren auf den Great Hill Pond hinausgegangen. Dort hatte ich die nächsten Stunden damit verbracht, mit den Zähnen zu klappern und mir zu wünschen, ich säße im Warmen beim Algebraunterricht.

Damals wie heute bissen die Fische nicht an. Der Einzige, der etwas fing, war Kim. Er suchte mit bloßen Händen das Ende der Angel ab, um besser spüren zu können, ob Fische sich verfangen hatten. Seine Finger waren rot wie Kirschen, aber er bemerkte es kaum – oder er kümmerte sich nicht darum. Sein nordisches Blut schien so wenig anfällig für die Kälte zu sein wie die Fische, die er untersuchte.

Insgesamt fingen wir ein Dutzend Fische – davon gingen neun auf Kims Konto. Sie alle wurden sofort in einen Eimer mit Meerwasser geworfen, damit sie nicht bei minus 20 Grad Lufttemperatur schockgefroren wurden. Außerhalb des Wassers funktionierte ihr Frostschutzmittel anscheinend nicht so gut wie das von Kim. Wir hörten am späten Nachmittag auf, rollten unsere Angelschnüre ein und fuhren mit dem Hägglund gemächlich zur Station zurück. Die Fische kamen in ihr neues Zuhause – das Laboraquarium; ich begab mich in die willkommene Wärme der Station.

Und so verflossen die Tage ziemlich angenehm, wenn ich auch – wie die Wissenschaftler – auf den Kalender schaute und bemerkte, wie meine Sommerzeit im Feld dahinschwand. Ich dachte kurz an die Leute, die bei dieser Witterung oben in Christchurch festsitzen mussten, und erinnerte mich mit Schaudern an das Herumhängen in meinem Hotelzimmer, um letztlich doch nie etwas Genaueres zu erfahren. Zwischenzeitlich hatte ich erfahren, dass der Verzögerungsrekord bei sechzehn Tagen lag.

Manchmal kam mir Christchurch ganz nahe vor, gleichsam als ein gemeinsamer Nenner, der uns alle verband. Wie der Taxifahrer am Flughafen fing ich an, die Entfernung zwischen »Cheech« und MacTown im Sinne eines Sprungs zu denken. Manchmal wünschte ich mir sogar, ich wäre wieder dort, was ein Gefühl war, das ich in der Antarktis nie erwartet hätte. Was vielleicht daran lag, dass ich, außer beim eisigen Schock, als ich aus dem Flugzeug ausstieg, und bei der Übernachtung in der Glücklichen Camperschule draußen auf dem Eisschelf, selbst noch nicht die Empfindung hatte, wirklich in der Antarktis zu sein. Es kam mir immer noch so vor, als sei ich irgendwo in einem Niemandsland. Immerhin konnte ich von hier aus den großen Weißen Süden sehen oder – besser gesagt – mir wenigstens vorstellen. Denn noch immer war alles schneeverhangen.

In dieser Zeit des Wartens spielten sich auch verschiedene Melodramen in der Stadt ab. Ein Streit unter Journalisten bei der *Antarctic Sun* führte dazu, dass einer von ihnen in einem Anfall von Wut kündigte und eine Arbeit als Hausmeister annahm. Eine promovierte Forscherin wurde ruhmlos aus ihrem Job entlassen, nun wartete sie auf den nächsten Flug aus der Stadt. Und dann gab es noch Schwierigkeiten mit dem neu angekommenen Verwaltungspersonal von MacTown. Die Schreibkräfte und sonstigen Kontrollhüter waren mit der Erwartung von Abenteuern à la Shackleton ins Eis gekommen, und jetzt merkten sie, was sie hier wirklich taten: einen Bürojob unter streng hierarchischen Strukturen, bei dem man einzig einen großartigen Ausblick aus dem Fenster hatte – wenn das Wetter schön war.

Diejenigen, die sich weiterbilden oder im Leben vorankommen wollten, konnten spezielle Computerkurse belegen oder ihre Börsenkenntnisse vermehren. Zocken an der Börse ist hier ein beliebter Zeitvertreib. An den langen, leeren Abenden, wenn die Börse an der Wall Street eine halbe Welt entfernt gerade ihre Tore öffnet, begeben sich viele ins Internet, um den steuerfreien Verdienst gewinnbringend anzulegen. Man hat ja viel Zeit, um sich die richtigen Aktien auszusuchen. Die örtliche Gerüchteküche tat ihr Übriges dazu, indem sie Geschichten von ehemaligen Antarktis-Bewohnern kursieren ließ, die reich geworden waren, weil sie von hier aus an der Börse spekuliert hatten. Der Computerraum neben dem Speisesaal war gewöhnlich voller Leute, die Börsenergebnisse analysierten, wenn sie nicht gerade den Wetterbericht aus der Heimat verfolgten oder die Football-Ergebnisse in Erfahrung bringen wollten

Thanksgiving kam. Der Küchenchef bot eine erstaunliche Auswahl an traditionellen Gerichten an – keine geringe Leistung, wenn man für über tausend Leute kochen muss. Zudem wartete das frische Gemüse noch immer in Christchurch darauf, in ein Frachtflugzeug nach McMurdo verladen zu werden. Es gab Truthahn und Speck, mit den üblichen Zutaten, aber auch mit einigen ungewöhnlichen Beigaben, wie zum Beispiel antarktischem Dorsch. Traditionell war dann wieder das anschließende Stöhnen und Wälzen im Bett oder vor dem Fernseher bei einem Football-Spiel.

Einige Tage später lud man mich zu einem Barbecue-Abend auf Neuseelands Scott Base ein. Die Station lag knapp vier Kilometer entfernt an einer gut planierten Straße, welche der Küstenlinie der Ross-Insel folgte. Ich ging den größten Teil der Strecke zu Fuß und ließ mich erst auf den letzten hundert Metern von einem vorbeifahrenden Shuttle-Bus mitnehmen.

Die neuseeländische Station war wesentlich kleiner als McMurdo. Sie bestand einzig aus einem modernistischen pistaziengrünen Gebäudekomplex, in dem in den Sommermonaten ungefähr fünfzig Expeditionsteilnehmer wohnten. Ich hatte die Station schon wahrgenommen, als wir mit der Glücklichen Camperschule aufs Eis hinausgefahren waren. Aus der Entfernung hatte sie nur einfach und sauber ausgesehen. Aus der Nähe wirkte sie anheimelnd und persönlich. Sie ähnelte den australischen Stationen, die ich kannte. Ich mochte sie auf Anhieb.

Ich ging in den Vorraum, zog meine Stiefel aus und hängte meinen Parka an einen der Haken. Irgendetwas ließ mich sofort an Mawson denken, obwohl sich die beiden Stationen äußerlich überhaupt nicht ähnelten. Vielleicht lag es daran, dass es sich hier um eine Kiwi-Station handelte und ich eine Art transtasmanische Vertrautheit mit der dortigen Kultur verspürte. Es konnte aber auch daran gelegen haben, dass ich sofort verspürte, diese Station leiteten Menschen. Ich wurde herzlich und mit offenen Armen empfangen.

Das Essen war ein klassisches Barbecue: gegrillte Koteletts, Steaks und Schnecken, Rote Beete, Salat, Brot, Butter und als Nachspeise eine Schüssel Eiskrem. Es gab kein Dutzend Hauptgerichte zur Auswahl und keinen Koch mit Kochmütze, der mit einem großem Küchenmesser persönlich die Fleischscheiben abschnitt. Es gab auch kein separates Büffet für Vegetarier, ausgerichtet nach dem letzten Schrei kalifornischer Küche. Das brauchte es auf dieser Station alles nicht. Es war schön, zur Abwechslung einmal wieder etwas Normales und Vertrautes vorgesetzt zu bekommen.

Rick und Rich kamen noch nach dem Essen rüber. Wir saßen bis spät in der Nacht im Pub der Scott Base und plauderten mit den Kiwi-Wissenschaftlern und -Hubschrauberpiloten. Es war ein entspannter, bierseliger Abend. Ich hatte das Gefühl, endlich die Antarktis wiedergefunden zu haben, die ich in meinem Kopf herumtrug und deren Existenz ich zu bezweifeln begonnen hatte. Die Wolken stiegen höher, und zwischen ihnen waren vereinzelt Flecken blauen Himmels zu sehen. Das hartnäckige schlechte Wetter verzog sich endlich.

Einer der Neuseeländer sagte, er habe gehört, dass am Morgen der Flugbetrieb wieder aufgenommen werde. Und tatsächlich erwartete mich im Wohnheim eine Nachricht, in der ich aufgefordert wurde, mich in der Frühe auf dem Hubschrauber-Landeplatz zu melden. Es ging um meinen Flug zum Darwin-Gletscher.

KAPITEL 8

Urzeitliche Landschaften

Kurz vor sieben befand ich mich auf dem Weg zum Hubschrauber-Landeplatz. Ich stellte mich, dort angekommen, auf eine Waage und trug die Zahlen im Ladeverzeichnis ein. Schließlich entdeckte ich einen Helm, der mir passte, und wanderte zum Hangar hinüber, wo der Chefpilot – ein drahtiger, silberhaariger Vietnamveteran namens Jack Hawkins – seine Flugpapiere ordnete. Der Hangar bot das übliche Macho-Ambiente: Überall lagen Fliegerausrüstungen herum, es gab Berge von Werkzeugen und Ersatzteilen, und ein »Gott segne Texas« prangte an dem Helm von Jack. An der Wand entdeckte ich zwei Uhren, welche die Zeit in McMurdo und in Lafayette, Louisiana, anzeigten, wo die Hubschrauber-Vertragsfirma zu Hause war. Wie ich bald herausfand, wurden die von diesen Burschen geflogenen Vögel »Helos« genannt – im gedehnten Südstaatenakzent wie *hi-lou* ausgesprochen – und nicht »Chopper«, wie man das sonst aus Amerika kennt.

Ich hatte eine Flasche Whisky dabei, die ich Jack im Auftrag von Rich übergeben sollte. Sie war das Versöhnungsgeschenk eines alkoholisierten Abends bei Gallagher's, wo vor einigen Tagen Richs linke Sichtweise von der Welt, besonders was Waffenbesitz und -kontrolle anbelangte, heftig mit Jacks eher rechtem Texanerstandpunkt kollidiert war. Als die Bar schloss, mussten beide Gemüter ziemlich erhitzt gewesen sein. Rich tat all dies am nächsten Morgen Leid. Jack hatte sich aber überhaupt nicht beleidigt gefühlt, dazu war er zu weit in der Welt herumgekommen. Doch er freute sich über den Whisky und versprach, ihn mit Genuss zu trinken.

Wir beluden den Helo und flogen ungefähr eine halbe Stunde später ab. Die Industrielandschaft von MacTown wurde unter den Kufen immer kleiner, bis schließlich die schneebedeckte Erhabenheit der Antarktis die Führung übernahm. Die Station wurde ins wahre Verhältnis zu ihrer Umwelt gesetzt – winzig und wunderbar unbedeutend angesichts einer solchen Pracht.

Heftige Stürme auf der Sonnenoberfläche verursachten in ganz Antarktika ein Chaos im Funkverkehr, was bedeutete, dass Jack Nachrichten über ein Hercules-Frachtflugzeug umleiten musste, welches gerade unterwegs zum Südpol war. Wenn jetzt Winter gewesen wäre und Dunkelheit geherrscht hätte, wir hätten spektakuläre Südpolarlichter zu Gesicht bekommen. Unter den gegebenen Umständen waren die Stürme nur eine weitere problematische Betriebsstörung. Während ich den lässigen Funksprüchen der Piloten zuhörte, die in ihren abgedunkelten Helmen käfergleich wirkten, und zugleich die kristalline Wüste betrachtete, die sich, wohin man auch blickte, überall ausdehnte, hatte ich das Gefühl, als sei ich in einem postapokalyptischen Film gelandet. Der Südstaatenakzent bei den Funksprüchen und das »Gott segne Texas« auf dem Helm von Jack schienen perfekte Details eines Streifens zu sein, den sich George Lucas ausgedacht haben konnte.

Wir flogen Richtung Süden über das Ross-Eisschelf, eine monotone Eisebene, die größer als Frankreich ist. Das Feldlager auf dem Darwin-Gletscher war unser Ziel, ein breiter Eisstrom, der sich durch eine Bergkette wälzt. Laut Anzeige des Höhenmessers flogen wir in 1800 Meter Höhe, man musste das einfach mal glauben. Es gab nichts in der weißen, konturlosen Landschaft unter uns, das auch nur irgendwie angedeutet hätte, welche Flughöhe wir hatten. So wie es aussah, konnten wir genauso gut dreißig Meter oder 30000 Meter über dem Boden fliegen, da es außer den Bordinstrumenten keine weiteren Anhaltspunkte gab.

»Es wird angezeigt, dass wir mit 137 Stundenkilometern fliegen, aber es kommt mir vor, als würde ich schon seit einer halben Stunde immer über demselben Fleck schweben«, bemerkte Jack nach einer Weile, anscheinend meine Gedanken teilend.

Die Gipfel in der Ferne schienen auf den Horizont aufgemalt zu sein. Das war mein erster Blick auf die hohen Berge im Inneren der Antarktis, das riesige Transantarktische Gebirge, das sich quer durch den ganzen Kontinent erstreckt. Es war eine Freude, einfach nur am Leben zu sein. Ich zog einen Faltplan der Antarktis aus meinem kleinen Umhängerucksack und breitete ihn auf meinem Schoß aus, um zu sehen, wohin wir unterwegs waren. Auch wenn mir die Weite und die wilde Bergkette in der violetten Ferne unfassbar erschienen, die Strecke, die wir gerade flogen, passte auf dieser Landkarte von Postergröße in einen Kreis mit einem Durchmesser von fünf Zentimetern hinein. Ich dachte zurück an den Hubschrauberflug, den ich auf der gegenüberliegenden Seite des Südkontinents von der *Aurora Australis* aus über die Prydz-Bucht unternommen hatte – eine vollkommen andere Weite, doch irgendwie auch astronomisch groß.

All dies war dennoch nur ein winziger Teil einer in Eis erstarrten Wildnis, welche Millionen von Quadratkilometern Erde bedeckte, eine Wildnis, die bislang so gut wie unberührt und unentdeckt am unteren Ende der Welt liegt – abgesehen von den wenigen Stationen, die nicht mehr als ein Fingerschnippen sind. Und diese Wildnis ist so leer, wie sonst nichts auf dieser Welt leer ist. Hier draußen existiert kein Leben – kein Tier, kein Baum, kein Gras, kein Moos. Es gibt keine sichtbaren Erdkrumen, keine Insekten, keine Würmer. Einzig eine sterile Leere aus Schnee, Eis und spitzem Felsgestein.

Das Innere der Antarktis mag trockener als die Sahara, so kalt wie der Mars und fast so leblos sein, aber das war nicht immer der Fall. Ich war unterwegs zu einem Feldlager auf 80° südlicher Breite, wo

Paläontologen sich durch 270 Millionen Jahre Geschichte hindurcharbeiten. In diesen Urzeiten war hier alles eine feuchte grüne Wildnis gewesen, mit Wald und Tundra als Teil der Gondwana genannten Landmasse. Laut Rosie und John, zwei Geologen, die ich bei meiner Ankunft in McMurdo beim Essen getroffen hatte, hatte die Gegend, über die ich jetzt flog, einst ausgesehen wie Teile Alaskas, Schottlands westliche Inseln oder der Norden von Norwegen, eine Postkartenlandschaft mit Gletschern in den Talgründen und rauschenden Bächen mit Farnen und blattreichen Bäumen an den Ufern. Jetzt war es nur eine endlose Weite von Eis und Felsen, die totenstill unter einem hellen und klaren Himmelsgewölbe lag.

Wir erreichten das Lager etwa zwei Stunden später, nachdem wir uns durch eine verlorene Welt aufragender Klippen, schimmernder Eiswände und dunkler Steingipfel diesem Ziel angenähert hatten. Obwohl ich anhand der vergangenen Zeit und der Tatsache, dass sich ringsum immer mehr Berge erhoben, hätte wissen müssen, dass wir jetzt bald da sein mussten, hatte ich bereits die Erwartung verloren, ein Camp zu sehen. Obwohl es schon in Sichtweite war, hatte ich es zunächst gar nicht bemerkt. Und als ich es dann entdeckte, hielt ich es zunächst nur für einen Fleck auf dem Fenster. So klein war es. Seit unserem Abflug aus McMurdo gab es keinen Hinweis mehr auf menschliches Leben.

Die Rotorblätter vibrierten, die Fluggeschwindigkeitsanzeige hielt sich beständig bei rund 130 Stundenkilometern. Der Fleck wurde immer größer und entpuppte sich als ein Jamesway und eine Ansammlung heller Gebirgszelte. Eine DC-3 stand auf Kufen neben den Zelten. Sie war eine halbe Stunde zuvor angekommen und hatte Nahrungsmittelvorräte und Sprit eingeflogen. Gestalten in roten Parkas luden Kisten aus der hinteren Frachtluke des Flugzeugs aus und stapelten sie im Schnee. Eine andere Person schleppte einen beladenen Schlitten zu einer alten, etwa hundert Meter entfernten

Hütte. Die Campbewohner hörten den Hubschrauber kommen, blickten hoch und winkten.

Wir landeten auf einer Holzplattform neben einem Stapel von Ölfässern und holten unsere Ausrüstung aus dem Hubschrauber. Ich schaute zu der eleganten silbernen DC-3 hinüber, die in einem verwegenen Winkel vor dem Hintergrund wilder, gefrorener Berge abgestellt war und den Eindruck machte, sie würde gleich zu einem saloppen Humphrey-Bogart-Abenteuer aufbrechen.

Ich warf meinen Rucksack neben die Tür des Jamesways und half beim Entladen der DC-3. Deren Pilot war ein schlaksiger Neuseeländer namens Max, der entfernt an James Coburn erinnerte und seit Jahren in der Antarktis umherflog. Er arbeitete hauptsächlich von Südamerika aus für eine Chartergesellschaft, die privaten Expeditionen logistische Unterstützung anbot und auch Dokumentarfilmer in die Antarktis brachte. In diesem Jahr flog er jedoch für die USAP, was sowohl für Max als auch für die Amerikaner etwas Neues war, deren Beamte gegenüber jeder Form von Privatunternehmen in der Antarktis notorisch feindselig eingestellt sind. Aber sie wollten testen, ob diese speziell umgebaute und mit Turboprop-Maschinen ausgestattete DC-3 die Nische zwischen Hubschraubern und den wuchtigen militärischen LC-130 Maschinen ausfüllen könnte, wenn es darum ging, Feldlager mit Nachschub zu versorgen. Daher hatte Max den Sommer seines Lebens. Nach Jahren frostiger Abweisung, in denen man seine Funksprüche ignoriert hatte, war er endlich einmal Persona grata.

»Ich musste unlängst zum Südpol fliegen und hörte, wie sie von McMurdo aus funkten, man solle mir jedes Entgegenkommen und jede Unterstützung gewähren. Ich hätte nie gedacht, dass ich es einmal erlebe, solche Worte von den Yankees zu hören!«

Wir standen bewundernd da, während er in einer Wolke von den Propellern aufgewirbelten Schnees, die das Flugzeug fast völlig unsichtbar machte, in Startposition ging. Es war ein Abgang mit Stil. Nach einer dramatischen Pause und einem Crescendo von Maschinenlärm wurde die DC-3 wieder sichtbar, als sie glänzend aus ihrem eigenen Schneenebel herausschoss. Die Maschine glitt mit knapp zweihundert Stundenkilometern über die Gletscheroberfläche dahin, wobei ihre Kufen kleine Schneewölkchen aufwirbelten. Max wendete und umkreiste das Lager, ehe er über die Bergkette hinweg Richtung McMurdo flog. Wir sahen zu, wie das Flugzeug ein silbernes Funkeln am leeren Himmel wurde und dann verschwand. Über den Gletscher senkte sich eine tiefe Stille.

Ich verbrachte einige Tage im Camp am Darwin-Gletscher, packte jeden Morgen ein Mittagessen in meinen Rucksack und ging dann mit den Geologen los, die ihre Zeit im Feld damit verbrachten, dass sie Proben einer bestimmten milchkaffeefarbenen Sandsteinschichtung nahmen und ihren Verlauf aufzeichneten. Sie stammte aus dem Perm, einer Zeit, die rund 270 Millionen Jahre zurückliegt. Im Lager hielten sich drei Geologen auf, zwei Assistenten, die kochten und das Camp führten, sowie ein Berufsbergsteiger, der die Überquerung von Eisspalten und gefährliche Klettersituationen für die Geologen übernahm.

An den meisten Tagen fuhren die Wissenschaftler mit dem Schneemobil zu ihrem Arbeitsplatz, sie erhielten aber auch ein paar Tage pro Woche Hubschrauberunterstützung, um auf ansonsten unzugängliche Felsspitzen und Klippen in den Bergen zu gelangen. Ich war mit einem der Hubschrauber gekommen, der in dieser Woche dem Darwin-Gletscher zugeteilt war (insgesamt waren es zwei). Aus diesem Grund füllte sich das Camp zusätzlich mit den Stimmen der Piloten und des Hubschrauber-Wartungsteams.

Es war ein nettes, gemütliches Lager, mit dem Jamesway im Zentrum und den am Eis entlang wie kleine Vororte verteilten Bergsteigerzelten, in denen wir alle schliefen. Außerdem gab es ein

Scott-Zelt ohne Boden, das als Latrine diente, weshalb in seiner Mitte ein tiefes Loch ins Eis geschlagen und darüber ein tragbarer Toilettenring angebracht worden war. Die Hubschrauber verharrten auf ihren hölzernen Plattformen, Schneemobile parkten bei einem Haufen Rationskisten und ausgesuchter Feldausrüstung, und vor der Eingangstür waren Eispickel in den Schnee gehauen worden.

Der Jamesway selbst war bequem und heimelig. In der Mitte stand ein im Allgemeinen unaufgeräumter und beim Essen kunterbunt voll gestellter Tisch. Der gelegentliche Mangel an Stühlen wurde durch aufgestellte Vorratskisten wettgemacht. Die raue hölzerne Tischplatte war übersät mit Antarktika-Graffiti – spontan gereimten Gedichten, Zeichnungen, Spitznamen und kleinen Geschichten. Zudem fanden darauf geologische Landkarten, Gewürzfläschchen und fleckige Kaffeetassen Platz.

Die Küche befand sich im hinteren Teil, zusammen mit dem Funkgerät. Ein Topf mit schmelzendem Eis stand immer auf dem Herd, sodass man jederzeit Kaffee aufbrühen konnte, und vom Regal des Vorratslagers leuchteten bunte Etiketten. Jamie, einer der Assistenten, war gelernter Koch, und wir speisten gut mit Satay-Spießchen und ausgefallen zubereiteten Pastagerichten.

Mit den Leuten vom Camp verbrachte ich einige gesellige Abende. Eines Nachts unterhielt uns einer aus der Hubschrauber-Wartungsmannschaft – wieder ein Brian, der draußen in der wirklichen Welt bei der US-Forstbehörde arbeitete –, indem er uns beibrachte, wie man einhändig einfache Palsteks knotet. Die Wärme, das Durcheinander und das Gelächter in der Hütte bildeten einen wunderbaren Gegenpol zu der hellen, schweigenden Leere außerhalb des Schutzraumes. Das Camp vertrieb dadurch jene Einsamkeit, welche ein Blick auf die Landkarte hätte auslösen können.

Die Geologen – Rosie, John und ein promovierter Student namens Paul – beschlossen, sich der Hubschrauber zu bedienen, um auf ein Felsband zu gelangen, das sich auf einer über dreihundert Meter hohen Steinwand befand, die zum Hatherton-Gletscher gewandt war. Sie lag etwa zwanzig Minuten Flugzeit entfernt. Der Ausblick von der Oberkante der Klippe war umwerfend: Der Gletscher, ein Fluss aus Eis, schnitt eine sanfte Kurve zwischen zwei riesigen Bergmassiven und wolkengleichen Schneefeldern, die sich in die Ferne erstreckten und von aus dem Eis ragenden Nunataks – scharfen, blank gelegten Felsspitzen, die wie Bischofsmützen oder zugespitzte Schneidezähne aussehen – unterbrochen waren.

Ich befand mich zum ersten Mal in einem antarktischen Gebirge, und ich war von Ehrfurcht ergriffen und unfähig, meinen Blick von der unberührten Wildnis loszureißen. Ich wurde von dem Gedanken erfüllt, dass kein menschliches Auge irgendeinen dieser Berge gesehen oder auch nur von ihrer Existenz etwas geahnt hatte, ehe einer von Scotts Spähertrupps 1903 hierher vorgedrungen war und das Massiv Britannia-Gebirge nannte, um es danach wieder einem ewigen Schlaf zu überlassen. Fast fünfzig Jahre lang kam niemand mehr, und selbst heute sind es nur wenige Menschen, die dieses Gebirge besteigen. So faszinierend es war, dort oben auf dieser Felswand zu stehen, sollten doch noch großartigere Dinge folgen.

Einige Tage später bemerkte ich beim Frühstück, dass Rosie und Tim, der Bergsteiger, über einer Karte brüteten und in ein Gespräch mit einem der Hubschrauberpiloten vertieft waren, einem sanften Riesen aus Louisiana, der John hieß. Auf dem Rückweg von unserem letzten Ausflug hatte Rosie sehr hoch oben, bei einem weiter entfernt liegenden Gipfel eines anderen Berges, mittels eines scharfen Feldstechers eine interessante Gesteinsschicht entdeckt. Sie wollte nun wissen, wie die Chancen standen, dass wir dort hinaufkommen könnten.

Die Wetterlage sah dafür nicht besonders viel versprechend aus. Der Wind war am Boden ziemlich böig und würde es in rund 2700

Meter Höhe, wo sich die Gesteinsschicht befand, erst recht sein. Und es ließ sich auch nicht sagen, ob dort oben eine Stelle war, an der man uns sicher absetzen konnte. Aber John war bereit, einen Erkundungsflug zu machen, um die Lage zu peilen. Nach dem Frühstück brachen wir vier auf und schleppten unsere Rucksäcke mit. Es konnte ja sein, dass eine Landung doch möglich war. Außerdem nahmen wir unsere Überlebensausrüstung mit, Notzelte und Extravorräte für den Fall, dass der Wind stärker wurde, der Hubschrauber uns nicht abholen konnte und wir dort oben eine Weile festsitzen würden.

Es war, als würde man in die Gemächer des Bergkönigs fliegen. Schroffe, dunkle Felswände aus Dolerit, einem Magmagestein, bewachten den Gipfelkamm und ließen mich an die Pfeifen einer riesigen Orgel denken. Obenauf saßen vom Wind geformte Schneeschnörkel, die wie Konfekt wirkten. Als wir auf diese malvenfarbenen Felswände zuflogen, wurden sie vor uns beängstigend groß – und im Vergleich zu ihnen wirkte der Hubschrauber so unbedeutend wie eine Mücke.

Die Sandsteinschichten, die Rosie interessierten, befanden sich auf einem Gipfelgrat, einem Felsrücken, der zu beiden Seiten erschreckend steil abfiel. Der Wind war schwächer als erwartet, genau genommen war es fast windstill. John entdeckte einen kleinen, aber flachen Felsabsatz im oberen Bereich des Kamms. Er flog ihn seitlich an, sehr vorsichtig. Es war, als würden die Kufen den Fels küssen. Während John den Motor laufen ließ, sprangen wir rasch hinaus. Wir schoben unsere Ausrüstung auf den Hang und deckten sie mit unseren Körpern ab, um zu verhindern, dass sie in den Rotorensog gerieten, als John wieder startete. Tim signalisierte, dass alles klar war. John bestätigte dies. Das Stakkato der kreisenden Rotorblätter wuchs zu einem ohrenbetäubenden Lärm an. Staub und Eisteilchen wurden durch die Luft gewirbelt und prallten auf abgewandte Wangen. Der Hubschrauber stieg und schwenkte in einer einzigen Bewegung, sodass es fast aussah, als stürze er in die Leere, die nur einen Steinwurf entfernt war.

Das Geräusch verschwand rasch. Als wir aufstanden und über den Felsrand schauten, war der Hubschrauber bereits winzig, von der Weite des Raums verschluckt wie ein Kiesel, der schließlich in einer tiefen Quelle verschwindet. Wir waren allein, hoch oben auf einem Berg, auf den bis vor sechzig Sekunden noch nie ein Mensch einen Fuß gesetzt hatte.

Der Ausblick war überwältigend. Ganze Ketten splitterartiger Bergspitzen erstreckten sich in die Ferne. Die Luft war fernrohrartig klar. Alles wirkte irgendwie vergrößert und schärfer konturiert, sodass man auch die kleinen Details bemerkte, die normalerweise zu winzig sind, um ins Auge zu fallen: die haarfeinen Risse in den Felswänden, die Rillen und Wellen, welche der Wind in den Schnee geblasen hat, die Struktur ferner Felsen. Der Himmel war von einem straffen Blau, und man konnte sich gut vorstellen, dass sich die Erde unter einem zur Kugel wegbiegt.

Es war auf dem Felsband überraschend warm, einige Grad über null. Der Grund: Die Sonnenstrahlen wurden von den Felsen reflektiert. Wir streiften unsere Parkas ab und beschwerten sie mit Steinen, damit launische Gebirgswinde, die zunehmen konnten, keine Chance zum Zugriff hatten. Hemdsärmelig gingen wir nun umher. In der sonnigen Stille hatte man das Gefühl, wir wären gekommen, um einen Zauber zu brechen. Und in gewisser Weise war dem auch so.

Der Bergkamm, auf dem wir standen, war der Überrest einer uralten Waldlichtung. Versteinerte Holzsplitter lagen umher, als wäre gerade ein Baum gefällt worden. Der cremefarbene Sandstein trug Abdrücke eines lange ausgestorbenen Vorfahren des Schachtelhalms, der vermutlich einst an den Ufern eines Baches üppig gewachsen war. Rillenspuren im gleichen feinkörnigen Sandstein zeigten, in welche Richtung einst das Wasser geflossen und in welche Richtungen der Wind geweht war – vor über 270 Millionen Jahren.

Rosie interpretierte für mich die Felsschichten, erklärte Ursachen und Wirkungen und erläuterte mir gerafft die Abfolge der urzeitlichen Landschaften – ein schlammiger Seegrund, eine Gletschermoräne und, nahe dem Kamm, ein prähistorischer Sumpf, aus dem ein mächtiges Kohlenflöz geworden war. Sie konnte gut erzählen, sodass die Landschaften vor meinem geistigen Auge lebendig wurden. Obwohl ich Geologie studiert hatte, war das Fach bis zu diesem Augenblick für mich nie abstrakte Kunst gewesen, und ich hätte mir nie vorstellen können, dass die Prinzipien der Sedimentbildung eine so reiche Palette an Konstruktionsmustern boten.

»Das ist ein Glossopteris-Fossil«, erläuterte Rosie, nachdem ich ihr einen merkwürdig kreisförmigen Stein gegeben hatte, der von cremefarbenen und grauen Bändern durchzogen war und dem Stumpf eines frisch abgeschlagenen Schösslings ähnelte. »Ein Farngewächs, damals fast baumgroß, das auch in Südamerika, Indien, Südafrika und Australien wuchs. Ihn hier auf Antarktika zu finden, war eines der Dinge, die beweisen halfen, dass die Kontinente früher alle zusammenhingen.«

Ich drehte das Stück in meiner Hand und war fasziniert von den Wachstumsringen. Jeder einzelne von ihnen war ein greifbares Zeichen für einen bestimmten Sommer, dem ein Herbst vor über einer Viertelmilliarde Jahre nachgefolgt war.

Es war einer dieser magischen Tage, die man in seinen Gedanken einlagern und Jahre später wieder hervorkramen kann, um Kraft und Frieden zu schöpfen – oder das Gefühl der Begeisterung und des Staunens neu zu beleben, je nachdem, was die Seele zu einem bestimmten Zeitpunkt gerade benötigt.

Während Rosie, John und Tim sich dem ernsten Geschäft der Paläontologie widmeten und urzeitliche Pollen in Fossilien suchten, beschäftigte ich mich damit, den Kamm entlang zu klettern, die Ausblicke zu genießen und meine Phantasie spielen zu lassen. Vor achtzig Millionen Jahren, als dieses einstige Wäldchen hier oben starb, begann für den Superkontinent Gondwana der Prozess des Zerfalls. Über viele Jahrmillionen hinweg spalteten sich Afrika und Australien von dieser großen Landmasse ab und bewegten sich langsam nach Norden, und zwar an den Ort, den diese Kontinente gegenwärtig auf der Landkarte einnehmen. Die Antarktis war damals über eine lang gezogene Landbrücke mit der Südspitze Südamerikas verbunden. Und als diese schließlich vor rund fünfundvierzig Millionen Jahren zusammenbrach, war die Antarktis auf sich selbst gestellt, ein Inselkontinent, der abgeschieden am unteren Ende des Globus lag. Mächtige polare Winde rasten ungebremst um ihn herum und schlossen alle mildernden Einflüsse auf das Klima der Antarktis aus. Der ewige Winter begann.

Unser eigener Tag auf diesem Bergkamm rekapitulierte diese Geschichte auf eigene Weise. Das milde Wetter des Vormittags wich am Nachmittag bitterkalten Winden und Temperaturen weit unter dem Gefrierpunkt. Der Himmel blieb stählern und klar. Extravagante Schneefahnen wehten vom Gipfel der Sandsteinpyramide, der sich ungefähr fünfundvierzig Meter über uns befand. Die Klippen sahen abweisender als je zuvor aus. Wir hatten schon längst unsere Parkas angezogen – und jedes andere warme, winddichte Kleidungsstück, das wir mitgebracht hatten –, als wir den Hubschrauber auf uns zubrummen hörten wie eine apokalyptische Libelle, die gekommen war, uns ins Camp zurückzutragen.

KAPITEL 9

Das höchste Ziel

Ich flog mit Jack nach McMurdo zurück, als er seine Wochenschicht am Darwin-Gletscher abgeleistet hatte. John steuerte den zweiten Hubschrauber knapp einen Kilometer backbords von uns entfernt. Der Anblick seines Hubschraubers gab dem umgebenden Weiß ein Gefühl von Distanz und räumlicher Tiefe, das mir beim Hinflug gefehlt hatte. Ein durchbrochenes Muster tief hängender Wolken und Nebels lag über dem Eisschelf und warf für kurze Zeit ein Fragezeichen auf. Konnten wir überhaupt in McMurdo landen? Aber die Mac-Zentrale meldete, die Wetterbedingungen über der Basis seien bestens, wenn auch etwas böig. Der Himmel über uns hatte ein glatt poliertes, stahlblaues Aussehen, und der Sonnenschein funkelte in der Ferne an den Hängen des Mount Erebus.

McMurdos Durcheinander wirkte anheimelnd vertraut, als wir es überflogen. Wir landeten am Hubschrauberlandeplatz, wo die Rotoren gehörig Staub aufwirbelten. Da sich der Sommer breit machte, war es hier wärmer geworden, und der Schnee schmolz überraschend schnell. Die Straßen wurden an manchen Stellen matschig, und an den Hängen oberhalb der Stadt konnte man schwarzes Geröll erkennen, auch wenn dort noch Schnee lag. Ich musste dabei an eine Bergbaustadt in West Virginia mitten im Winter denken, obwohl das, was wir hier sahen, verwitterte Vulkanasche war, kein Kohlenstaub. Ich ging zu meinem Spind, verstaute meine Feldausrüstung und nahm wieder in meinem alten Zimmer in Gebäude 155 Quartier. Es kam mir noch muffiger vor, seitdem ich in den Bergen geschlafen hatte. Aber die Dusche war angenehm.

Auf der Basis ging es sehr geschäftig zu. Überall landende und startende Hubschrauber, auch auf dem Flugplatz selbst war einiges los, weil jeder nach den ganzen wetterbedingten Verzögerungen etwas zu erledigen hatte. Doch die schier endlosen Schneeböen, die McMurdo den Frühsommer hindurch geplagt und den Terminplan des amerikanischen Antarktisprogramms in eine kostspielige Unordnung gebracht hatten, taten mir nun einen wunderbaren Gefallen. Wie Scott, Shackleton, Amundsen und praktisch jeder andere Antarktisbesucher vor mir hatte ich mir leidenschaftlich gewünscht, zum Südpol zu kommen, zum großen Ziel in der Antarktis. Man hatte mir einen Besuch auf der dort befindlichen Station zugesagt, aber nur unter einer Bedingung: Er musste sehr kurz ausfallen. So nahm ich an, dass ich vermutlich bloß einige Stunden dort bleiben würde, im Rahmen eines Nachschubfluges.

Der Grund dafür war einfach: Die Amundsen-Scott-Südpolstation ist räumlich sehr beengt, war es aber jetzt umso mehr, weil ein massives Bauprojekt zur Errichtung einer neuen Station begonnen hatte. Über zweihundert Leute zwängten sich in die ohnehin beengten Wohnquartiere – Schweißer, Elektriker, Installateure, Unternehmer, Architekten und dazu die üblichen Wissenschaftler und das Wartungspersonal. Alles war dort bis zum Äußersten angespannt und funktionierte allein durch perfektes Timing: Arbeiter wurden nur nach Bedarf eingeflogen und sofort wieder weggeschickt, wenn sie ihre speziellen Arbeiten geleistet hatten. Dem nächsten Team musste Platz gemacht werden.

Aber dann waren diese lästigen Böen gekommen und hatten den fein abgestimmten Flugplan so durcheinander gebracht, dass die Planer den Zeitpunkt der Fertigstellung des Projekts mit Bleistift ändern mussten – statt 2005 nun 2006.

Anscheinend wurden durch die Verschiebung auch ein paar Stationskojen frei, und irgendeine wohlmeinende Person, die höher oben in der Befehlskette stand, dachte an mich. Ich habe nie genau herausgefunden, wer das war – ich glaube, es war einer der Kommandeure der Polstation –, aber ihm oder ihr gilt meine ewige Dankbarkeit. Wie auch immer. Eines Freitagnachmittags saß ich in der Bibliothek von Crary und sah meine E-Mails durch, als mich eine der im Chalet arbeitenden Assistentinnen dort fand und mir sagte, sie hätte mich schon überall gesucht. Wenn ich schnell packen und mich sofort zum Flughafen begeben würde, könnte ich das Wochenende unten am Pol verbringen.

Ich verstaute meine Zahnbürste und war weg.

Wir waren neun Personen – acht Astrophysiker und ich – bei der abendlichen »Schlittenfahrt«, wie Flüge zum Südpol genannt werden. Die Maschine war eine wolfsgraue LC-130, eine mit Kufen ausgerüstete Version des Hercules-Transportflugzeugs. Diese klobigen vierstrahligen Turboprop-Maschinen sind die Arbeitspferde des amerikanischen Antarktisprogramms, die zum Herumfliegen schwerer Lasten über das Eis so nützlich sind, dass die US-Regierung in ihnen einen strategischen Nutzen sieht und ihren Export nicht gestattet – eine Beschränkung des Verteidigungsministeriums, die noch aus den Tagen des Kalten Krieges stammt. Nur das 109. Luftgeschwader der Nationalgarde ist zertifiziert, sie zu fliegen. Die Flotte besteht aus acht Maschinen. Diese hier war die *City of Albany*, deren Name schwungvoll auf die Nase des Flugzeugs gepinselt war.

Der Bus setzte uns sehr frühzeitig am Flughafen ab. Der Pilot und die Crew der *City of Albany* saßen noch beim Essen in der kleinen Fertigbau-Kombüse. In der Nähe warfen ein paar Männer des Wartungspersonals einen Football hin und her. Im Hintergrund stieg vom Mount Erebus gemächlich eine Rauchwolke auf. Ich lehnte mich gegen eine Wand und sah den Lademeistern zu, wie sie das Flugzeug für den rund 1500 Kilometer weiten Sprung zum Ende der

Erde herrichteten. Ich lächelte bei dem Gedanken, dass ich aus Gewohnheit meine Lektüre in mein Handgepäck gesteckt hatte. In ein paar Minuten würde ich zum Südpol fliegen. Ich würde dort sogar übernachten. Welchen Roman sollte ich lesen, der sich damit messen konnte?

Wir flogen kurz nach neunzehn Uhr ab, legten uns über der gefrorenen Landebahn in eine Kurve und nahmen Kurs Richtung Süden auf, die vertrauten Merkmale der Gegend hinter uns lassend – Black Island, White Island, Minna Bluff und Mount Discovery –, während wir zur Flughöhe von 6700 Meter aufstiegen. In dreieinhalb mühelosen Stunden würden wir eine Reise machen, für deren Bewältigung die ursprünglichen Erforscher der Antarktis zehn Jahre und drei Expeditionen benötigten, und das bei enormen Aufwendungen an Geld, Arbeitskraft und körperlicher Anstrengung.

Irgendwo in dieser konturlosen weiten Eisebene lagen noch immer die Leichen des Fünf-Männer-Teams, die den Rückweg zur Basis nicht geschafft hatten, die Leichen von Scott, Edward Wilson, Leutnant Bowers, Captain Thomas Oates und Edgar Evans – eingehüllt in ihre Zelte. Über neunzig Jahre Schneefall hatten sie schon vor langer Zeit ins Eis eingeschlossen. Inzwischen würden sie etwa dreißig Meter unter der Oberfläche begraben sein. Vor einigen Jahren rechnete ein Gletscherexperte aus Neuseeland aus, der offensichtlich gerade nichts anderes zu tun hatte, dass bei der gegenwärtigen Dynamik der Eisdecke Scotts Leichnam die Stelle des Ein-Tonnen-Depots erreicht und passiert haben würde, wo die Nahrungsvorräte lagerten, die zu erreichen sie sich vergeblich abgemüht hatten. Bei einem kontinuierlichen Gletschervorschub nach Norden würde das Eis, in dem die Männer eingeschlossen sind, in ungefähr 250 Jahren zu Eisbergen zerbrechen, bei deren Schmelze dann die perfekt erhaltenen Leichen eine letzte Ruhestätte auf dem Grund des Rossmeers finden würden.

Wir folgten ungefähr der Route, die Scott und Shackleton bei ihren ersten Versuchen zur Erreichung des Südpols eingeschlagen hatten: südwärts über die betäubend weite Monotonie des Ross-Eisschelfs, dann in einem Bogen entlang des Beardmore-Gletschers, durch das Transantarktische Gebirge und über das hoch gelegene Polarplateau zum Südpol. Es würde ein umwerfender Flug werden. Und da ein Hercules-Frachtflugzeug nur wenige Fenster hat, lud uns die Besatzung zum Hinausschauen ins Cockpit ein. Wir drängten uns alle hinein.

Ich unterhielt mich mit dem Copiloten, einem B-52-Piloten und Golfkriegsveteranen namens Bryan, der ein netter Kerl war und das genaue Gegenteil der Muskelprotze, die ich unlängst in McMurdo angetroffen hatte. Aber anders als diese Cheeseburger-Esser war Bryan wirklich im Krieg gewesen. Er hatte die Air Force vor ein paar Jahren verlassen, war zur Nationalgarde gegangen und teilte sich jetzt seine Zeit zwischen Arktis und Antarktis, um amerikanische Forschungsstationen mit Nachschub zu versorgen. Obwohl er öfter zum Südpol geflogen war, als er zählen konnte – jeden Tag der Saison, an dem Flugwetter herrschte –, verlor dieser Flug für ihn nie seine Neuheit und seinen Reiz.

»Ich kann mir nicht helfen, aber ich muss jedes Mal, wenn ich diesen Flug mache, an Shackleton und Scott denken«, rief er mir zu, den Lärm der Maschinen und die Schaumstöpsel in unseren Ohren ignorierend. »Man stelle sich nur vor, wie die Männer hier unter uns Holzschlitten von über hundert Kilogramm Gewicht geschleppt haben, Tag um Tag. Sie hatten so gut wie nichts zu essen und froren ständig.« Brian blickte auf die Geschwindigkeitsanzeige und überschlug die Zahlen rasch im Kopf. »Wissen Sie, in den nächsten drei Minuten überfliegen wir eine Strecke, die diese Burschen damals an einem guten Tag zurückgelegt haben. Und sie hatten nicht sehr viele gute Tage.«

Die aufgehende Sonne und fahles Mondlicht hüllen die Landschaft aus Wasser und Eis in dieser spätsommerlichen Nacht in ein unwirkliches Licht.

Das Meereis ist mit Adeliepinguinen übersät, die aus dem Rossmeer zu ihren Jungen zurückkehren. Im Gegensatz zu den nördlichen Brutplätzen

geht es den riesigen Populationen im Süden der Antarktis prächtig. Hier in Kap Crozier leben jetzt mehr als 170 000 Brutpaare.

Eine transportable Station schützt die Forscher in der Nähe von McMurdo vor der eisigen Kälte. Sie ist mit Sonnenkollektoren, Computer und Telefon ausgestattet.

Astronomen haben Teleskope aufgestellt. Die dünne, trockene Atmosphäre und das Fehlen von Staub- und Schmutzpartikeln bieten ideale Forschungsbedingungen.

Eine vereiste Beobachtungskammer unter dem McMurdo Sound ermöglicht Forschern Einblicke in das Tauchverhalten der Kaiserpinguine.

Ein Forscher untersucht Schneeschichten. An Eiskernen kann nachgewiesen werden, wie viel Treibhausgase es in der Atmosphäre gab und gibt.

Das Meer kennt keine Grenzen, aber das einzige Atemloch im Umkreis von Kilometern schränkt den Schwimmradius dieser Kaiserpinguine ein.

Über dem Rossmeer erhebt sich vier Kilometer hoch der Mount Erebus.
Im Krater liegt seit Urzeiten ein Lavasee.

Ein verlassenes Robbenjunges schaut Fotografin Maria Stenzel mit flehenden Augen an. »Es war herzzerreißend«, sagt sie. »Heulend ist es hinter uns hergekrochen.« Wahrscheinlich hatte das Junge, das später starb, die Mutter in einem Schneesturm verloren.

Der Blick aus dem Cockpitfenster war erschreckend: ein konturloser Eisschrank aus Weiß und Blau. Das Dröhnen der Propeller lullte einen nahezu hypnotisch ein, bis sich eine Linie hoher, splitteriger Gipfel am Horizont vor uns aufzutun begann. Dies war das Herz des Transantarktischen Gebirges, wobei diese Gipfel bei weitem höher als jene waren, die ich mit den Geologen am Darwin-Gletscher betreten hatte. Einige dieser Berge ragten über viereinhalb Kilometer aus dem Eisschelf heraus. Shackleton hatte ihren ersten Anblick in seinem Tagebuch vermerkt: »Es war mit einem Gefühl großer Neugier verbunden, das nicht unvermischt mit Ehrfurcht war, als wir sahen, wie sich die neuen Berge aus dem großen, vor uns liegenden Unbekannten erhoben.« Shackleton notierte dies in der Nacht vom 26. November 1908, als er darüber nachsann, dass er und seine Mannen die ersten Menschen waren, deren Augen je diese Gipfel erblickt hatten: »Keiner von uns konnte sagen, was wir bei unserem Marsch nach Süden entdecken, welche Wunder sich vor uns enthüllen würden, und unsere Phantasie bekam Flügel, bis uns ein Stolpern im Schnee in die unmittelbare Gegenwart zurückholte.«

Es war vielleicht ein Akt der Güte, dass sie nicht ahnen konnten, was vor ihnen lag. Was sich ihnen im Verlauf der folgenden Wochen enthüllte, war die Erkenntnis, dass diese Gebirgskette wie ein gigantischer Damm wirkte, der einen unvorstellbaren, Jahrmillionen alten und über drei Kilometer dicken Eisstau aufhielt. Dass sich der Südpol auf einer bitter kalten, windumtosten Hochebene befand, die so hoch gelegen war wie Tibet, aber unendlich viel abweisender. Und dass sie ihn nur erreichen konnten, wenn sie sich einen Weg suchten, der einen grausig steilen Gletscher hinaufführte.

Stets der Optimist, schrieb Shackleton am Fuße des Gletschers: »Der Pass, durch den wir gekommen sind, war von großen Granitsäulen gesäumt, die mindestens sechshundert Meter hoch waren und einen prächtigen Eingang zur Straße nach Süden bildeten.«

Und was für eine Straße: endlos angehäufte Eiskaskaden, trügerische Eisspalten, vom Eisdruck bewirkte Verwerfungen, Blöcke von der Größe einer Kathedrale, die aussahen, als wären sie wie beiläufig hingeworfen. So ging es weiter und immer weiter, fast ohne Pause, von Meereshöhe bis hinauf in über 3000 Meter Höhe.

Der unbändige Mut dieser Expeditionsteilnehmer, ihre Willenskraft lassen sich am besten anhand dieses Beardmore-Gletschers veranschaulichen (von Shackleton nach einem reichen Industriellen benannt, der geholfen hatte, seine Expedition zu finanzieren). Halb verhungerte Männer in Wollkleidung und einfacher Bergsteigerausrüstung kämpften sich hier hinauf, während sie gleichzeitig schwere Schlitten hinter sich herzogen.

Der Gletscher sah selbst in der warmen, beengten, lärmenden Umgebung des Cockpits aus knapp 7000 Meter Höhe steil und gruselig aus. Und der Lohn, der oben auf diese völlig erschöpften Männer wartete, war – nichts, nur eine flache, absolut sterile Weite von Eis, die sich noch über vierhundert weitere Kilometer bis hin zum Südpol erstreckte.

Ich blickte auf die leuchtenden Zahlen der GPS-Anzeige auf dem Instrumentenbrett. Wir hatten jetzt 88° 23' südlicher Breite erreicht, den Breitengrad, den Shackleton und seine Gruppe bei ihrem Versuch, zum Südpol zu gelangen, auch überquert hatten.

Einige Minuten nach zweiundzwanzig Uhr setzten die Kufen der *City of Albany* zischend auf dem Eis der Amundsen-Scott-Polarstation auf, nachdem noch viele Breitengrade überflogen waren. Für ein paar Minuten wurde das Frachtflugzeug zu einem fünfundsechzig Tonnen schweren Toboggan, der in einem Aufbrüllen zum Stand rutschte. Die Luke ging auf, und wir erblickten ringsum eine Öde, die nahezu überwältigend war: Leere, weiße Horizonte erstreckten sich weiter, als das Auge sehen oder der Verstand begreifen konnte.

Die Luft war dünn und scharf, das Licht blendend. Die Temperaturanzeige stand bei minus 33 Grad, der Windchill-Faktor bei minus 50. Um die Sonne sorgten Eiskristalle in der Luft für einen doppelten Hof.

Einer der Astrophysiker, der mitgeflogen war, ein drahtiger Bursche namens Van, konnte seine Aufregung nicht verbergen. Er boxte spielerisch gegen meine Schulter und rief: »Das ist es, Mann! 90° Süd! Wir sind am verdammten Südpol!«

Die Station war mir von Fotos bekannt: eine eisblaue geodätische Kuppel mit einer amerikanischen Flagge, die an einem Mast oben auf dem Dach flatterte. Wir betraten einen breiten Tunnel und gingen unter einem großen Schild hindurch, auf dem stand: »Die Vereinigten Staaten von Amerika heißen Sie in der Amundsen-Scott-Südpolstation willkommen.« Drinnen war es duster und höhlenartig, und die Luft war sogar noch kälter als draußen, weil die Sonne hier nie hereinschien, außer durch ein kleines, rundes Loch in der Kuppel. Es gab keinen Boden, nur festgetretenen Schnee.

Die Station wurde geleitet von einer athletischen dreiunddreißigjährigen Frau aus Colorado. Katie führte uns durch ein Gewirr isolierter Stahlmodule, welche das Dorf zu dieser Kuppel bildeten, dann eine Treppe hinauf in einen Fernsehraum, wo wir uns hinsetzten, um einen Vortrag über die Regeln und Besonderheiten des Lebens am Pol zu hören, etwa, dass es eine wöchentliche Begrenzung auf zweimal zwei Minuten beim Duschen gibt. Sie riet uns, es ruhig anzugehen, bis wir uns in der Höhe akklimatisiert hätten, und in der wie in einer Wüste trockenen Luft viel zu trinken. Sie wurde plötzlich, mitten im Satz, von einem lauten Gejohle aus der Bar übertönt.

»Hört sich an, als hätten Sie hier ein ziemlich ernsthaftes Trinkproblem«, bemerkte ich.

»Genau«, sagte sie lachend. »Die Frischmilch ist mit Ihrem Flugzeug angekommen. Darauf haben wir schon alle gewartet.«

In McMurdo hatte man schon angedeutet, dass die Polies, die Polbewohner, ein eigener Menschenschlag seien, so etwas wie die Hillbillies, die Hinterwäldler des amerikanischen Antarktisprogramms – nicht gefährlich, aber verschroben. Wer sonst würde schon freiwillig einen ganzen Winter lang in gefängniszellengroßen Unterkünften verbringen, mit nichts als den Lebensmitteln aus McMurdo, abgeschnitten vom Rest der Welt, ohne die Aussicht, nach Hause (oder sonst irgendwohin) fahren zu können, in völliger Dunkelheit und haarsträubender Weltraumkälte? Es hörte sich an wie ein Rezept, um garantiert irrsinnig zu werden.

Als ich am ersten Abend durch die Station lief, musste ich zugeben, dass es schon ein extrem merkwürdiger Ort war. Ein steifgefrorener antarktischer Dorsch, der wie eine Piñata vom höchsten Punkt der Kuppel herunterhing, war dafür ein guter Anhaltspunkt. Wir waren weit vom Meer entfernt und in ungefähr 2800 Meter Höhe, also hing er nicht da, um Seeräuber zu verwünschen. Sein Bauch war auch nicht mit Bonbons gefüllt, die durch ein Draufschlagen herausfallen sollten. Er hing dort offensichtlich seit Jahren, und das aus Gründen, die sich niemand so recht erklären konnte. Aber ich mochte den Pol. Seine ausgefallenen Bewohner mit der ihnen eigenen Sprunghaftigkeit hatten für mich eine Logik, auch wenn ich den baumelnden Dorsch nicht wirklich verstand.

Vielleicht lag es daran, dass ich in einer alten Ortschaft in Neuengland aufgewachsen bin, wo jeder den anderen seit vielen Generationen kannte. Am Südpol stieg in mir ein altvertrautes Gefühl auf. Die Menschen hier waren gleichzeitig wortkarg und wortreich, streitlustig und klatschsüchtig, dabei sehr tolerant. Zudem zeichneten sie sich durch einen ausgefallenen Sinn für Humor und ein großes Selbstbewusstsein aus, das den Bewohnern von MacTown anscheinend fehlte. Das hier war wie die aufs polare Hochplateau versetzte Kleinstadt Lake Wobegon.

An den Tagen, die ich auf dieser Station verbrachte, betätigte ich mich auch einmal damit, »den Dobson-Bus zu fahren«, womit am Pol gemeint ist, dass man das antiquierte Dobson-Spektrometer bedient hat (ein altehrwürdiges Teil aus den dreißiger Jahren, das aussieht wie eine eiserne Lunge). Es wird verwendet, um das Ozonloch zu messen, und es wird »gefahren«, indem man an einem empfindlichen Stahlrad dreht. Ich durfte mir auch die neue Station anschauen und wurde dabei vom Bauleiter geführt, einem lakonischen, Tabak kauenden ehemaligen Installateur aus Mississippi namens Carlton Walker. Er war ein logistisches Genie, das über achthundert Lastenflüge dirigierte, mit denen um die zehn Millionen Kilo Baumaterial herangeschafft wurden. Ich trainierte dort unten sogar zusammen mit einem Astrophysiker auf einem Fahrrad. Wir radelten »einmal um die Welt herum«, und zwischendurch legte ich eine Pause ein, um mich auf den Lenker zu lehnen und das unglaubliche Gefühl zu genießen, dass sich just in diesem Augenblick die Welt wirklich um mich drehte.

»Der Pol ist schon ein komischer Ort, aber ich liebe ihn. Er ist mein Zuhause«, sagte Katie. »Ich habe hier dreimal überwintert, habe hier meinen Mann gefunden und kenne die meisten Leute. Dieses Jahr bleibe ich nur den Sommer über, aber ich würde nicht zögern, einen weiteren Winter am Pol zu verbringen. Im Februar in dieses letzte Flugzeug einzusteigen, das ist verdammt schwierig für mich.«

Mitternacht war vorbei, als wir alle Informationen im Fernsehraum erhalten hatten. Aber bevor ich zu Bett ging, wollte ich meine Hand auf den Südpol legen. Für den Fall, dass die Welt über Nacht untergehen sollte, wollte ich ihn wenigstens einmal berührt haben. Ich fragte, wo er sei, und ging ihn anschließend suchen. Eigentlich hatten sie hier nicht nur einen Südpol, sondern zwei, die beide auf einer Anhöhe hinter der Kuppel lagen. Man wollte wohl gut ausgestattet sein. Der eine Pol wird der offizielle Pol genannt – ein rotweiß gestreifter Pfahl, gleich einer Pfefferminzstange für Kinder. Er war etwa hüfthoch und oben mit einer blitzenden Spiegelkugel versehen. Die Flaggen der zwölf Staaten des ursprünglichen Antarktisvertrags bildeten um ihn herum einen bunten Kreis.

Die meisten Besucher machen an diesem wahrlich geheiligten Platz am unteren Ende der Welt ihre Erinnerungsfotos. Ich fuhr mit meiner in einem Fäustling steckenden Hand über die polierte Stahlkugel und betrachtete meine Froschaugenspiegelung in dieser Weltkugel, eingerahmt von einem stahlblauen Himmel.

Der geographische Südpol – mit der präzisen Position von 90° 00'00" Süd – lag etwa fünfzig Meter entfernt. Er wird durch einen blanken Stahlpfosten und ein schlichtes Schild gekennzeichnet. Da die polare Eiskappe ständig in Bewegung ist – gut neun Meter pro Jahr –, muss dieser geographische Pol jeden Sommer neu positioniert werden. Das wird bei einer Feier am Neujahrstag gemacht. Jemand sagte mir am nächsten Morgen, ich wäre ungefähr der siebentausendste Mensch, der den Südpol erreicht hätte. Die Worte des ersten Besuchers standen auf einem Schild und waren von Roald Amundsen, versehen mit dem Datum »14. Dezember 1911«: »Und so kamen wir an und konnten unsere Flagge am geographischen Südpol aufpflanzen.« Und der berühmteste Zweitplatzierte der Geschichte, Captain Robert Falcon Scott, hinterließ am 17. Januar 1912 folgende Worte: »Der Pol, ja, aber unter ganz anderen Umständen als erwartet.« Der Siebentausendplatzierte sagte einfach: »Cool!«

Wenn Scott den Pol für seinen Geschmack ein wenig zu besucht fand, als er 1912 dort ankam und im Schnee die norwegische Flagge und ringsum einige Skispuren entdeckte, sollte er ihn erst einmal jetzt in Augenschein nehmen: eine riesige blaue Glasfiberkuppel, eine sich ausdehnende Baustelle, wo die nächste Station erbaut wird, eine Zeltstadt zur Unterbringung der Bauarbeiter, ein astronomisches Beobachtungszentrum in knapp einem Kilometer Entfernung, dazu ein Kontrollturm. Ganz zu schweigen von einer Bar voller Polies, die in ein Freudengeschrei über Gläser voll frischer Milch ausbrechen, die soeben aus einer Kleinstadt namens McMurdo eingeflogen worden war. Die Bar befindet sich genau dort, wo einst Scotts Basislager aufgebaut gewesen war.

Aber was den armen Scott am meisten verblüfft hätte (und im Übrigen auch Amundsen), wäre die Tatsache, dass am eigentlichen Südpol, dem geographischen Pol, einzig die Flagge mit den Stars and Stripes weht. Wenn man die amerikanische Fahne so sieht, wie sie einsam und heroisch im Polarwind flattert, könnte man jedem, der es nicht besser weiß, die Vermutung verzeihen, der Pol wäre von Amerikanern erobert worden und gehöre ihnen allein – so wie der Mond.

Tatsächlich kamen die Amerikaner als weit abgeschlagene Dritte an den Pol – ungefähr fünfundvierzig Jahre nachdem ihn Amundsen und Scott verlassen hatten. Und sie unternahmen keine homerischen Odysseen zu Fuß oder mit Hundeschlitten, um an diesen Ort zu gelangen. Sie bestiegen eine DC-3 der amerikanischen Marine, die den Namen *Que Sera Sera* trug, und landeten hier im Oktober 1956 mit einem Admiral und einem Team von Landvermessern an Bord. Doch die Amerikaner nahmen den Südpol ein, um zu bleiben. Er sollte strategisches Ziel im Rahmen der Politik des Kalten Krieges und einer Wissenschaft der Sputnik-Ära sein. Es ging ihnen nicht um irgendwelche Phantastereien, sondern die Amerikaner meinten es mit dem Südpol ernst. Im Februar 1957 war die neue Amundsen-Scott-Südpolstation aufgebaut und sofort in Betrieb genommen worden.

Schneeverwehungen hatten schon vor langer Zeit diese ursprüngliche Station unter sich begraben, ein Schicksal, das auch die jetzige Kuppel erwartet. Sie wurde 1975 erbaut, und man sieht ihr das Alter und die Schwachstellen bereits an. Folglich wurde jetzt in der dritten Generation eine hochtechnisierte Einrichtung in Angriff genommen. Sie wird auf Pylonen gebaut, auf denen sie im Lauf der Jahre höher gefahren werden kann, damit sie stets über den gierigen Schneewehen bleibt. Ich hatte schon bei meiner Ankunft bemerkt, dass es ringsum äußerst geschäftig zuging, dass Kompressoren und Maschinen mit Transmissionsriemen jaulten und Hägglunds hupten. Aber solche Details waren an dem überwältigenden Eindruck abgeprallt, an der Tatsache, dass ich mich am Südpol befand. Nachdem also die erste Gefühlsaufwallung vorbei war, sah ich, dass eifrig gebaut wurde – und zwar während der kurzen Sommerzeit rund um die Uhr. Hier am Südpol tat die Sonne noch nicht einmal so, als wolle sie untergehen. Sie kreiste immer in gleicher Höhe am Himmel, als wäre ständig Mittag. In der Luft lag, wie ein verloren gegangener Akkord, ein ständiges Hintergrundsummen.

Sommerbewohner und Besucher des Pols wohnen außerhalb der Kuppel in einem Dorf aus Jamesways oder in futuristischen blauen Modulen, den Hypertats. Die Hypertats waren nach Figuren der Trickfilmserie *Familie Feuerstein* benannt: Fred, Wilma, Betty und Barney. Ich wohnte in Fred, Wohnabteil Nummer vier. Es hatte ungefähr die Größe eines Schlafwagenabteils erster Klasse in einem Pullman-Waggon: Darin befanden sich ein Bett, ein schmaler Kleiderschrank, ein Nachttisch und eine Leselampe. Ein Vorhang diente als Tür, und um das große, quadratische Fenster herum, das sich schräg über dem Bett befand, waren Klettbänder angebracht, damit man das vierundzwanzigstündige Tageslicht mit einem dicken Stück Leinwand abdecken konnte. Es war schlicht, angenehm und warm.

Ich packte meinen Rucksack aus, befestigte die Abdeckung am Fenster, schaltete die Leselampe an und kroch mit dem Roman ins Bett, den ich während des Fluges nicht gelesen hatte. Es war zwei Uhr vorbei, aber ich war zu aufgedreht, um schlafen zu können. Aber lesen konnte ich auch nicht. Ich hielt das Buch nur pro forma in den Händen. Meine Gedanken versuchten sich damit anzufreunden, dass ich tatsächlich am Südpol war.

Ich hatte es geschafft. Ich war hier. Der Südpol – das Ende der Strecke. Weiter nach Süden würde ich nie reisen können, und auch sonst niemand. Meine Gedanken wanderten zurück in meine Kindheit, als wir einmal über die Mason-Dixon-Line in den Süden gefahren waren und ich das schon für eine große Leistung hielt. Und nun befand ich mich im Herzen der Antarktis in über 3000 Meter Höhe auf 90° südlicher Breite. Der Südpol: das untere Ende der Welt. Klar, ich war nicht gerade durch irgendwelche heroische Taten hierher gekommen, aber ich war trotzdem da, und es schien angebracht, sich im geistigen Spiegel selbst zufrieden zuzugrinsen. Ich hätte es besser wissen müssen. Das sind genau die Augenblicke voller Überheblichkeit, die einen in die demütigenden Erfahrungen des Lebens schleudern. Meine ließ nicht lang auf sich warten.

Beginnen wir zuerst mit einer Beschreibung der Umgebung: Der Südpol sitzt, wie schon erwähnt, auf einer mehrere Kilometer dicken Eisschicht (»Fahr Ski am Südpol« heißt es hier auf den T-Shirts, und: »Fünf Zentimeter Pulverschnee bei Kilometer Eis«). Die Temperatur steigt selten über minus 17,8 Grad, im Winter kann sie bis auf minus 72 Grad absinken. Jeder Tropfen Wasser, sei es fürs Trinken, Waschen oder zum Spülen der Toilette muss aus Eis geschmolzen werden. Und weil Brennstoff durch die Transportkosten so teuer ist, versucht man so sparsam wie möglich mit Wasser umzugehen. Man kann trinken, so viel man will – das wird aus Gesundheitsgründen wegen der Höhe und des knochentrockenen, bitteren Klimas empfohlen –, aber Duschen ist strikt rationiert, ebenso das Waschen von Wäsche. Und es gibt nur wenige Toiletten.

Beim Einführungsvortrag hatte ich gut aufgepasst, und besonders eifrig wollte ich den Rat befolgen, um die Höhenkrankheit zu vermeiden: leicht essen und den ersten Tag am Pol gemächlich angehen. Bei dem Vortrag hatte ich vermutlich über zwei Liter Wasser und Saft getrunken, und nach meinem Besuch am Pol war ich noch einmal in der Küche gewesen, um ein weiteres Glas Saft zu mir zu nehmen. Es schien alles bestens zu funktionieren – Kopfschmerzen oder die sonst üblichen Symptome der Höhenkrankheit blieben aus. Nur zu dumm, dass sich meine Blase nicht zusammen mit meinem aufgeblasenen Ego gedehnt hatte.

Ich schreckte plötzlich um vier Uhr morgens mit einem absoluten Druck hoch und versuchte mich panisch daran zu erinnern, wo die für Fred nächstgelegene Toilette war. Dann fiel mir ein, dass sie sich in einem etwa fünfzig Meter entfernten Gebäude befand – was hieß, ich musste fünfzig Meter übers Eis gehen. Ich sprang aus meinem herrlich warmen Bett, ohne auf Details wie Stiefel, Hose oder Parka zu achten. Es war auch zu spät, darüber zu lamentieren, dass ich meine Stechflasche nicht zum Pol mitgenommen hatte. Ich hatte nicht gedacht, dass ich sie brauchen könnte.

Jede Sekunde war wertvoll. Ich stürmte durch den Vorhang und weiter den Korridor hinunter. Ich riss die Tür auf und jaulte wie eine getretene Katze auf. Das gleißende Licht schmerzte ungemein und trieb mir Tränen in die Augen. Meine Pupillen schrumpften auf die Größe von Senfkörnern. Ich hielt eine Hand über meine triefenden, schneegeblendeten Augen und stürzte hinaus ins Freie, wo sich auf einem Schlag alles in mir zusammenzog. Mit nur einer Unterhose bekleidet, stürzte ich dorthin, wo meiner Erinnerung nach die Toiletten waren. Das Eis brannte an den blanken Fußsohlen wie Feuer, ich konnte gar nicht mehr mit dem Jaulen aufhören. Endlich erreichte ich die Tür des Schuppens, in dem sich die Toiletten befanden. Ungeschickt fummelte ich am Türknauf herum, stolperte in meiner Eile und fiel der Länge nach zu Boden. Den Rest des Weges kroch ich auf allen vieren, jeglichen Rest von Würde verlierend.

KAPITEL 10

Erlebnis Südpol

»Sally's Galley« – Sallys Kombüse – ist der liebevolle Spitzname, den man der alten Kantine am Pol gegeben hat: ein enger, kleiner Speiseraum voller Menschen, der mich an eine altmodische Truckerimbissbude an einer Alaska-Autobahn im Jahr 1975 erinnerte. Am nächsten Morgen ging ich dort zum Frühstücken hin. Dutzende abgetragener Parkas hingen auf Haken an der Wand, und eine liebenswert ruppige Crew in Carhartt-Overalls saß an langen Resopaltischen und schlang Speck mit Eiern oder Frühstücksburritos hinunter, während sie die Weltnachrichten auf abgenutzten Kopien einer komprimierten Ausgabe der *New York Times* lasen, die zwei Tage alt oder sogar noch älter war. Ich trat an die Theke, nahm einen Teller und ließ meine Augen über die Berge von Eiern mit Speck und Würstchen, Pfannkuchen mit Sirup und die Zutaten für die überdimensional großen Burritos schweifen. Ich hatte gehört, dass das Essen am Pol gut und reichlich war, aber vermutlich muss es das auch sein. Die meisten Leute um mich herum, die diese riesigen Frühstücksberge in sich hineinschaufelten, waren im Begriff, eine Neun-Stunden-Schicht auf der Baustelle anzufangen. Und in dieser bitteren Kälte Eisen zu schweißen und zu hämmern oder, noch unangenehmer, unter dem Eis mit den großen Baumfällersägen Tunnel für die Einlagerung von Brenn- und Treibstoff anzulegen, das war keine leichte Sache. Man hatte berechnet, dass jeder Arbeiter hier unten einen Tagesumsatz von rund 5000 Kalorien benötigte – und dass trotzdem die meisten von ihnen im Lauf des Sommers an die sieben Kilo verlieren würden.

Wissenschaftler, Techniker und zu Besuch weilende Journalisten hatten nicht ganz den gleichen Energiebedarf. Wir beluden unsere Teller einfach nur, weil das Essen so verdammt gut war. Ich stellte mir einen großzügig gefüllten Burrito zusammen und wandte dann meine gierigen Augen dem süßen Gebäck zu. Hier türmten sich frisch gebackene Muffins, Mandelbrot und Tabletts voll dicker, matschiger Cookies – die Sorten mit Haferflocken, Rosinen und Schokoladestückchen stachen mir sofort ins Auge. Während ich sie sehnsüchtig anblickte, fiel mir ein, wie pausbackig ich mir gestern Abend vorgekommen war, als ich mich auf der Kugel auf der rotweiß gestreiften Polstange betrachtet hatte. Selbst bei Berücksichtigung der Verzerrung durch den Fischaugeneffekt stand außer Frage, dass ich in letzter Zeit zugenommen hatte. Einen Augenblick lang schwankte ich, dann nahm ich zwei Stück – nur um etwas zum Kaffee zu haben.

Am hinteren Ende der Kantine entdeckte ich »Sechzig-Jahre«-Brian und winkte ihm zu. Er stopfte sich gerade für seine nächste Schicht den Magen voll. Ich war nicht allzu unglücklich, dass an Brians Tisch kein Platz mehr frei war. So setzte ich mich zu Carlton, dem Bauleiter. Er war etwa vierzig Jahre alt, sah aber zehn Jahre älter aus. Sein Gesicht hatte tiefe Furchen von den langen Aufenthalten in den schneidenden Winden und der intensiven Sonnenstrahlung des Südpols. Seine Augen waren rot gerändert und sahen müde aus, ein Zweitagebart färbte seine Wangen dunkel. Er sagte mir bei einer Tasse heißen, schwarzen Kaffees, dass er in dieser Woche insgesamt nur etwa zehn Stunden Schlaf gehabt hätte.

»Um diese Jahreszeit ist das bei mir der Durchschnitt, weil wir nur im Sommer etwas erledigen können. Also müssen wir versuchen, die Arbeitsleistung eines ganzen Jahres in ungefähr drei Monaten unterzubringen. Vor ein paar Wochen hatte ich eine Vierzehn-Stunden-Schicht. Draußen war ein Windchill von minus 81 Grad. Es war grauenhaft, aber die Eisenarbeiten musste gemacht werden. Wir konnten es uns nicht leisten, diesen Tag zu verlieren.«

Er sprach mit einem leichten Südstaateneinschlag, was ihn von den meisten anderen Amerikanern unterschied, die ich in der Antarktis getroffen hatte. Viele von ihnen kamen aus dem Norden oder Westen der Vereinigten Staaten. Aber Carlton war in Pascagoula, Mississippi, zur Welt gekommen. Mit elf Jahren hatte er angefangen, auf dem Bau als Hilfsarbeiter tätig zu sein, bei seinem Vater, später wurde er Installateur. Zu der Arbeit in der Antarktis kam er durch Zufall.

»Ich war vor zehn oder zwölf Jahren eines Abends in einer Bar in Mississippi, als mir ein Typ etwas über neue Bauvorhaben hier unten erzählte. Ich wollte mich damals gerade verändern. Ich bewarb mich und bekam im nächsten Sommer einen Job in McMurdo. Ich mochte die Antarktis, aber McMurdo war mir zu groß. Ich ließ mich dann an den Pol versetzen. Seither komme ich jeden Sommer hierher, seit zehn Jahren.«

Die letzten Sommer hatte Carlton die Bauarbeiten geleitet. Er lud mich ein, ihn auf seiner Morgenrunde zu begleiten.

»Die NASA sagt mir, dass dieses Projekt dem Bau einer Weltraumstation vergleichbar ist«, erzählte er mir, als wir über das blendend weiße Eis zu seinem Büro in einem der Jamesways gingen, damit wir unsere Schutzhelme holen konnten. »Man interessiert sich sehr für das, was wir hier unten machen. Die neue Station ist das perfekte Testgebiet für den Bau einer Station auf dem Mars. Schon allein logistisch ist das ein irres Unternehmen – wir sind 24000 Kilometer von den USA entfernt. Viele von den größeren Sachen können wir noch per Schiff nach McMurdo bringen lassen, doch der einzig vernünftige Weg, sie den Rest des Weges zum Südpol zu befördern, ist das Innere einer Hercules. Und das bedeutet, dass jedes einzelne Teil für diese Station so entworfen werden muss, dass es in einen 11,5 Meter langen Frachtraum passt – was der Gestaltung von Teilen für eine Raumstation ähnlich ist, die in eine Rakete hineinmüssen. Hinzu kommt, dass anschließend hier unter alles unter extremsten Wetterbedingungen zusammengebaut wird.«

Wir nahmen die Schutzhelme, setzten sie auf und betraten eine lange, dunkle, mit Stahlrippen ausgekleidete Höhle, die tief ins Eis geschnitten war. Von diesen Bunkern gab es mehrere davon am Pol. Sie waren ungefähr dreihundert Meter lang und mit Kettensägen angelegt worden. In Zukunft sollen hier die Brennstoffdepots und das neue Ein-Megawatt-Kraftwerk der Station untergebracht werden. Carlton betätigte nun einen Lichtschalter. Eine Kette von Glühbirnen erstreckte sich entlang der Wände und beleuchtete einen Gehweg. Wir gingen auf ihm an einer langen Reihe geisterhaft aussehender Brennstofftanks entlang. Noch waren sie leer.

»Jeder Tank entspricht einer Flugzeugladung.«

Hier unten war es still wie in einem Mausoleum. Die Luft war sehr kalt. Mein Atem kam in dichten Wolken aus meinem Mund, und ich stellte mir vor, ich könnte hören, wie sie sich in Eiskristalle verwandelten.

Einige hundert Meter entfernt kletterten Eisenarbeiter über massive Pfeiler, die tief im Eis verankert waren. Auf ihnen sollte der neue Gebäudekomplex errichtet werden. Anschließend schauten wir in der Werkstatt vorbei, wo Handwerker Drähte und Rohre verlegten. Wo Carlton auch auftauchte, ständig wurde er mit Fragen oder Problemen bombardiert, die es zu lösen galt. Immer wieder wurden Blaupausen entrollt, die er überprüfen sollte.

»Wissen Sie, als ich das erste Mal die Pläne für diesen Bau sah, hatte man sie mir auf eine Serviette in einer Bar in Denver aufgezeichnet«, sagte er mir, nachdem er einen Mitarbeiter mit Antworten weggeschickt hatte. Er machte eine Pause, um eine Tabaksdose aus der Hose zu holen und eine Prise in den Mund zu stecken. »Damals hatte ich keine Vorstellung davon, wie sehr das alles mein Leben bestimmen würde. Selbst wenn ich wieder in den Staaten bin, arbeite ich sieben Tage in der Woche, so wie ich es hier tue. Jede Sommersaison am Pol muss nämlich mindestens ein Jahr im Voraus geplant werden, und zwar bis zur letzten Schraubenmutter. Ich kümmere mich um die Termin- und Mitarbeiterpläne, kontrolliere die Bestellungen und die Frachtflüge, damit wir sicher sein können, dass alles rechtzeitig hier ist – keine Minute eher und keine zu spät. Wir können hier einfach keine Zeit vergeuden.«

Carlton war ein viel beschäftigter Mann. Ich ließ ihn allein mit seinen Terminplan-Alpträumen und ging langsam zurück in die Kantine, um bei einer Tasse Kaffee und einigen Schoko-Cookies das Erlebte zu überdenken. Im Abschluss daran wollte ich zum Büro, in dem die Meteorologen saßen. Es war überraschend schwer zu finden. Schließlich fand ich es am Ende eines langen und dunklen Ganges innerhalb des Kuppellabyrinths, nachdem ich zweimal nach dem Weg gefragt hatte. Mit einem Notizblock in der Hand trat ich ein, scheinbar beseelt von der ehrenwerten journalistischen Absicht, über globale Erwärmung zu reden, in Wahrheit steckte aber Neugier hinter meinem Tun. Ich wollte erfahren, wie kalt es werden könnte, während ich hier am Südpol war.

Die kälteste Temperatur, die ich je erlebt hatte, war laut dem geschundenen alten Thermometer vor unserem Küchenfenster minus 41,6 Grad gewesen. Gemessen wurde dies in einer eisigen Januarnacht im Jahr 1969. Ich war damals zehn Jahre alt und träumte davon, eines Tages in die Antarktis reisen zu können. Ich wollte nun wissen, ob es eine Aussicht gab, diesen Rekord zu brechen. Hier war die beste Gelegenheit dazu. In Südaustralien, wo ich wohne, war die Chance gleich null.

Der Wetterbericht in der *Antarctic Sun* hatte mich dazu ermutigt, dies zu erhoffen, als er vor einigen Wochen für den Südpol eine

Temperatur von minus 64,4 Grad vermeldet hatte. Mir erschien es als vermessen, von einer Wiederholung auszugehen, dennoch konnten minus 43 Grad im Bereich des Vorstellbaren liegen.

»Ich fürchte, ich muss Sie enttäuschen«, sagte der Chefmeteorologe, ein Mann namens Dar, nachdem ich ihm den wahren Grund meines Kommens verraten hatte. »Die Temperatur wird ziemlich konstant zwischen minus 29 Grad und minus 35 Grad liegen, obgleich der Windchill beträchtlich kälter ist. Aber vermutlich zählt dieser für Sie nicht, oder?«

»Stimmt. Aber wird es denn nicht in der Nacht kälter?«

Er schüttelte den Kopf. »Es gibt kaum Schwankungen zwischen Tag und Nacht. Die Sonne steht beständig 22 Grad über dem Horizont. Ich fürchte, das ist so ziemlich alles, was ich Ihnen mitteilen kann.« Während Dar dies sagte, blickte er auf seinen Computer. »Momentan haben wir minus 33,3 Grad und einen Windchill von minus 49,4 Grad.«

»Oh.«

Plötzlich hellte sich sein Gesicht auf. »He! Moment mal! Habe ich Sie vorhin nicht mit Carlton Walker herumgehen sehen?«

»Er hat mir die Baustelle gezeigt.«

»Hat er Sie durch einen der Tunnel geführt?«

»Klar.«

»Dann gratuliere ich! Sie haben Ihren alten Rekord gebrochen. Die Luft in jedem dieser Tunnel bleibt konstant auf der Jahresdurchschnittstemperatur des Südpols von rund minus 51 Grad.

Ich war befriedigt, obwohl mein neuer Rekord irgendwie nach Zweitliga klang. Dars eigener Rekord lag bei minus 77,2 Grad. Die kälteste am Pol gemessene Temperatur betrug minus 82,8 Grad, obwohl alle hofften, wie mir der Chefmeteorologe versicherte, irgendwann einmal eine Messung verzeichnen zu können, die über minus 83 Grad lag.

Ich hatte Geschichten gehört, wie Spucke in der Luft blitzgefror und mit einem Klirren auf dem Eis landete. Als ich Dar davon erzählte, lachte er laut auf und sagte mir, das sei eine Übertreibung. Er hätte diesbezüglich selbst einige heroische Experimente angestellt, beispielsweise bei minus 70 Grad in den Schnee gepinkelt. Der Urin sei fast schlagartig gefroren – allerdings erst, nachdem er den Boden erreicht hatte, nicht, als er noch als Strahl in der Luft war.

Ich neidete ihm seine tollen Erfahrungen als Überwinterer. Zwar befand ich mich mitten in der Antarktis, dennoch war mir bewusst, dass ich nie diesen letzten Schritt machen, nie auf dem Eis überwintern könnte. Mich faszinierte eher die Idee, die Kameradschaft, das Gefühl der Isolierung, die Vorstellung, aus der Kuppel zu treten und bei minus 75 Grad die Sterne scharf wie Nadeln am kristallklaren Nachthimmel zu sehen. Aber tief in meinem Herzen wusste ich, dass ich den Durchhaltewillen dazu nicht hatte, hier einen Winter lang zu bleiben. Es war etwas, das ich gern getan *hätte*, aber nichts, das ich je wirklich hätte tun wollen. Ich hätte lieber den Nachweis und die Erinnerungen eines Überwinterers, anstatt tatsächlich einer zu sein. Wenn man es sich recht überlegt, ist der Preis eines solchen Daseins sehr hoch – mindestens acht Monate seines Lebens. Wenn erst einmal das letzte Schiff oder Flugzeug weg ist, gibt es kein Heimkommen mehr, dann ist man hier für lange Zeit eingeschlossen, ob in guten oder schlechten Zeiten. Man kann es sich nicht mehr überlegen, nicht nach sechs Wochen sagen, dass es einem reicht, dass man verstanden hat, was Überwintern heißt, und dass man jetzt lieber etwas anderes täte.

Dazu kommt, dass der Weiße Süden im Winter vollkommen anders ist. Die Sommermonate in der Antarktika sind voller atemberaubender Landschaften, herrlicher Reisen und Abenteuer im Freien – natürlich nur, wenn man zu den privilegierten Wissenschaftlern gehört. Aber während der langen Polarnacht geht niemand irgendwohin. Jegliches Treiben in der Natur hört auf. Im Wesentlichen ist das Überwintern eine Verwandlung der Station in eine Garnison, in der alles am Funktionieren gehalten wird, bis im Frühling die Sonne wiederkommt und die Arbeit im Freien weitergehen kann. Für mich wären diese langen Monate, in denen es keine oder kaum eine Möglichkeit gab, nach draußen zu kommen, weniger die Antarktis als eine Übung in Gruppendynamik und Eingesperrtsein. Man könnte angesichts einer solchen Situation wer weiß wo sein, im Weltraum, auf einem Atom-U-Boot oder in einem Militärbunker aus dem Kalten Krieg. Es wäre zweifelsohne eine interessante Erfahrung, aber abgesehen von ein paar Elementen des Lokalkolorits – zum Beispiel diese unvorstellbaren Temperaturen – wäre ein solches Leben nicht charakteristisch für die Antarktis. Zumindest wäre es für mich nicht typisch genug, um dafür so viele Monate meines Lebens einzutauschen. Ich liebe es zu reisen, herumzufahren, etwas anzuschauen, mich zu bewegen. Das Leben aber ist kurz, und die Welt groß und voller interessanter Dinge. Und wenn man dies vergessen haben sollte – die Antarktis lehrt einen das wieder.

Ich liebe meine Antarktis – und diese ist funkelnd und weiß, blau und violett, schön und klar. Es ist die Antarktis des Sommers. Und so spazierte ich an diesem Morgen durch die Station, fragte die alten Hasen, die hier schon überwintert hatten, nach den Plastikblumen, der Videobibliothek, dem Restaurant und der Bar.

Am Pol scheinen die Leute eher mit dem Rauchen anzufangen, als damit aufzuhören, sagte mir Stationsleiterin Katie (und der Laden der Station hat einen extrem umfangreichen Vorrat an Tabakwaren). Heimliche Raucher fliegen sehr schnell auf. Es gibt keine Geheimnisse in einer Gemeinschaft von einigen Dutzend Menschen, die sich unter einer Kuppel zusammenkauern, welche einen Durchmesser von rund dreiundfünfzig Metern aufweist. Die Wände haben Augen, Ohren und Nasen. Aber zu dieser Gruppenallwissenheit gehört auch die Übereinkunft, dass das, was im Eis passiert, auch im Eis bleibt.

Natürlich war es schon vorgekommen, dass Leute zu spät entdeckten, dass sie einen schrecklichen Fehler gemacht hatten, als sie hier zu überwintern versuchten. Vor einigen Jahren stieg eine der Küchenhelferinnen nach einer Reihe von Streitigkeiten mit einem ihrer Kollegen mitten im Winter Knall auf Fall aus. Kein noch so gutes Zureden vermochte sie an die Arbeit zurückzubringen. In jenem Jahr war der Stationsleiter ein Militär, ein streng auf Disziplin achtender Mann, den seine Untergebenen Colonel Klink nannten. Von ihrer Kompromisslosigkeit irritiert, ordnete Colonel Klink Hausarrest an. Die Küchenhelferin durfte den Speisesaal nur zu den Mahlzeiten betreten, auch verwehrte er ihr Vergnügungen wie Videos oder Bibliotheksbesuche. Zumindest versuchte er das. Wie gut es ihm gelang, diese Einzelhaftpolitik durchzusetzen, war Ansichtssache. Es müssen aber einige zutiefst unangenehme Monate gewesen sein, an deren Ende man der Frau eine Rechnung für Kost und Logis ab dem Zeitpunkt präsentierte, zu dem sie ihre Arbeit eingestellt hatte. Sie weigerte sich, die Rechnung zu bezahlen. Wie weit das dann alles in den Staaten von Gerichten geklärt wurde, war eine Frage, über die viel spekuliert und getratscht wurde. Aber alle waren sich einig, dass am Ende die Rechnung zurückgezogen wurde.

Zu den angenehmeren Seiten im Winter zählen die vielen Partys, man spricht regelrecht von einer Südpolsaison. Einige Monate später erhielt ich per E-Mail eine wortreiche Einladung zu einer Cocktailparty am Pol: U.A.w.g. Ich musste mit großem Bedauern absagen, bekam aber später, wieder per E-Mail, ein paar nette Fotos von der Feier. Sie waren vor dem Funkschuppen im ungeheizten Rund der Kuppel aufgenommen, worden, man war aufgekratzt und drängelte sich in den dicken Parkas eng zusammen und hielt bei minus 67,7 Grad die Luft an. Der Atem sorgt bei diesen Temperaturen für so viel Dunst, dass das Bild anderenfalls völlig vernebelt gewesen wäre.

Und dann gibt es am Südpol noch den berühmten und exklusiven 300-Club, in den nur an den kältesten Tagen des langen Polarwinters Zutritt gewährt wird, wenn die Temperatur unter minus 73,3 Grad sinkt. Um Mitglied dieses Clubs zu werden, muss man an einem solchen Tag nackt in einer bis 90 Grad aufgeheizten Sauna sitzen, bis man die Hitze nicht mehr aushält, dann aus dem Wohnblock hinauslaufen, anschließend von der Kuppel in die eisige Finsternis rennen und zum Abschluss zur offiziellen Polstange – und das splitterfasernackt, abgesehen von Schuhen und eventuell einem Schal vor dem Mund, um die Lungen vor der rasiermesserscharfen kalten Luft zu schützen. Wieder einige Monate nach meiner Rückkehr aus der Antarktis, ich saß gerade im angenehmen Grün eines englischen Sommers, schickte mir einer der Pol-Astronomen, ein Typ namens Dana, einige Fotos von dem Tag, an dem sich eine Gruppe von ihnen dem Club angeschlossen hatte. Es waren völlig jugendfreie Bilder, denn die von der Sauna erhitzten Körper verströmten so viel Dampf, als sie in die geisterhafte Dunkelheit flitzten, dass man die Umrisse menschlicher Körper nur noch erahnen konnte. »Das Hinauslaufen war nicht so schlimm«, teilte er mir mit. »Hart wird es nur auf den letzten Metern, wenn du schon fast wieder die Sauna erreicht hast – denn da fängt man erst so richtig an, die Kälte zu spüren.«

Dana schickte mir per E-Mail auch ein Foto des letzten Flugzeugs, das vom Pol abflog, bevor der Winter einbrach, und ein weiteres von der kleinen Gruppe Menschen, die vor der Kuppel standen, zum Abschied winkten und nun zu Überwinterern wurden. Es lag etwas Wehmütiges über dem Bild, dem das weiche spätjahreszeitliche Licht einen Hauch herbstlicher Melancholie verlieh. Es bestätigte noch einmal mein Gefühl, dass ich nicht zum Überwinterer gemacht war. Als ich mir die Fotos ansah, wusste ich, dass ich definitiv in diesem Flugzeug hätte sein wollen. Und gleichzeitig waren sie eine Andeutung von den Seiten der Antarktis, die ich nie zu sehen bekommen würde.

Dieses weiche Licht – es ist ein solcher Kontrast zu dem gleißenden Licht, das im Sommer über dem Pol liegt – war der Anfang des spektakulären dreiwöchigen Sonnenuntergangs, den die Hochland-Antarktiker jeden Herbst genießen. Wenn die nie untergehende Sommersonne schließlich doch immer tiefer am Himmel kreist, wirft sie ein unglaublich sanftes Leuchten über die Landschaft, das mit jedem Tag die Skala der warmen Farbtöne weiter durchläuft – Goldfarben, Pink, Orange und Rot, je näher die Sonne dem Horizont kommt, dann Malvenfarben, Violett, Dunkelrosa und Lavendelfarben, während sie dahinter versinkt und sich der Himmel über einem auszuweiten scheint. Es ist der längste aller Abschiede.

Danach gehen die Sterne auf. Wenn es etwas gibt, das mich verlocken könnte, acht Monate meines Lebens zu opfern, um auf einer Antarktisstation eingeschlossen zu sein, dann nur die Vorstellung, einen Blick auf die Sterne der Südpolnacht werfen zu können. Es gibt für mich nichts Erhebenderes, als himmelwärts zu schauen und zu sehen, wie sich die Milchstraße in gigantischen interstellaren Wolken über den Himmel hinzieht. Am eindrucksvollsten habe ich diese Wolkenbänder und die sie umgebenden Sterne beobachten können, als ich einmal allein in Australiens großer Sandwüste beim Zelten war, über 150 Kilometer von jeglicher menschlichen Behausung entfernt. Es war herrlich. Die wirbelnden galaktischen Arme erstreckten sich über den Himmel, dazu die Magellanwolken, das Kreuz des Südens und die anderen Sternbilder, die so hell waren, dass man sie ohne Probleme bestimmen konnte. Wie musste das erst aussehen, wenn man am Südpol war, Tausende von Kilometern von jeglichem Staub entfernt!

Ich werde es nie zu sehen bekommen. Aber zumindest erhielt ich einen Eindruck davon, als ich unter der Kuppel durch das Gewirr diverser Büros von Wissenschaftlern wanderte und zufällig auf ein schwarzes Brett schaute. Inmitten der aufgehängten Postkarten, die zumeist Palmen unter südlicher Sonne oder europäische Hauptstädte zeigten, hing ein umwerfendes Weltraumfoto von einer dichten Sternenwolke. Sie befand sich vor einer satten, schwarzen Leere, mit einer sich windenden Linie, die wie kosmisches grünes Gas erschien.

»Einfach wunderbar«, sagte ich zu dem deutschen Physiker Stefan, der in der Nähe an einem Schreibtisch saß. Und gleich darauf fragte ich ihn: »Können Sie mir sagen, was für ein Nebel das ist?«

Er warf einen Blick auf das Foto und lachte. »Das ist kein Nebel. Ich habe das Foto letzten Winter vor der Kuppel gemacht, als es Polarlicht gab. Schauen Sie, am unteren Bildrand können Sie die Gebäude erkennen.«

Tatsächlich, da waren sie, winzige dunkle Silhouetten von Dächern und Funkantennen, die ich zuvor nicht bemerkt hatte. Es war wahrhaft überirdisch. Der Aufenthalt am Südpol, erklärte mir Stefan weiter, kommt einem Aufenthalt im Weltraum am nächsten.

Astronomen haben schon in bescheidenem Umfang seit den sechziger Jahren am Südpol gearbeitet, aber erst als das Weltraumteleskop Hubble diese atemberaubenden Weltallbilder schickte, fingen Wissenschaftler an, das Potenzial des Pols als eine erdgebundene Aussichtsplattform zu schätzen. Trotz seiner Großartigkeit ist das Hubble-Teleskop überaus teuer im Unterhalt. Und da nur dieses eine Instrument im All schwebt, ist es schwierig, es mit jedem zu teilen, der es gern benutzen möchte.

»Aber die Sichtbedingungen am Pol sind fast so gut wie die im Weltall«, sagte mir ein Astronomieprofessor namens Jeffrey, der von der Carnegie-Mellon University kam. Er zeigte mir später an diesem Tag den futuristisch anmutenden Observatorienkomplex, der am Rand der Station, in knapp einem Kilometer Entfernung, neu erbaut worden ist. »Es gibt hier keinen Wasserdunst und keinen Staub, und die kalte, klare Luft ist unglaublich stabil. Aus diesem Grund gibt es keine Verzerrung. Verglichen mit anderen Orten auf der Erde ist der Blick auf die Sterne vom Pol aus ein unglaubliches Erlebnis. Es ist, als säße man in einem Auto und würde ein beschlagenes Fenster abwischen – plötzlich kann man alles sehen. Der Südpol ist das perfekte Fenster ins Weltall.«

Seit 1991 sind hier eine Menge von Radioteleskopen installiert worden, manche von ihnen muten so bizarr an, dass sie mehr wie moderne Skulpturen aussehen denn wie hochtechnische Instrumente. Ähnlich seltsam und undurchschaubar klingen ihre Namen: Viper, Dasi, AST/RO und Amanda.

»Die Bezeichnung hat nichts zu bedeuten, sie hört sich nur gut an«, lachte Jeffrey, als er mir Viper (Verifiable Integrated Processor for Enhanced Reliability) zeigte. »Das Vorläufermodell dieses hoch auflösenden Radioteleskops hieß übrigens Cobra.« Viper war ein überaus empfindliches Gerät, das dreizehn Milliarden Jahre zurückschauen konnte. Man vermochte damit die kosmische Hintergrundstrahlung zu untersuchen, die vom Urknall zurückgeblieben war, und geringste Temperaturschwankungen zu messen – bis zu einem Hunderttausendstelgrad –, die sich durch die ungleiche Verteilung der Materie während der ersten Augenblicke des Universums ergeben hatten. Dieses Urplasma gerann schließlich zu riesigen Strukturen wie Sternen, Planeten, Milchstraßen und Galaxienhaufen.

Den Flur hinunter überwachte ein Team von Astronomen aus Harvard das Radioteleskop AST/RO (Antarctic Submillimeter Telescope Remote Observatory). Es untersucht die Milchstraße und die Frage, wie Sterne sich bilden. An diesem Vormittag war das Teleskop auf eine gigantische Wolke aus Gas und Staub gerichtet worden. Die Wolke war auf der Karte als NGC-6334 eingezeichnet, wurde aber zur besseren Verständigung als Katzenpfoten-Nebel bezeichnet. Sie befand sich neben dem Stachel des Skorpions.

»Wir sind viel zu spät dran, um die Wolke zu untersuchen, aus der sich unsere Sonne gebildet hat«, sagte mir Chris, einer der Harvard-Astronomen. »Aber wir können einen vergleichbaren Prozess an anderen Milchstraßen beobachten.«

Dasi (Degree Angular Scale Interferometer) wiederum lauscht den Echos des Urknalls nach. Zudem dechiffriert es Hinweise auf Größe und Form des Universums, wie es entstand und wie einmal enden wird.

Das bizarrste Teleskop ist Amanda (Antartic Muon and Neutrino Detector Array). Es besteht aus einem Ring von neunzehn Löchern, die fast zwei Kilometer ins Eis hineingebohrt worden sind – es ist also nicht auf den Himmel gerichtet. In jedes dieser Löcher hat man eine Kette optischer Sensoren eingelassen, gleich Lichterketten an Weihnachtsbäumen, um die schwer zu findenden subatomaren Partikel aufzuspüren, die als Neutrinos bezeichnet werden. Dabei wird die Erde selbst gleichsam als ein gigantischer kosmischer Strahlenfilter benutzt, und die dicke Eiskappe am Pol dient dazu als eine Art Linse. Diese rätselhaften Partikel – von denen niemand weiß, ob sie überhaupt Masse haben – flirren durch das Universum wie Geister, erzeugen ein verräterisches blaues Flackern, wenn sie sich durch Eis bewegen, hinterlassen aber keine Spuren. Die Astronomen gehen davon aus, dass sie mittels der Neutrinos Informationen über die Entstehung Schwarzer Löcher, Supernovaexplosionen und die Energiequellen im Zentrum von Milchstraßen erhalten können.

Als ich an diesem Abend zur Kuppel zurückging, vorbei an der offiziellen und der geographischen Polstange, wunderte ich mich wieder darüber, welche Wunder die Antarktis noch immer in sich barg. Ein Jahrhundert nachdem Scott und Amundsen ihre Flaggen am Südpol aufgestellt hatten, am letzten Ort der Erde, wie es damals hieß, ist er nun zu einer Trittleiter zu den fernsten Regionen des Universums geworden.

Sonntag ist am Pol Ruhetag, selbst während der hektischen Sommermonate. Und als ich an jenem Morgen von meinem Hypertat aus an der kleinen Siedlung von Jamesways vorbeiging, in denen die Schichtarbeiter noch schliefen, sah ich ringsum die schweren Baumaschinen, die nun nach einer Woche Rund-um-die-Uhr-Tätigkeit stillstanden. Die Ruhe wirkte auf mich seltsam unnatürlich. Ich merkte, ich hatte mich an den menschlichen Ameisenhügel gewöhnt. Später am Nachmittag spielten wir Fußball – die Polies (hauptsächlich Handwerker und Verwaltungspersonal) gegen die Wissenschaftler. Ich wurde bei den Forschern aufgestellt, weil sie gegen das Team der über neunzig Kilo schweren Bauarbeiter etwas mehr Masse aufbieten wollten. Wir gewannen das Spiel knapp. Ich selbst hatte nichts zum Ergebnis beitragen können. Denn ich bin nicht nur ein lausiger Fußballspieler mit äußerst nebulösen Vorstellungen von den Spielregeln, mir fehlten auch die einzigartigen Fähigkeiten der hier Ansässigen – der gekonnte Umgang mit dem Ball in Bergsteigerstiefeln, das Laufen und Kicken mit dem runden Leder und dessen Annahme trotz unerwarteter Hüpfer auf dem Eis.

Anschließend holten Jeffrey, der Astronomieprofessor, und ich zwei Mountainbikes aus einem Schuppen, die er und ein anderer Astronom mitgebracht hatten. Wir radelten um die Welt, um den offiziellen und den geographischen Pol herum. Statt an unsere Wettfahrt zu denken, machten wir uns die ganze Zeit über Lance Armstrong lustig, weil er so viel Wirbel um eine dreiwöchige Tour durch Frankreich veranstaltete, wo wir beide die Erde – oder zumindest ihre sämtlichen Längengrade – in knapp fünfzehn Sekunden schaffen konnten. Wir radelten von Ost nach West und von

West nach Ost – und wir rissen Witze darüber, ob wir anhalten und unsere Uhren nach den jeweiligen Zeitzonen einstellen sollten, durch die wir kamen. Nachdem wir unseren Humor verausgabt hatten und von Stürzen in den Schnee komplett nass waren, trafen wir die Entscheidung, uns zum Kaffee und einigen gehaltvollen Schoko-Cookies aus Sally's Galley zusammenzusetzen.

Meine letzte Nacht am Pol brach an. Nach dem Essen kam ein australischer Physiker namens Darryn zu mir herüber und sagte, es gäbe da einige coole Dinge in der Nähe, die ich mir noch anschauen müsste. Er hatte ein Schneemobil und ein Funkgerät besorgt und schlug vor, dass wir eine Spazierfahrt machten. Ich zog alles an warmer Kleidung an, was ich mitgenommen hatte, denn der Windchill lag bei minus 51 Grad, aber wenn man den Fahrtwind auf einem Schneemobil dazurechnete, war es noch wesentlich schlimmer. Wir fuhren mit aufgesetzten Schneebrillen los, brausten über die Landepiste und fuhren nach Norden, einem blauen und weißen Horizont entgegen, an dem sich Eis und Himmel trafen.

Auf der glatten Landepiste waren wir noch gut vorangekommen, aber hinter deren Ende war nur noch raues Sastrugi (vom Wind erzeugte stromlinienförmige, steinharte Schneerippen), auf dem das Schneemobil hin und her gerüttelt wurde wie ein Ruderboot auf rauer See.

Der Südpol mag als das Nonplusultra aller Reiseziele gelten, doch er hat nicht viel, was ihn dafür visuell qualifiziert. Aber wie bei so vielen Dingen in der Antarktika muss man unter die Oberfläche schauen. Nach einer Weile stoppte Darryn das Schneemobil und zeigte auf einen Schneehügel. Darunter sollen die Überreste eines im Schnee vergrabenen C-130-Frachtflugzeugs liegen, das hier in den frühen siebziger Jahren abgestürzt war. Es gab keine Verletzten, so erzählte Darryn, aber das Flugzeug hatte Totalschaden. Man schleppte es damals einige Kilometer vom Ende der Landebahn weg und überließ es dann dem ewig anwehenden Schnee. Inzwischen lag es bereits neun Meter unter der Schneeoberfläche. Abenteuerlustige Polies hatten einen Schacht hinunter zum Cockpit gegraben und es zu einer Art Attraktion gemacht.

Es war mindestens ein Jahr lang niemand mehr hier gewesen. Der Schneehügel sah heruntergekommen und vom Wind gebeutelt aus. Eine abgenutzte alte Schaufel war in den Schnee gestoßen worden, und in der Nähe steckte ein Plastikeimer mit einem gefrorenen Strick im Schnee. Wir machten beides los und fingen mit der Schaufel abwechselnd zu graben an. In der kalten, dünnen Luft war das Schwerstarbeit. Unser heftiger Atem und das Knirschen der Schaufel waren die einzigen Geräusche in der immensen Stille.

Wir gruben etwa dreißig Zentimeter tief, bis die Schaufel auf etwas Hartes stieß, das sich hohl anhörte. Es dauerte noch ein paar Minuten, in denen wir mühsam den verkrusteten Schnee wegkratzten und eine Falltür aus altem Sperrholz freilegten. Ich benutzte die Schaufel, um es zu lockern. Darryn griff mit seinen in Fäustlingen steckenden Händen um den Rand und zog mit einem Ruck daran. Die Falltür führte hinunter in eine dunkle, kalte und enge Grube, die beängstigend tief aussah. Eine Aluminiumleiter führte in diese hinab.

Ich saß nervös am Rand des Lochs und ließ die Beine baumeln. Dann warf ich die Schaufel hinunter ins Dunkel und tastete mit meinem gestiefelten Fuß vorsichtig nach der obersten Leitersprosse. Da ich die Schaufel hinuntergeworfen hatte, fühlte ich mich jetzt verpflichtet, ihr auch zu folgen.

Ein paar wackelige Minuten später stand ich am unteren Ende der Leiter. Darryn ließ den Eimer am Strick herunter, und ich fing an, ihn mit dem älteren, krümeligeren Schnee zu füllen, der sich unten in der Grube befand. Dort unten war nicht viel Platz zum Arbeiten. Ich rief, wenn der Eimer voll war. Darryn hievte ihn dann nach oben, leerte ihn aus und ließ ihn wieder zu mir herunter. So ging das weiter, bis ich die zweite Falltür freigekratzt hatte. Diese war festgefroren und noch schwieriger aufzubekommen als die erste Tür.

Als mir das endlich gelungen war, gähnte unter meinen Füßen eine wahrhaft gespenstische Schwärze. Sie sah so kalt und dunkel und verlockend aus wie ein Grab. Ich hörte, wie Darryn über mir die Leiter herunterkam, zwei große Taschenlampen in der Hand. Er schaltete seine an und glitt in die Grube mit der Gewandtheit eines Ortsansässigen.

»Komm rein!« Seine Stimme hallte unheimlich. Ich holte tief Luft, tastete mit einem Fuß im Dunkel nach einem Halt und fragte mich, ob das wirklich eine so großartige Idee war. Einen Augenblick später saß ich auf hartem, kaltem Eis, wo einst Sitze gewesen waren, und betrachtete die Überreste des Cockpits im Schein der Taschenlampe. Es sah alt aus, und eine dicke Frostschicht übernahm die Rolle von Spinnweben. Militärische Schablonenschrift gab dem Ganzen eine unheimliche, apokalyptische Note. Es war wie etwas aus *Akte X* – an der Stelle, wo man dem Fernseher zuruft: »Scully, geh da nicht hinein!«

Gerade als mir dieser Gedanke durch den Kopf schoss, hörte ich es hinter mir rascheln. Ich drehte mich um und sah noch, wie Darryns Stiefel in einem Loch von etwa vierzig Zentimeter Durchmesser verschwanden. Es führte in den Frachtraum. »Du kannst mir ruhig folgen«, hörte ich noch Darryns Stimme.

Ich leide zwar nicht an Klaustrophobie, aber mich auf den Bauch zu legen und ihm durch diesen Schlitz zu folgen, das war nicht einfach. Er weitete sich zu einer langen, niedrigen Höhle aus, die sich durch die gesamte Länge des Flugzeugwracks erstreckte. Es war hoch genug, dass man aufrecht sitzen konnte. Und es war hier drinnen verdammt kalt, totenstill und schwarz, und man konnte förmlich das immense Gewicht des niederdrückenden Eises spüren. Die

Strahlen der Taschenlampen leuchteten durch unsere Atemwolken und erhellten eisverkrustete Rohre, weitere militärische Seriennummern und verschiedene unverständliche Sicherheitswarnungen, die einem so rätselhaft vorkamen wie Runen. Daneben entdeckte ich Graffiti von früheren Besuchern.

Darryn zog einen Marker aus der Tasche, wir hinterließen unsere Autogramme für die Nachwelt und krochen anschließend wieder hinaus. Der offene, leere Horizont hatte noch nie so gut ausgesehen. Die Etikette verlangte, dass jeder von uns als Beitrag zur Wartung drei Eimer Schnee hochhievte. Das erledigten wir auch, dann setzten wir die Falltüren wieder ein und steckten die Schaufel erneut in den Schneehügel.

»Komm, fahren wir«, sagte Darryn, als er auf das Schneemobil kletterte. »Da ist noch etwas, das du hier unten erlebt haben musst.«

Wir fuhren ein paar Kilometer weiter durch die Leere, auf dem Sastrugi hin und her schwankend, bis schließlich das letzte Stationsgebäude hinter dem Horizont verschwunden war. Darryn hielt plötzlich an und stellte den Motor ab. Stille senkte sich auf uns herab wie sanfte, schwere Vorhänge. Ich stellte mich auf dem Sitz des Schneemobils auf und ließ meine Augen über den leersten Horizont des Planeten Erde schweifen. Ich machte eine volle 360-Grad-Drehung und sah nichts außer der flachen Linie, wo sich Weiß und Türkis trafen.

Wer nicht selbst hier draußen auf dem polaren Hochplateau gewesen ist, kann unmöglich eine solche Öde und Stille verstehen. Ich bin mitten durch Australiens Nullarbor-Ebene gereist, und obwohl dieses weite, rund 1250 Kilometer breite, wasserlose Kalksteingebiet eine unglaublich unheimliche und feindselige Leere darstellt, ist sie üppig und belebt wie der Regenwald am Amazonas, wenn man sie mit der Leere am Südpol vergleicht. Die Nullarbor-Ebene hat zumindest ihre dünnen Wüstengräser, einen kargen Boden, ein paar Echsen, Schlangen, Nagetiere und Vögel. Es gibt dort draußen Geräusche und Gerüche und die lebensspendende Wärme der Sonne. Diese kristalline Wüste aber war wahrhaft leblos, eine sterile, rund drei Kilometer dicke Eisebene und darüber ein kalter, leerer Himmel. Mehr nicht.

Ein paar Augenblicke später bemerkte ich ein leichtes, pochendes Geräusch. Ich blickte mich um und fragte mich, woher es kam. Aber dann wurde mir klar: Das rätselhafte Geräusch war mein eigener Herzschlag. Wir standen da und lauschten unserem Atem und unserem Herzschlag am einsamsten und stillsten Ort der Welt. Ich ließ alles in mich eindringen – die Türkisfärbung des Himmels entlang des Horizonts, die Struktur des Sastrugi, die glorreiche Einfachheit. Ich wollte später davon zehren können, wenn ich wieder in der lärmenden, realen Welt war.

Ich verließ den Südpol am Montagnachmittag. Im Vergleich dazu kam mir McMurdo riesig und geschäftig vor, und die Luft fühlte sich nach der dünnen Eiseskälte des Südpols mild und sanft an. Während der wenigen Tage, die ich fort gewesen war, hatte warme Luft viel vom Schnee auf den Hügeln rings um die Station weggeschmolzen, sodass sie nun schwarz und nackt und die Straßen von MacTown matschig waren. Straßenbaumannschaften begradigten sie, und das Quietschen zurücksetzender Raupenfahrzeuge war überall zu hören. Es klang für mich wie die ersten Grillen im Frühling.

KAPITEL 11

Die exakte Höhe

Der Observation Hill, der Aussichtshügel, ist ein 210 Meter hoher Vulkankegel, welcher die McMurdo-Station und Scotts alte Entdecker-Hütte überragt. Er wurde von den Männern früherer Expeditionen als Aussichtspunkt gewählt, weil er einen weiten Blick über das Ross-Eisschelf gewährt. Sich vom Süden nähernde Schlittentrupps konnten von hier aus beobachtet werden – oder auch nicht, wie das bei Scotts Polartruppe 1912 der Fall war. Diejenigen seiner Männer, die hier oben einsam Wache schoben, errichteten später auf dem Gipfel zum Andenken an ihre fünf toten Freunde ein Kreuz, auf dem die berühmten Zeilen aus Tennysons Gedicht *Ulysses* stehen: »Zu streben, zu suchen, zu finden und nicht zu verzagen.«

Ein paar Tage nach meiner Rückkehr vom Pol strebte ich selbst dort hinauf, teils um einen bewundernden Blick auf das Eisschelf zu werfen, über das ich gerade zurückgekommen war, größtenteils aber, um das feurige Schauspiel des Mount Erebus besser sehen zu können. Er ist betörend weiß und erinnert in seiner Ausformung an den Fudschijama, nur ist er breiter. Der Erebus ist einfach einer der schönsten Berge der Welt: ein aktiver Vulkan am unteren Ende der Welt, der Rauch und Asche an den Ufern des Rossmeers über vier Kilometer hoch zum klaren Himmel bläst. Er ist Antarktikas Freiheitsstatue. Generationen von Forschern hat der Vulkan mit seinem Schauspiel begrüßt und tief beeindruckt, wenn sie zu diesem Teil des Kontinents gesegelt sind. Er ist ein ermutigender Leuchtturm, der von den nordwärts stapfenden Schlittenteams viele Kilometer weit über das Eisschelf hin zu sehen ist. Sie wussten, dass hier, am

Fuße des Berges, ihre Station zu finden war, und damit Freunde, Essen und Wärme.

Der Erebus wurde im Jahr 1841 von dem viktorianischen Forscher James Ross entdeckt, als er und seine Männer die ersten Menschen waren, die je in das weite, stille, eisbedeckte Meer hineinfuhren, das heute seinen Namen trägt. Als sie an den noch nie zuvor gesichteten Küsten eines Kontinents entlang segelten, der in keiner Karte verzeichnet war, und sich auf einem Breitengrad befanden, der weiter südlich lag, als je ein Mensch in der Geschichte gekommen war, konnten sie kaum ihren Augen trauen, dass sie inmitten von allem, worauf sie trafen, auch einen enormen und grollenden Vulkan vorfanden: Feuer in einer Welt aus Eis.

Erebus ist laut klassischer Mythologie der Hüter der Unterwelt – und somit der perfekte Name für den riesigen, feurigen Berg am Rande eines gefrorenen, abweisenden Kontinents. Wie sehr auch die mythischen Anspielungen passen mögen, die prosaische Wahrheit ist, dass der Berg in Wirklichkeit nach einem der beiden Schiffe benannt wurde, mit denen Captain Ross unterwegs war: *HMS Erebus* und *HMS Terror*. Als ich den Hügel wieder hinunterstieg, dachte ich, dass die romantische Nachwelt dankbar sein konnte, dass Ross zu dieser Zeit nicht die *Mayflower* und die *Beagle* befehligte.

Rick und Rich, meine beiden Zimmergenossen in McMurdo, befanden sich momentan hoch oben am Erebus und arbeiteten zusammen mit einem Geologenteam direkt unterhalb des Vulkangipfels. Ich wollte mich ihnen anschließen, musste aber zuerst den »Höhenunterricht« besuchen, eine Vorlesung über die Höhenkrankheit und wie man sie erkennt und behandelt. Die Teilnahme ist Pflicht für jeden, der in der Antarktis in einem Feldlager in großer Höhe arbeiten will. (Sie ist jedoch nicht Pflicht für diejenigen, die zum Pol fliegen, weil diese Basis ein eigenes Krankenhaus mit Arzt hat.)

Die Höhenkrankheit ist in der Antarktis ein ernsthaftes Problem, dessen Auswirkungen durch die extreme Kälte, das trockene Klima und Antarktikas einzigartige Lage am unteren Ende der Erde noch intensiviert werden. Die Drehbewegung der Erde sorgt dafür, dass die Atmosphäre am Äquator höher und dichter ist, an den Polen jedoch beträchtlich dünner. Was heißt: Wenn sich zum Beispiel der Südpol 2825 Meter über dem Meeresspiegel befindet, ist die physiologische Auswirkung auf den Körper so, als befände man sich in einer Höhe von ungefähr 3040 bis 3830 Metern, je nach atmosphärischem Druck, der gerade herrscht. Es gab auf einem Fernsehschirm im Speisesaal am Pol neben den Anzeigen für Temperatur, Wind und Windchill auch eine, die die Druckhöhe des Tages angab.

McMurdo befindet sich, wie die Mehrheit aller Stationen in der Antarktis, auf Meereshöhe. Daher kann einen ein Hubschrauberflug, der von der Station direkt zur Hütte auf dem Erebus geht, die zugleich das höchstgelegene Feldlager des Kontinents ist, ernsthaft umwerfen. Die Symptome reichen schnell von leichter Atemnot über Schwindelgefühl und pochende Kopfschmerzen bis zum Erbrechen. Sie können sich aber auch lebensgefährlich auswirken, beispielsweise mit einem Lungenödem oder Gehirnblutungen. Das beste Heilmittel ist dann, möglichst schnell wieder in eine tiefer gelegene Region zu kommen. Die Amerikaner arbeiteten in diesem Sommer viel in großer Höhe, hauptsächlich am Pol und mit den Russen zusammen auf deren entlegener Wostok-Station, dabei hatte es bereits eine Anzahl von Notabtransporten gegeben.

Der Höhenunterricht fand im Byrd-Feldlager statt. Ich kannte diesen Ort noch gut von der Glücklichen Camperschule. Die meisten Teilnehmer waren Tischler, die nach Wostok wollten, das auf dem Plateau in rund 3350 Meter Höhe lag. Dort sollten sie mithelfen, eine neue Station als Ersatz für die altersschwache russische Anlage zu bauen.

Im Verlauf der nächsten Stunde erläuterte uns der Lehrer, ein Bergführer aus Alaska namens Steve, alle unangenehmen Möglichkeiten, die uns in der Höhe erwarten könnten. Er wies uns mehrfach darauf hin, dass man sich nicht überanstrengen und viel Flüssigkeit zu sich nehmen solle. Anschließend machte er uns mit Diamox bekannt, einem Arzneimittel, das gegen Höhenkrankheit helfen oder zumindest deren Symptome lindern soll. Ich hatte bereits am Südpol von Diamox gehört. Es wurde dort jedem Neuankömmling nahezu aufgezwungen. Ich hatte aber darauf verzichtet und auch keinerlei Beschwerden gespürt.

Schließlich zeigte uns Steve noch, wie man mit einem Gamow-Beutel umging, einer zusammenfaltbaren hyperbarischen Kammer, die bei Notfällen im Hochgebirge eingesetzt werden sollte, da eine Rettung Stunden, aber auch Tage dauern konnte. Der Beutel hatte etwa die Größe eines Sarges für einen korpulenten Mann und bestand aus nahezu luftdichtem Material. Das Opfer der Höhenkrankheit wird darin eingeschlossen, während von außen eine Person mit einer Fußpumpe den Luftdruck im Beutel erhöht und so die Höhenlage des Kranken künstlich absenkt. Es sah aus, als würde man dabei lebendig begraben werden.

Nachdem wir unseren Teilnahmeschein erhalten hatten, drängelten wir nach draußen in den milden Sonnenschein. Die Temperatur lag angenehm über dem Gefrierpunkt und fühlte sich sogar warm an. Parkas wurden geöffnet oder blieben zugunsten von Wollhemden mit hochgekrempelten Ärmeln an den Wandhaken hängen. In den Reifenspuren auf den Straßen sammelten sich Wasserlachen. Die hohe, dünne, eisige Sterilität der Berge schien sehr weit entfernt zu sein.

Die Höhenlage am Südpol hatte mir überhaupt nichts ausgemacht, ich hatte sogar Fußball gespielt und kräftig geschaufelt, um ins Innere der vergrabenen C-130 zu gelangen. Aber wenn man einmal mit einer großen Höhe keine Probleme hatte, ist das keine Bestätigung dafür, dass man beim nächsten Mal nicht doch welche bekommt. Höhenkrankheit und Seekrankheit sind darin ähnlich: Sie können jeden zu jeder Zeit befallen.

Beim Abendessen erfuhr ich, dass Jean, eine der Geologinnen auf dem Mount Erebus, in die Stadt zurückgeflogen war, weil ihr von der Höhe ausgelöste Kopfschmerzen und Übelkeitsanfälle das Leben dort oben so unerträglich gemacht hatten, dass sie in dieser Region nicht mehr weiterarbeiten konnte. Das war etwas, über das ich beim Essen nachgrübeln konnte: Jean war eine erfahrene Bergsteigerin, die in Afrika den Kilimandscharo bestiegen hatte. Ich wusste, dass Fitness keine wirkliche Garantie war, um nicht höhenkrank zu werden, aber als ich das von Jean hörte, wünschte ich doch, ich hätte stärker auf mein Körpertraining geachtet und mich an längst überholte Neujahrsvorsätze gehalten.

Am nächsten Morgen kamen wir erst mit Verspätung los, weil die Wolken tief hingen, die Sicht eingeschränkt war und Nebel vom schmelzenden Schnee die Startbahn einhüllte. Bis zum Frühnachmittag hatte er sich verzogen – und wir konnten abheben. Wir waren zu dritt an Bord: Maria, die Fotografin, eine Bergsteigerin namens Sarah und ich. Unser Ziel war ein kleines Camp auf dem Fang-Gletscher in knapp 3200 Meter Höhe. Wegen der extremen Höhe des Feldlagers, das noch knapp fünfhundert Meter über dem Fang-Gletscher lag, musste jeder, der im Vulkanbereich arbeitete, erst ein paar Tage im kleinen Camp verbringen, um sich zu akklimatisieren.

Der Flug war wie ein Rausch, aber das Merkwürdigste daran war, wie ich auf einmal jedes Berggefühl verlor. Als wir starteten, hatten wir den Mount Erebus herrlich im Blick. Gelassen stand er da und rauchte vor sich hin. Aber als wir ihn umkreisten, Höhe gewannen und immer näher kamen, wurde er einfach zu groß und unbegreiflich. Er saugte uns auf. Der Erebus ist das, was Vulkanologen als einen Stratovulkan bezeichnen, einen sich hoch auftürmenden Riesen, ähnlich dem Kilimandscharo oder dem Mount Kenya im ostafrikanischen Bruchgraben. Als ich Rick einmal bat, mir für den Erebus einen Vergleichsmaßstab zu geben, sagte er mir, ich solle mir den Fudschijama in neunfacher Ausführung vorstellen, dann hätte ich eine ungefähre Vorstellung von der Größe und Masse des Antarktisvulkans. Daran musste ich jetzt denken, als wir beim Lärm der Rotorblätter über die riesigen, steilen Schneefelder und Felsvorsprünge flogen. Was man vor sich sah, war eindrucksvoll genug, aber wenn man an das gesamte Ausmaß dachte, dann war alles kaum noch in der Phantasie zu übertreffen.

Shackleton hatte im Jahr 1908 den ersten Trupp auf den Gipfel geschickt. Es muss für die sechs Alpinisten ein wahnwitziges Abenteuer gewesen sein. Sie benutzten die einfache Kletterausrüstung ihrer Zeit, eine eher improvisierte, und rutschten und glitten den Berg hinauf. Um Haaresbreite konnten sie Felsspalten vermeiden, und fast wären sie in einem Schneesturm ums Leben gekommen. Einer der Bergsteiger, ein junger Adliger namens Brocklehurst, wurde höhenkrank und musste auf einem tiefer liegenden Felsband warten, während die anderen den Gipfel erreichten. Sie waren nicht nur die ersten Alpinisten, die je einen Antarktisgipfel bezwangen, sondern auch die ersten Menschen, die in den rauchenden Krater des Erebus blickten und dort in der Tiefe sein krönendes Juwel sahen: einen ewig blubbernden See geschmolzener Lava, eines der wenigen geologischen Wunder der Erde in dieser Ausformung.

Die Shackleton-Leute hatten für den Anstieg mehrere Tage gebraucht. Unser Hubschrauber erreichte den Fang-Gletscher nach zwanzig Minuten. Der Pilot setzte uns neben drei Scott-Zelten ab, die verloren mitten auf dem Gletscher standen. Abgesehen von der dünnen Luft, die wir neugierig einsogen, kam es uns zunächst gar nicht so hoch vor. Es gab kein beeindruckendes Panorama, das sich unter unseren Füßen ausbreitete, kein Gefühl, sich mit den Fingernägeln irgendwo festzukrallen zu müssen, um nicht in eine unheimliche Tiefe zu stürzen. Wir entdeckten nur eine breite, leicht ansteigende Gletscherebene, die sich ringsum erstreckte. Auf einer Seite grenzte der Gletscher an einen steilen, felsigen Hügel, der zwischen dreißig und dreihundert Meter hoch sein mochte. Einen Vergleichsmaßstab gab es hier oben nicht. Der Gipfel des Vulkans konnte hinter diesem Hügel versteckt sein oder direkt hinter dem weißen Rauch liegen, der wie eine Wolke an uns vorbeizog.

Ein gewaltiger, spitzer Felsrücken, der Fang-Kamm, begrenzte einen knappen Kilometer vom Lager entfernt den Gletscher auf der anderen Seite. Damals wusste ich noch nicht, dass nur dieser vom ursprünglichen Kraterrand übrig geblieben war, als der Erebus vor einer Dreiviertelmillion Jahre bei einem katastrophalen Ausbruch auseinandergesprengt worden war. Der Rauch und das gelegentliche Donnergrollen waren die beunruhigende Erinnerung daran, dass der Mount Erebus immer noch aktiv war.

Ich wusste da auch noch nicht, dass ich einzig zum Fang-Kamm hätte wandern und zu einer bestimmten Stelle hinabklettern müssen, um die beängstigende steil abfallende Aussicht haben zu können, mit der ich schon auf dem Fang-Gletscher gerechnet hatte. So stand ich also nur neben meinem Zelt und sah zu, wie der Hubschrauber zu einem kleinen Punkt am Himmel schrumpfte. Ich war etwas ernüchtert, denn es schien, dass ich nach knapp 3200 Meter Höhengewinn nur Aussichten nach oben hatte und nicht in die Weite nach unten. Aber als ich den ganzen Gletscher entlang schaute und meine Augen über seinen sanften Hang in die violette Ferne schweifen ließ, spürte ich plötzlich ein vages Hochgefühl, vergleichbar mit dem, wenn man das Meer schon erahnt, lange bevor man es sehen oder hören kann. Der Fang-Gletscher erweckte den Eindruck, als fließe er irgendwo hinunter und verschmelze mit einem seltsam gemusterten Schneefeld. Es dauerte eine Weile, bis ich begriff, dass das Schneefeld in Wirklichkeit eine Wolkenbank war, die sich unter mir ausbreitete.

Auf dem Fang war außer uns niemand. Wir drei machten uns daran, hier einzuziehen. Jeder wählte sich ein Zelt, das mit einem eigenen Coleman-Gaskocher und einigen hölzernen Vorratskisten voller gefriergetrockneter Mahlzeiten, Schokolade und Keksen ausgestattet war, dazu ein Set von Kochtöpfen, Essgeschirr und mehrere Trinkbecher. Es war genau wie in der Glücklichen Camperschule, nur dass wir jetzt auf uns allein gestellt waren.

Ich füllte einen Topf mit Schnee und zündete den Kocher an. Während ich darauf wartete, dass es zu schmelzen begann, nahm ich einen kleinen Besen, um die Eiskristalle vom Boden wegzufegen, rollte Schlafunterlage und Schlafsack aus, stellte den zusammenklappbaren Campingstuhl auf und stapelte die Taschenbücher, die ich mir vor der Abreise in Australien noch zugelegt hatte, auf den Rand der Schlafunterlage. Den Vorschriften zufolge sollten wir hier achtundvierzig Stunden verbringen, es uns bequem machen, die kristallklare Bergluft einatmen und die roten Blutkörperchen sich vermehren lassen – verdammt schwere Arbeit, aber sie musste getan werden. Als ich das erste Mal gehört hatte, dass ich hier ein paar Tage abwarten musste, um mich an die Höhe zu gewöhnen, anstatt gleich zum Gipfel zu stürmen, war ich etwas enttäuscht gewesen. Aber jetzt machte ich es mir bei einem Becher dampfenden Tees, einem Schokoriegel und einer Menge ungelesener Taschenbücher in meinem Zelt bequem. Ganze achtundvierzig Stunden konnte ich nun faul sein, ohne ein Schuldgefühl haben zu müssen. Ich beschloss, dass die Akklimatisierung wirklich eine gute Sache sei.

An diesem Abend aßen wir alle in Sarahs Zelt. Im Anschluss daran gingen wir hinüber zum Fang-Kamm. Es war ein leichter Spaziergang über das Eis, eine fast ebene Strecke ohne Eisspalten. Wir hatten alle bereits die freudige Entdeckung gemacht, dass uns der plötzliche Höhenunterschied keine Probleme machte, abgesehen von einer gewissen Kurzatmigkeit. Und selbst die war schnell vergessen, als wir zu einem niederen Punkt auf dem Kamm kletterten.

Und hier war er, der Ausblick: Jetzt konnte man sich nicht mehr einreden, wir befänden uns nicht hoch oben auf einem Berg. Von hier fiel die Welt unter unseren Stiefelsohlen als erschreckend langer Steilhang über 3000 Meter bis zum Ufer des Rossmeers ab, einer glatten blauen Oberfläche, die zwischen einer Schar flockiger Wolken sichtbar war, nicht größer als die Rücken entfernt weidender Schafe. Bei dieser Aussicht blieb mir fast das Herz stehen, so unglaublich war sie. Gleichzeitig suggerierte sie eine trügerische Nähe. Fast konnte man es für möglich halten, einen Stein hinabzuwerfen, um ihn unten im Wasser aufplatschen zu hören. Gedacht, getan. Ich nahm einen Brocken grauen vulkanischen Tuffs in die Hand und versuchte ihn so weit wie möglich hinauszuwerfen. Anschließend spähte ich vorsichtig über den Rand des Kamms und zählte die Sekunden, während der Brocken im freien Fall nach unten sauste. Ich war bei sechsundzwanzig angelangt, als er das erste Mal auf einem Hang aufprallte und anfing, wie eine Kugel über diesen hinunterzuschießen, ehe er geräuschlos viel weiter unten auf einem Felsvorsprung zerschellte. Die Strecke, die der Brocken zurückgelegt hatte, war nicht einmal ein Bruchteil des Weges, der schließlich bis nach ganz unten führte. Das Meer blieb so fern und unberührt wie ein Gemälde. Genauso gut hätte ich versuchen können, den Mond mit einer Steinschleuder zu treffen.

Die beiden Tage auf dem Fang-Gletscher vergingen so angenehm wie ein entspannendes Sommerwochenende am Strand. Niemand wies Symptome von Unwohlsein auf, das Essen war gut und reichlich, die Wetterlage blieb stabil, es war hier oben klar und mild, und die über dem Gletscher liegende Stille wurde nur gelegentlich von einem Donnergrollen durchbrochen, das vom immer noch unsichtbaren Gipfel des Vulkans stammte. Zwischen den Mahlzeiten und dem Nachmittagsschläfchen trug ich im Allgemeinen meinen Campingstuhl zum Steilabhang und gab meinem Geist Nahrung, beispielsweise mit einem Perry-Mason-Buch. Es trug den erhabenen Titel: *Der Fall mit der blauäugigen Blondine.*

Langsam konnte ich mir vorstellen, den ganzen Rest des Sommers die Zahl meiner roten Blutkörperchen zu erhöhen. Aber alles Gute nimmt einmal ein Ende. Am Spätnachmittag des dritten Tages kam der Hubschrauber und flog uns den Rest des Weges zum Feldlager hinauf. Der Pilot war John, derselbe große, bärtige John, der mich zu dem hoch gelegenen Felsband im Britannia-Gebirge geflogen hatte, nur dass er bei diesem Flug zum Gipfellager zusätzlich eine Sauerstoffmaske trug. Es war ein kurzer Flug, aber ein dramatischer, mit einem Blick in den riesigen, rauchenden Schlund des Vulkans. Das Feldlager befand sich auf einem schneebedeckten Absatz rund hundert Meter unterhalb des Kraterrands. Es war eine fröhlich aussehende Ansammlung von Bergzelten, einem alten Jamesway, das halb von einer Schneewehe bedeckt war und als Lagerschuppen, Vorratsraum und Toilette diente, und eine einfache aus Holz gebaute Hütte, vor der einige Schneemobile parkten.

Wie das Lager auf dem Darwin-Gletscher hatte die Hütte auf dem Erebus ein alpines Flair. Dazu trugen eine rustikal ausgestattete Küche bei, Eispickel, die neben der Hüttentür im Schnee kunstvoll drapiert waren, und ein Regal voller mit Eselsohren versehener Bücher und Zeitschriften für die Tage des Nichtstuns bei schlechtem Wetter. Das Spektroskop, das am Fenster stand und auf den Vulkan eingestellt war, erinnerte mich an die Fernrohre, die man in den zwanziger und dreißiger Jahren auf den Hotelterrassen im Schweizer Grindelwald aufgestellt hatte, wo sich die Touristen damit vergnügten, den

Bergsteigern zuzusehen, welche den Eiger bestiegen (mancher Beobachter mochte auch einen Absturz herbeigewünscht haben).

Dieses Instrument diente aber einem höheren Zweck: Es war auf die Gaswolken gerichtet, die aus dem Vulkan herausquollen. Der Erebus ist bei weitem der größte Umweltverschmutzer der Antarktis, ein gigantischer Kamin, der jährlich dreißig Tonnen Fluorsäure, sechzig Tonnen Salzsäure und zweihundert Tonnen Kohlenmonoxid in den klaren Antarktishimmel schickt. Der Ausstoß an Schwefeldioxid allein entspricht, grob gerechnet, dem eines großen amerikanischen Kohlenkraftwerks.

»Es wäre schön zu wissen, was Mutter Natur hier unten treibt, damit wir die Folgen unseres menschlichen Tuns in die richtige Relation setzen können«, erklärte der Mann am Spektroskop.

Er war ein gebürtiger Neuseeländer namens Phillip, der jetzt Professor für Geochemie an der Technischen Universität von New Mexico war. Die letzten dreißig Sommer hatte er auf dem Mount Erebus verbracht und dabei seinen barocken Sinn für Humor nicht verloren. Seine lange Tätigkeit im Eis machte ihn zu einer Art antarktischem Granden, und so sah er auch aus: groß, schlank, elegant und mit einem schwarzen Sommerbart.

Nach so vielen Jahren betrachtete er den Erebus mehr oder weniger als seinen Berg. Während der folgenden Tage sollte ich viele sarkastische Bemerkungen über ein Team von Wissenschaftlern hören, welche die Frechheit gehabt hatten, ungebeten mit einem Filmteam anzureisen, um einen Feldtest mit einem Roboter zu machen. Dieser sollte in den Krater fahren, um eine Reihe von Experimenten durchzuführen. Auf jeden Fall kam der Roboter zu Phils großer Zufriedenheit nicht weit den Hang hinunter. Obgleich das nicht unbedingt die Art wissenschaftlicher Gemeinsamkeit war, die man sich laut Antarktisvertrag vorstellte, war dieses Gefühl zumindest menschlich.

Der Arbeitstag neigte sich dem Ende zu, doch die meisten Wissenschaftler befanden sich noch im Gipfelbereich, kleine Punkte am Kraterrand. Rick und Rich waren auf der anderen Seite des Vulkankegels, also überhaupt nicht erst zu sehen. Dort betrieben sie in der Nähe einer steil abfallenden Felswand ihre Forschungen. Sie installierten ein Breitband-Observatorium, einen seismischen Detektor, der Big Orange Box oder BOB genannt wurde Auch wenn die Wissenschaftler noch unterwegs waren, ging es im Feldlager trotzdem geschäftig zu, denn ein Team von Zimmerleuten hämmerte vorgefertigte Wandteile zu einer neuen Hütte zusammen.

Maria, Sarah und ich marschierten los, um unsere Zelte aufzustellen. Bis wir damit fertig waren, war es Zeit fürs Abendessen. Wir konnten aus der Ferne das Brummen von Schneemobilen hören, mit denen auch Rick und Rich zurückkamen.

In der Hütte duftete es nach einem Braten. Man wechselte sich beim Kochen ab, und heute war die Köchin eine junge Geochemikerin namens Jessie. Da ihr nichts Besseres eingefallen war, hatte sie am frühen Nachmittag ihren Verlobten in New Mexico angerufen und ihn gebeten, das *All Around the World Cookbook* aus dem Regal zu holen und ihr das Rezept für einen Sonntagsschweinebraten nach Farmerart vorzulesen.

Beim Essen saßen wir alle um den großen Tisch herum, während uns Phillip Geschichten aus der guten alten Zeit erzählte. So hatte er einmal einen Weihnachtstruthahn im heißen Gestein des Erebus zubereitet. Der Vulkan gab einen phantastischen langsamen Garherd ab, erklärte er. Der Truthahn wurde braun, saftig und zart. Umweltschützer hätten nun aber solche Aktionen in diesem speziellen Vulkanbereich verboten. Daraufhin, so berichtete Phillip weiter, versuchte er sein Vulkanbarbecue dann an einem anderen, kühleren Felsabsatz, wo Derartiges erlaubt war, aber leider mit missglücktem Ergebnis.

»Ich lernte ganz schnell den Unterschied zwischen langsamem Garen und schnellem Verfaulen kennen«, lachte er. »Als ich das Teil aus den Steinen herausholte, zerfiel es in seine Einzelteile, und meine Kleidung stank den Rest des Sommers nach verfaultem Truthahn!«

Zum Nachtisch gab es Kuchen und Kaffee. Nachdem das Geschirr abgespült, abgetrocknet und weggeräumt war, machten sich Rick, Rich und ich auf den Weg zum Kraterrand. Er war weiter entfernt, als dies durch das Fenster über dem Spülbecken ausgesehen hatte.

Wir fuhren mit den Schneemobilen so hoch hinauf, wie wir es wagten. Es war eine beängstigende Fahrt. Ich fuhr bei Rich auf dem Rücksitz mit und rutschte zweimal an den steilsten Stellen ab, davon einmal, als das Fahrzeug nach hinten kippte. Ich war sehr erleichtert, als wir ein als »Nausea Knob« bezeichnetes Felsband erreichten, wo die Schneemobile geparkt wurden. Die letzten Höhenmeter überwanden wir, indem wir uns Fußhalte in den Schnee stampften oder über das lockere Vulkangeröll schlitterten.

Man konnte sofort riechen, wie der »Nausea Knob«, der »Ekelknubbel«, zu seinem Spitznamen gekommen war. Der scharfe Gestank von Schwefelwasserstoff, Salzsäure und Schwefeldioxid erschwerte, in Verbindung mit der großen Höhe, das einfache Atmen – ganz zu schweigen davon, dass man dabei auch noch klettern musste. Aber was für den einen ein Brechmittel ist, ist für den anderen ein wohlriechendes Parfüm. Denn als wir immer höher hinaufkamen, sagte mir Rick, wie sehr er den Geruch von Vulkanen liebte, und dass sie ihn immer an die guten alten Tage nach dem Studienabschluss erinnerten, wo er in Italien Vulkane erforscht hatte.

Als wir uns dem Kraterrand näherten, gab er mir einen freundschaftlichen Rat: »Versuchen Sie nicht wegzurennen, wenn der Vulkan ausbricht. Bleiben Sie ganz ruhig stehen, schauen Sie nach oben, und machen Sie sich darauf gefasst, jeden Moment zur Seite zu springen, wenn irgendetwas auf sie zukommt. Dieses Ding kann Lavabomben von der Größe eines Sofas ausspucken.«

Um seine Worte zu illustrieren, deutete er mit seinem Eispickel auf einen merkwürdig aussehenden schwarzen Felsblock, der die Form eines großen Knautschsessels hatte. Er glich einem Meteor, wenigstens meiner Vorstellung von einem Meteor. Eine ominöse Bremsspur zog sich durch den oberhalb liegenden Schnee hin und deutete an, dass dieses Ungetüm unlängst heiß und in Bewegung gewesen war.

»Ist es das, was ich denke?«

»Allerdings. Und noch ganz frisch. Es muss gestern hier gelandet sein, vielleicht auch nach dem Ausbruch, den wir heute Nachmittag hörten.«

Er schlug mit seinem Eispickel dagegen. Statt des harten Klangs von Metall auf Stein, den ich erwartet hatte, drang der Pickel bis zum Stiel ein. Dem Felsen schien die Luft auszugehen. Mit einer Drehbewegung riss Rick ihn auseinander. Zum Vorschein kam ein weiches, klebrig wirkendes Inneres, das wie kristalliner Sirup aussah. Es war noch warm. Rick gab dem Ungetüm einen freundschaftlichen Knuff, drehte sich um und machte die letzten paar Schritte bis zum Kraterrand.

Als auch ich die letzte Anhöhe überwunden hatte, spähte ich über den Vulkanrand auf ein Schauspiel, bei dem mir der Mund offen stehen blieb. Ein Höllenschlund von über siebenhundert Metern Durchmesser tat sich zu meinen Füßen auf. Dampffontänen und beißender Rauch zischten tief unten aus verkohlten Gesteinsspalten und färbten die steilen Felswände in ein blasses Grüngelb ein. Ganz unten, zum Teil vom aufwirbelnden Rauch verdeckt, befand sich der berühmte Lavasee.

Dieses Wunder brodelte hier seit vielen Jahrhunderten, beständig genährt durch Lavaquellen. Während ich hinuntersah, flammte der

See in einem grellen Orange auf. Ein riesiger Brocken flüssigen Gesteins kam spritzend an die Oberfläche und sank dann wieder ins Lavainnere zurück. Der Berg grummelte im tiefsten Basston einer riesigen Orgel. Ich hielt den Atem an, weil ich befürchtete, er könnte seine Muskeln spielen lassen. Doch der See beruhigte sich wieder. Eine dünne, wie hingestreuter Pfeffer aussehende Kruste bedeckte seine Oberfläche.

»Du siehst hier einen der wenigen permanent aktiven Lavaseen der Welt«, erklärte mir Rick. So wie der Südpol ein offenes Fenster zum Weltall und den Anfängen der Zeit darstellte, so war dieser großartige schneebedeckte Vulkan eines zu den Vorgängen, die sich kilometertief unter der Erdoberfläche abspielten.

Ich muss dort am Kraterrand eine Stunde gestanden haben, immer wieder zum See hinunterstarrend, dann den Blick abwendend, um über die weiße Stille der Antarktis zu schauen. Der Kontrast zwischen dieser siedenden Feuergrube und der weiten Traumlandschaft aus Schnee, Eis und Wolken, die sich unter uns erstreckte, war ungemein faszinierend. Es war, als würden hier Himmel und Hölle aufeinander treffen. Das Panorama, das man von diesem Punkt aus auf die Bergzüge und Gletscher hatte, war einfach unglaublich. Alles ringsum war in die weichsten Farben getaucht. Ein blassgoldenes Band schimmerte auf den Hängen eines Berges in der Ferne. Der Gletscher, der von dort abging, war in ein milchiges Violett getaucht.

Es war jetzt schon spät am Abend. Die Sicht war im fragilen Licht dennoch klar genug, um im Norden den über 320 Kilometer entfernten eisigen Gipfel des Mount Melbourne ausmachen zu können. Doch nahezu magisch wurden meine Augen von dem kochenden Hexenkessel angezogen.

Wieder und wieder fing der Lavasee an zu blubbern und aufzuflackern. Einmal brach der Berg in diesen Abendstunden auch aus:

ein mächtiger Donnerschlag, ein kleines Erdbeben, ein lärmender Schauer von Brocken, die aber innerhalb des Kraters blieben. Eine riesige feuchte Wolke stieg auf und hüllte uns in eine Art Nebel ein. Sie war warm und roch beißend. Der Boden zu unseren Füßen war übersät mit dunklen, länglichen Kristallen von Feldspat, wie man ihn sonst nirgendwo auf der Welt findet, während die losen Felsbrocken, über die wir gingen, unter unseren Füßen musikalisch klirrten. Es war eine Gesteinsart, die Phonolith oder Klingstein genannt wird, weil die Brocken glockenähnlich klingen, wenn man gegen sie schlägt. Der Rauch selbst beinhaltete Partikel kristallinen Goldes.

Ich blieb mehrere Tage auf dem Erebus, wo ich jeden Morgen mit Rick und Rich zum Gipfel fuhr, wo sich sie beiden bemühten, BOB am Ende der Welt aufzustellen und zum Laufen zu bringen. Der Plan war, dass das Gerät seine Daten nach McMurdo schicken sollte, von wo aus sie zu den seismischen Labors in New Mexico weitergeleitet werden konnten. Unglücklicherweise störte der Erebus-Sender die Übertragungen der Fernsehstation von MacTown, sodass auf den Bildschirmen in der Station nur noch ein grau-weißes Rauschen zu sehen war, wo doch am Wochenende die College-Football-Spiele übertragen werden sollten. Daher wurden die Gespräche mit dem Sendeleiter der Fernsehstation – über Walkie-Talkie – zusehends angespannter.

In der Hütte testeten und verbesserten andere Forscher inzwischen ein Gerät, das sie LavaCam nannten. Dieses wollten sie am Kraterrand aufstellen, um über Internet ständig Echzeitaufnahmen des Lavasees nach New Mexico übertragen zu können. Ich half an den Abenden, Fumarolen zu untersuchen, seltsame Eiskamine und Höhlen, gebildet von warmen Gasen, die durch Erdspalten oberhalb des Vulkans ausgetreten waren. Wir kletterten, angeseilt und mit Steigeisen und Eispickeln ausgestattet, zu diesen hinunter. In ihrem Innern waren sie wunderschön, von einer ungewöhnlichen Form und erleuchtet von einem kathedralenblauen Licht.

Ein anderes Mal wanderten wir einfach nur am Kraterrand entlang und schauten auf das Wolkenmeer hinab, das unter uns lag, und zu den anderen Gipfeln, die sich in der Ferne erhoben. Dann starrten wir wieder zu dem grellen, siedenden Lavasee hinunter. Das waren Tage, die einem ewig in Erinnerung bleiben sollten. Sie unterschieden sich von der auf dem verborgenen Gipfel im Britannia-Gebirge verbrachten Zeit. Dort war es geisterhaft, traumgleich, ja ätherisch gewesen. Am Erebus gab es auch solche Momente, aber daneben existierte die harte, nervöse Wirklichkeit, mit einem Hauch von Bedrohlichkeit, was auf eine seltsame Weise stärker befriedigte.

Der Erebus sei ein richtig treuer Kumpan, erklärte mir Rick eines Abends, als wir wieder einmal vom Ekelknubbel zum Vulkan hinaufstiegen. Er würde bis zu zehnmal am Tag spucken und so den Geologen eine Unmenge von Daten geben.

Größtenteils waren es einschätzbare Ausbrüche, vorausgesetzt, man behielt vorsichtshalber immer alles im Auge. Aber manchmal konnte der Berg auch gefährlich werden.

Im Jahr 1984 waren nach einer Reihe heftiger Explosionen große Lavastücke knapp neben einer zweiten, weiter oben erbauten Hütte herabgeregnet. Sie hatten Phillip und sein Team in die Flucht gejagt. Einige Jahre später, im Mai 1993, spürten die Instrumente am Kraterrand einen riesigen »Dampfaustritt« auf, eine superheiße Fontäne, die jeden getötet hätte, der um diese Zeit am Kraterrand stand. Zum Glück war das im Winter gewesen, als ohnehin niemand auf dem Berg war. Und dann war da natürlich noch das stumme Zeugnis des Fang-Kamms, dessen scharfer Rand daran erinnert, dass der Vulkan vor 750 000 Jahren seine Kuppe weggesprengt hatte.

Obwohl ich mich an das Donnergrollen gewöhnt hatte, waren mir solche Geschichten in Gedanken immer präsent, wenn wir am

Kraterrand entlang wanderten, unter dem der Blasen werfende Lavasee lag wie ein Topf, den man beim Kochen beaufsichtigen sollte. Diese regelmäßigen Ausbrüche wurden, in Anlehnung an den Stromboli, den nördlich von Sizilien aktiven Vulkan, als »strombolihafte Eruptionen« bezeichnet. Wie der Kilimandscharo oder der Mount Kenya entstand der Erebus in einem Bruchgraben, beim Auseinanderdriften der älteren ostantarktischen Landmasse und des jüngeren, westlichen Teils des Kontinents. Anders als die beiden ostafrikanischen Vulkane verstummte der Erebus aber nie. Er förderte immer weiter Lava nach oben und rumorte und qualmte nun seit vielen Tausenden von Jahren am Rande des riesigen gefrorenen Kontinents.

Eine der Freuden der Antarktika besteht darin, dass selbst nach einem Jahrhundert, in dem unermüdlich geforscht und erobert wurde, immer noch einige heroische Taten zu bewerkstelligen sind. Eines dieser Abenteuer betrifft die Vermessung der Berghöhen mit Geräten, die auf dem neuesten technologischen Stand sind. Vor einigen Wochen, als ich zum ersten Mal nach McMurdo gekommen war, erwähnte ich einem der Erebus-Geologen gegenüber, dass ich verschiedene Höhenangaben des Vulkans gefunden hätte, und fragte damals nach der korrekten Höhe.

»Wahrscheinlich stimmt keine«, gab mir der Geologe zur Antwort. »Wissen Sie, bisher hat noch niemand den Berg mit einem Differential GPS vermessen. Das wäre doch ein Wissenschaftsprojekt für Sie. Legen Sie los!«

»Natürlich, Differential GPS!«

»Warum nicht?«

Nun, ich wusste da schon ein paar Gründe – beispielsweise hatte ich keine Ahnung, was ein Differential GPS war –, aber ich zog es vor, zu schweigen. Wie schon Benjamin Franklin einmal sagte, ist es besser, nichts zu sagen und die Leute denken zu lassen, man sei ein Narr, als den Mund aufzumachen und jeden Zweifel zu beseitigen. Als wir unsere Tabletts zur Ablage in der Nähe der Spülküche trugen, war es eine mehr oder weniger beschlossene Sache, dass es, wenn ich zur Feldhütte kam, »mein Projekt« wäre, die tatsächliche Höhe des Mount Erebus festzustellen. Sie würden eines der neuesten GPS-Geräte für mich bereithalten, welche die Messung bis auf den Zentimeter genau machen würde.

Abgesehen von einem Anflug intellektueller Schmach wegen meiner Unwissenheit (die ich beschwichtigte, indem ich mir vornahm, herauszufinden, was ein Differential GPS ist und wie man solch ein Ding bedient), verließ ich die Kantine an jenem Morgen so aufgekratzt, als wäre ich geadelt worden. In der Tat war ich das auch. Ich war nicht mehr einfach ein Lohnschreiberling, ich hatte ein Projekt, ein wissenschaftliches Projekt. Das hob mich direkt hinauf in den Olymp der antarktischen Adelsgesellschaft. Die Stationen, die Frachtflugzeuge, die Hubschrauber – sie alle existieren nur für die Wissenschaftler. Letztlich also für uns. Tatsächlich ist der ganze Kontinent durch internationale Verträge als Domäne für ihre (äh, unsere) Forschungen abgesteckt.

Und auf dem Mount Erebus befand ich mich nur in allerbester Gesellschaft. Ganze Generationen von Forschern hatte der Vulkan begrüßt, seit James Ross 1841 erstmals in diese Gewässer gesegelt war. Und sie alle hatten versucht, den Vulkan zu vermessen. Ross verwendete einen Sextanten und kam auf 3769,46 Meter. Als sechzig Jahre später Robert Falcon Scott sein Basislager auf der Ross-Insel aufschlug – ein Ort, der bald zum klassischen Ausgangspunkt für Expeditionen zum Südpol werden sollte –, kam er auf eine Höhe von 3998,98 Metern. Shackletons Expedition verwendete im Jahr 1908 ein altmodisches, Hypsometer genanntes Gerät und maß damit 4075,18 Meter. 1943 einigte man sich beim Amt für Hydrographie der U.S. Marine auf 4023,36 Meter, eine Zahl, die viele Jahre lang gültig war. Auf neueren Karten waren 3792,93 bis 3794,15 Meter angegeben, während die amerikanische geologische Vermessung 3759,10 Meter bevorzugte. Aber nun, zu Beginn des 21. Jahrhunderts, würden Smith u. a. der Welt die endgültige Antwort liefern. Der Gedanke durchströmte und wärmte mich bis hinunter zu den Vibram-Sohlen meiner Kletterstiefel. Ich stellte mir mein goldgerahmtes Porträt vor, wie es mit einem frechen Grinsen über dem Kaminsims der Royal Geographical Society prunkte. Um meinen Hals hing der juwelenbesetzte Orden des Fliegenden Pinguins, während hinter meinem Namen mehrere Titel vermerkt waren.

Aber zunächst einmal suchte ich Jean auf, die hiesige Geochemikerin, und gestand ihr in einem ruhigen Augenblick, dass ich, nun ja, viel Zeit mit dem Humangenom-Projekt, dem Erlernen des Geigenspiels und dem Herumprobieren am ungelösten Rubikwürfel, der seit 1979 in meiner Schreibtischschublade lag, verbracht hätte, in jüngster Zeit in puncto Differential GPS also etwas eingerostet sei. Sie verstand sofort, sagte, das gehe schon in Ordnung, sie und die anderen würden mich bei meinem Projekt auf jeden Fall unterstützen. Beschwingt ging ich von dannen.

Und nun, an einem funkelnden Dezembertag, machten wir uns bei minus 28,8 Grad und einer steifen Brise auf den Weg zum Gipfelgrat, mit Rucksäcken voller Ausrüstungsgegenstände. Um zum höchsten Punkt am Kraterrand zu gelangen, musste man um den halben Berg herum. Eine atemberaubende Wanderung entlang der gebogenen, messerscharfen Gratlinie war dazu erforderlich. Tief unten blubberte der Lavasee, irgendwie schien er heute eine gewisse Bösartigkeit auszustrahlen, und Fahnen des goldgefleckten Rauches wirbelten um uns herum. In der Ferne breitete sich eine gefrorene Welt sauber, hell und still unter einem durchdringend blauen Himmel aus.

Wir stellten die Antennen auf der höchsten Kraterzacke auf und schlossen sie an die GPS-Einheit an. Die nächsten dreißig Minuten standen wir mit dem Rücken zum Wind und bewunderten die Aussicht, während der schwere gelbe Kasten zu unseren Füßen mit neun kreisenden Satelliten Kontakt aufnahm. Gleichzeitig tat eine andere Einheit unten in der Hütte das Gleiche.

Um es kurz zu sagen, was wir machten, war eine aufgemotzte Triangulationsmessung, bei der die gleichen geometrischen Prinzipien angewandt wurden, deren sich Landvermesser seit Jahrhunderten bedienen. Zunächst wird von einem bestimmten Punkt auf der Erde aus eine Ortung gemacht – in diesem Fall der höchste Punkt auf dem Rand des Mount Erebus – und in Beziehung zu den Positionen einer Reihe von Satelliten gebracht, deren Umlaufbahn, Winkel, Entfernung und Position mit der Technik des Weltraumzeitalters haargenau gemessen werden können. Diese Messungen wurden verglichen mit jenen, die die GPS-Einheit in der Hütte gemacht hatten. (Rick hatte übrigens schon die genaue Position und Höhe seiner seismischen Messstation auf dem Vulkan bestimmen müssen – es hatte sich nur niemand die Mühe gemacht, das auch für den Gipfel zu tun.) Nun ja, am Ende würde die gute altmodische Triangulation den Höhenunterschied zwischen beiden Punkten berechnen.

Seit das amerikanische Militär seine Satelliten geöffnet hat, um zivilen GPS-Anwendern ultragenaue Messungen zu ermöglichen, ist die Neuvermessung der Höhe berühmter Berge eine trendige Freizeitbeschäftigung geworden. 1999 benutzte ein Vermessungstrupp im Himalaja die gleiche Technologie, um die Höhe des Mount Everest neu zu bestimmen. Dabei wurde die allgemein befriedigende Entdeckung gemacht, dass er tatsächlich etwas höher war, als man früher geglaubt hatte. Und nun eiferten wir diesem Trend auf dem Mount Erebus nach. Unser Berg, so zeigte sich, war 3798,22 Meter hoch – das unterschied sich von der amerikanischen geologischen Vermessung (3759,10 Meter) doch um einiges. Jean erklärte mir später den Berechnungsvorgang. Ich hörte aufmerksam zu, schlürfte meinen Whisky und nickte weise, wie es einem Mann geziemt, der einen Berg hinaufgegangen war und festgestellt hatte, dass er hoch war.

Eigentlich war es mir egal, auf welche Höhe wir für den Erebus kamen, sie konnte höher oder niedriger als angenommen sein – in diesem Punkt besaß ich die Unvoreingenommenheit des Wissenschaftlers. Aber als die Minuten auf dem Gipfel verstrichen, wurde ich zusehends besorgter, was die Messung selbst betraf. Ich grübelte darüber nach, ob die Batterien bei diesen Temperaturen vorzeitig leer werden, ob unsere Daten fehlerhaft sein oder die Satelliten außer Reichweite kommen konnten. Schon seltsam, wie die Wissenschaft die Phantasie anregt. Ich hatte beim Ergebnis nichts zu gewinnen und musste mir auch nicht wegen einer Publikation, eines Stipendiums oder beruflicher Aussichten Gedanken machen – in dieser Hinsicht war ich ein echter antarktischer Aristokrat –, aber ich spürte, wie besitzergreifend Wissenschaft sein konnte. Das hier war »mein« Projekt, und so simpel es auch im Vergleich zu den wertvolleren Bemühungen rings um mich herum sein mochte, wollte ich doch mit aller Leidenschaft, dass es von Erfolg gekrönt war. Und als dann tatsächlich alles klappte, war ich begeistert und glücklich wie ein Kind an Weihnachten. Bei meinem Rückflug nach McMurdo spürte ich einen Anflug von Besitzerstolz, als ich auf die schimmernde weiße Masse des Erebus zurückschaute.

Sowohl Rick als auch ich hatten für den folgenden Vormittag einen Flug nach Christchurch gebucht. Ich verbrachte meinen letzten Tag in MacTown damit, ziellos mit ihm umherzustreifen, während er das Bandbreitenproblem der seismischen Monitore zu lösen versuchte, welche immer noch das Signal des Fernsehsenders von McMurdo störten. Er löste es schließlich, indem er auf eine obskure

Wellenlänge auswich und seinen Transmitter an der Dachrinne eines alten Lagerhauses am Fuß des Observation Hill anbrachte.

Während er an seiner Elektronik herumbastelte, ließ ich meine Augen über die Stapel von Holzkisten im Lagerhaus schweifen. Die meisten waren für die Bauarbeiten am Südpol bestimmt. Wie ich sie so ansah, musste ich an Carlton Walker denken, der zweifelsohne immer noch mit rot geränderten Augen, Stoppelbart und Schlafmangel sein Projekt überwachte. Ich fragte mich, was er und die anderen unten am Pol wohl gerade taten, und stellte mir in Gedanken die herumstehenden Maschinen und das Eisen in der kahlen Eiswüste vor, die Jamesways und die Hypertats und die alternde Kuppel, auf der die amerikanische Fahne wehte.

Alles erschien mir so nah, so persönlich und vertraut.

Während ich die Kisten betrachtete, kam mir der Gedanke, dass für mich der Südpol nie wieder so weit weg sein würde wie vor meiner Reise hierher. Ebenso wenig wie die Sandstein-Felsvorsprünge im Britannia-Gebirge oder die scharfen Zacken des Transantarktischen Gebirges oder der Gipfel des Mount Erebus (und dieser Gipfel war wahrlich der seltsamste und exotischste Ort, den ich je gesehen hatte). Die Naturereignisse und die damit verbundenen Erlebnisse waren nun Teil meiner Lebenserfahrung geworden. Dazu zählte selbst MacTown. Ich trug in mir ein Bild von einem wunderbaren, aber komplizierten Weißen Süden.

Es war ein Nachmittag für Abschiedsgedanken. Und als wir in die Stadt zurückfuhren und aus dem Autoradio des Trucks »Lass dir die Haare schneiden und besorg dir einen richtigen Job!« jaulte, bemerkte ich, dass Ricks Augen immer wieder zum Gipfel des Erebus wanderten, der hoch und mächtig vor dem stahlblauen Himmel schimmerte. Ich konnte sehen, dass er noch immer vom Berg Abschied nahm und sich fragte, ob, wann und unter welchen Umständen er je zurückkommen würde.

Ich hatte in dieser Beziehung Glück. Ich wusste, dass ich in gut vierzehn Tagen in die Antarktis zurückkehren würde, wenngleich in einen völlig anderen Teil des Kontinents. Dann würde ich die Antarktische Halbinsel, den knapp 1300 Kilometer langen Bergrücken und die sturmumtosten Archipele, die sich in Richtung Feuerland erstrecken, bereisen. Aber man kommt nicht einfach von einer Seite der Antarktis zur anderen. Um die Halbinsel zu erreichen, musste ich erst zurück nach Australien fliegen und von dort aus nach Südamerika. Ein Schiff würde mich ins Eis bringen.

Ich flog mit einer C-130 der Royal New Zealand Air Force ab. Der Flug war nicht überfüllt. Es war Platz genug, um sich auszustrecken und auf der unter Netzen gesicherten Fracht im Frachtraum zu schlafen. Es war so angenehm, wie es neun Stunden unruhigen Schlafes in einem lärmenden Turboprop-Frachtflugzeug nur sein können.

Ich wachte auf, als wir im Landeanflug waren. Wir setzten am Nachmittag eines schönen Sommertages auf. Die Luft war voller satter, erdiger Gerüche, die niemandem ansonsten aufgefallen wären, außer jenen, die frisch vom Eis zurückkamen. Es roch fast so anregend wie Kaffee.

Die Luft fühlte sich feucht, ja fast tropisch an. Es war herrlich, ein Hemd mit aufgekrempelten Ärmeln zu tragen und sich keine Gedanken wegen plötzlich aufkommender bitterkalter Winde machen zu müssen. Und es war überaus erfreulich, von der autoritären, orwellhaften Gegenwart des amerikanischen Antarktisprogramms befreit zu sein, zu wissen, dass ich tun konnte, was ich tun wollte, und hingehen, wo es mir beliebte, ohne dafür von irgendjemand eine Genehmigung einholen zu müssen.

Ich traf Rick an diesem Abend in einem Straßencafé, und wir waren beide von der Vorstellung begeistert, dass wir zum ersten Mal seit Wochen wieder eine Nacht erleben würden.

KAPITEL 12

Unterwegs zum Bananengürtel

Es regnete, als ich kurz nach Mitternacht in Punta Arenas landete. Der Flughafen an der südlichsten Spitze Patagoniens war klein und ruhig. Im Terminal war die Nachtbeleuchtung angeschaltet. Der Teer glänzte. Es war kalt, nur ein paar Grad über null, aber es fühlte sich nach der brütenden Hitze von Buenos Aires kälter an, in der ich an diesem Morgen aufgewacht war.

Im Terminal war es nicht viel wärmer, aber wenigstens war es trocken. Ich schnappte meinen Rucksack vom Fließband, wühlte meine dicke Fleecejacke heraus, machte einen der Blue Jeans tragenden Taxifahrer auf mich aufmerksam, die neben der Tür herumstanden. Ich engagierte ihn für die Fahrt zu meinem Hotel.

Der Regen hatte sich in einen leichten Nieselregen verwandelt, als wir aus dem Flughafengebäude hinaustraten. Ein Strahl Mondlicht schien durch einen Riss in den Wolken über der Stadt. Ein dunkles, zimtfarbenes Leuchten am westlichen Horizont verriet, dass die Sonne vor noch nicht allzu langer Zeit untergegangen war, was subtil andeutete, wie weit südlich Punta Arenas liegt.

Der Fahrer raste. Wir flitzten durch die nachtbeleuchteten Straßen der Stadt und hielten schließlich vor dem Hotel José Noguiera. Es war ein kleines, elegantes Haus, welches früher das Herrenhaus eines in Portugal geborenen Woll-, Holz- und Minenbarons namens Noguiera gewesen war. Der Schein der Straßenlaterne fiel auf das neoklassizistische Mauerwerk und den schmiedeeisernen Zierrat. Es war ein stattliches Haus. Es überraschte mich, solch ein Haus an einem Ort zu sehen, den ich mir – aus keinem anderen Grund als dem, dass er sich einsam an der Südspitze Südamerikas befand – als wilde Grenzstadt vorgestellt hatte. Punta Arenas war einst ein reicher Seehafen gewesen. Die Stadt wurde 1848 gegründet, zur rechten Zeit und am rechten Ort, um über Nacht ein Vermögen zu verdienen, indem sie den Klippern, die auf dem Weg zu den Goldfeldern Kaliforniens das Kap Hoorn umrundeten, einen geschützten Hafen, Holz, Wasser und frische Lebensmittel bot. Und von diesem großartigen Anfang ging es weiter zu noch größeren Reichtümern. Es wurde der wichtigste Verladehafen während des Woll-Booms am Ende des 19. Jahrhunderts.

Für Punta Arenas hörte die Musik zu spielen auf, als die Amerikaner 1914 den Panamakanal eröffneten, der eine bequeme Abkürzung war, sodass nur noch wenige Schiffe das Kap Hoorn umfuhren. Aber die Stadt ist immer noch durchwirkt von eleganten Häusern und reich geschmückten Fassaden, die aus der Blütezeit der Stadt stammten.

Ich bezahlte den Taxifahrer und ging die Stufen in den warmen Lichtschein der Lobby hinauf. Ich nahm ein Zimmer im zweiten Stock, von dem aus man über die Straße schauen konnte. Anschließend streckte ich mich auf dem Bett aus, nicht weil ich müde war, sondern um die Kilometer und den Jetlag von mir abfallen zu lassen.

Ich blickte zu dem Telefonbuch, das auf dem Tisch auf der anderen Seite des Zimmers lag und die Einträge für das Territorio Chileno Antártico enthielt. In diesem Moment dachte ich daran, dass die Gewässer der Magellanstraße die Docks dieser heruntergekommenen alten südamerikanischen Hafenstadt umspülten.

Es war ein großes Erlebnis gewesen, die Antarktis im Bereich des Rossmeers zu besuchen. Es ist der traditionelle und historische Zugang zum hoch gelegenen Polarplateau und erinnert an Scott und Shackleton. Aber ich glaube, ich war noch gespannter darauf, die Antarktische Halbinsel zu sehen, das wilde, sturmgepeitschte, maritime Antlitz von Antarktika, rund tausend Kilometer südlich von Kap Hoorn. Die alten Hasen in McMurdo und am Südpol nannten diesen Teil des Kontinents den Bananengürtel, wegen seines feuchten und relativ warmen Sommerklimas und dem scheinbar nicht zur Antarktis passenden üppigen Wuchs von Gras, Moos und Flechten, die sich auf Felsen und in Felsspalten ans Leben klammerten.

Der Bananengürtel mit seiner Andeutung tropischer Leichtlebigkeit ist als Name ist ein wenig irreführend. Die Wintertemperaturen auf der Halbinsel sinken immer noch bis auf minus 40 Grad ab, und die heftigen Stürme und die tobende See, welche auf die kartographisch kaum erfassten Küsten treffen, haben schon mehr Menschenleben gefordert als das bitterkalte Polarplateau.

Einige dieser Leben gingen verloren, weil dieser Teil der Antarktis so viel leichter zu erreichen ist als der Südpol. Piraten, Abenteurer und Forscher haben sich schon seit Jahrhunderten an der Südspitze Südamerikas herumgetrieben, und zwar seit den Tagen der Halskrausen, als Ferdinand Magellan und Sir Francis Drake in diese Gewässer kamen. Kapitän James Cook segelte um 1770 in dieser Gegend herum und verlor fast seine gesamten Schiffe in der aufgepeitschten See und den fürchterlichen Stürmen, welche diesen Teil der Welt heimsuchen. Und obwohl noch weitere fünfzig Jahre vergingen, ehe bekannt wurde, dass der Kontinent gesichtet worden war – wobei dann 1820 ein Russe, ein Engländer und ein Amerikaner für sich beanspruchten, als Erster mit dem Fernrohr die Küste gesehen zu haben –, waren die Gewässer und die kargen Archipele südlich des Kaps unter den heimischen Robben- und Walfängern schon längst bekannt. Nach 1820 spielten sich auf den Inseln Szenen ungebremster Habgier ab, als britische und amerikanische Robbenfänger, die meisten von ihnen der Abschaum der Menschheit, die sagenhaft reichen Wildtierkolonien plünderten und Millionen von Robben in einer Orgie von Gier auslöschten.

Und als die Robben fast völlig ausgerottet waren, fingen sie an, Wale zu jagen. Im Verlauf des folgenden Jahrhunderts vernichteten Walfangflotten Hunderttausende von diesen Riesensäugetieren und drängten viele Arten an den Rand des Aussterbens. Noch heute haben sie sich nicht wieder davon erholt.

Diese bewegte Geschichte der Halbinsel ist das Gegenstück zu jener des Polarplateaus, mit seiner geruchlosen Luft und seiner aus der Zeit Eduards VII. stammenden Askese, verbunden mit heroischer Selbstaufopferung. Die Halbinsel mag einige der schlimmsten Seiten der menschlichen Natur aufgezeigt haben – Raublust, Gewalt und Grausamkeit –, doch sie hat auch etwas Faszinierendes, so zynisch es auch klingen mag. Dieser Teil der Antarktis, er hat auch Coleridges Ballade *Der alte Seefahrer*, Poes *Denkwürdige Erlebnisse des Arthur Gordon Pym* und Melvilles *Moby Dick* inspiriert. Und für mich war es der Teil, bei dem ich später, an Bord der Jacht *Troison d' Or*, frei von einer übermächtigen Bürokratie reisen konnte.

Die *Troison d' Or* und ihr Kapitän, ein renommierter französischer Seemann namens Jérome Poncet, sollten mich am Kap Shirreff abholen, einer felsigen Halbinsel an der Nordseite der Livingstone-Insel, die ihrerseits als zweitgrößte Insel des Süd-Shetland-Archipels gilt. Für die Fahrt dorthin hatte ich arrangiert, dass mich das russische Forschungsschiff *Yuzhmorgeologiya* mitnehmen würde, das von der NOAA, der National Ozeanic and Atmospheric Administration, gechartert worden war, eine zweimonatige Untersuchung der Lebensformen in den kalten antarktischen Gewässern vorzunehmen.

Das Erbe der frühesten Zeiten antarktischen Forschens, der Plünderung und Ausbeutung, wird noch heute mit großen, modernen Fabrikschiffen fortgesetzt, die Tausende von Tonnen antarktischer Fischarten fangen – etwa den patagonischen Zahnfisch –, und zwar in einem Ausmaß, das die Fähigkeit der Natur, alles wieder ins Lot zu bringen, überschreiten könnte. Niemand weiß es mit Sicherheit. Daher versuchen die Meeresbiologen der Welt, so viel wie möglich über dieses einzigartige Ökosystem in Erfahrung zu bringen – und das, so hofft man, bevor irgendetwas geschieht, das nicht mehr rückgängig gemacht werden kann. 1982 unterzeichneten die Nationen des Antarktisvertrages eine Konvention zur Bewahrung der Ressourcen des antarktischen Meereslebens, um auf diese Weise eine Art Schutz für die reichen Fischfanggebiete zu bewirken. Da jedoch keine Nation diese Gewässer kontrolliert, bleiben Fangquoten eher eine Frage (zweifelhaften) Gewissens. Anlässlich dessen schwärmen jeden Sommer zahlreiche Biologen aufs antarktische Meer hinaus. Und ich sollte mich bald unter ihnen befinden.

Eine frische Bö wehte in der Nacht heran. Ich wachte einmal auf, als ich den Regen an mein Hotelfenster klopfen hörte. Bis zum Morgengrauen hatte er sich wieder in einen kühlen, nebelartigen Nieselregen verwandelt, der in diesen Breitengraden im Januar gegen vier Uhr morgens auftritt. Ich schlief bis um acht, duschte, rasierte mich und rief einen Mann namens Ricardo an, den örtlichen Agenten der russischen Firma, die die *Yuzhmorgeologiya* vermietete. Er sprach fließend Englisch und sagte, er käme um zehn Uhr, um mich zum Schiff zu bringen.

Ich war gerade mit dem Frühstück fertig, als er das Hotel betrat. Er erwies sich als kleiner, adrett gekleideter Mann in einem schiefergrünen Sportsakko. Wir fuhren sechs Blocks bis zum Kai. Wie jeder schlaue Anhalter war ich etwas besorgt wegen meiner Überfahrt durch die Drakestraße. Sie ist eines der gefürchtetsten Gewässer der Welt, südlich von Kap Hoorn gelegen, wo der Atlantik und der Pazifik mit aller Wucht aufeinanderprallen. Stürme der Windstärke zehn sind an der Tagesordnung. Auf den alten Karten sind Hunderte von Schiffswracks vermerkt. Ein alter Seemann hatte einmal folgenden Spruch geprägt: Unter dem 40. Breitengrad gibt es kein Gesetz, unter dem 50. Breitengrad keinen Gott und unter dem 60. Breitengrad weder Sinn noch Verstand. Ich aber würde weit unter dem 60. Breitengrad fahren.

Irgendein fröhlicher Besserwisser hatte mir in McMurdo die *Yuzhmorgeologiya* als Rostkübel aus der Breschnew-Ära geschildert. In den seither vergangenen Wochen hatte ich mir in Gedanken immer düsterere Bilder des Schiffs ausgemalt, mir einen arg heruntergekommenen Rumpf und schmutzige, von Dieselabgasen verrußte Deckaufbauten vorgestellt, stickige, überheizte Korridore, in denen es nach Kohl, Fett und Tabak müffelte, und schäbige Kojen, die nach Seekrankheit rochen – hauptsächlich nach meiner.

Als wir am Kai entlang fuhren, erblickte ich im Hafen ein verrottetes Schiff, das nicht danach aussah, als würde es noch seetauglich sein, und mir wurde flau im Magen. Aber ich beruhigte mich wieder, als Ricardo stattdessen zu dem breiten Kai fuhr, an dem die teuren Kreuzfahrtschiffe anlegten. Eines dieser Schiffe war gerade angekommen, groß, gepflegt und leuchtend weiß. Es wurde für eine Fahrt nach Feuerland startklar gemacht. Und an der anderen Seite des Kais lag die *Yuzhmorgeologiya*. Nicht schlecht, gar nicht schlecht.

Es war ein Schiff von der Größe eines bescheidenen Frachters mit einem paprikafarbenen Rumpf und einer russischen Flagge, die zwischen den Radarmasten flatterte. Wenn etwas daran abgenutzt aussah, dann, weil es permanent im Einsatz war. Von Vernachlässigung aber keine Spur.

Ricardo hielt neben einem Stapel Kisten mit frischem Obst, Gemüse und Lebensmitteln an, die von russischen Seeleuten gerade eingeladen wurden. Er ging zu ihnen hinüber und unterhielt sich ein paar Minuten mit ihnen. Ich stieg aus und ließ meine Augen erleichtert über das Schiff schweifen. Ricardo kam zurück, dann bewegten wir uns in Richtung Landungsbrücke.

Das Schiff war innen blank geputzt. Das Interieur stammte aus den siebziger Jahren, blassgelbes Furnier mit Metallverzierungen, und die Korridore rochen ganz leicht nach Bratfett und Zigarettenrauch, aber nur so schwach, dass ich über meine Vorahnungen lächeln musste.

Ich folgte Ricardo ein paar Stufen abwärts durch einen engen Metallflur und einige wasserdicht schließende Türen in einen Raum voller Kisten, Laborausrüstung und Computerzubehör. Etwa ein Dutzend Expeditionsteilnehmer wuselten herum, packten aus und verstauten Dinge in einer Atmosphäre angenehmer Erwartung.

Ich hörte mehrere englischsprachige Akzente heraus, amerikanische, aber auch kanadische, britische und sogar südafrikanische. Der Leiter der Expedition war ein Mann namens Roger. Er war mittelgroß und hatte kurz geschorenes eisengraues Haar, wache braune Augen und den gehetzten Blick eines Mannes, der eine internationale Forschungsgruppe innerhalb kürzester Zeit zur See bringen musste.

Ricardo stellte uns vor und ging dann auf die Brücke, um mit dem Kapitän zu reden. Roger sagte mir, wo ich die Kabineneinteilung finden könne, und fügte hinzu, dass es um vierzehn Uhr für alle an Bord eine Besprechung in der Offiziersmesse gäbe.

»Wir fahren morgen früh um acht Uhr los. Ach ja, Sie sollten Ihre komplette Ausrüstung an irgendetwas festmachen. Was sich bewegen kann – binden Sie es fest! Es kann da draußen ziemlich rau werden.«

Mir wurde Kabine 33 auf dem Oberdeck zugeteilt, die ich mit einem großen, lebhaften Biologen namens Kit von der University of California und einem besonnenen Forscher der NOAA namens Brian teilte, der seine Sommerzeit mit Pinguinen und Robben auf der Livingstone-Insel verbringen würde. Die beiden waren bereits eingezogen. In der Kabine türmten sich wasserdichte Taschen und

Rucksäcke. Kit hatte auch sein Surfbrett und seinen Neoprenanzug mitgebracht, weil er hoffte, vor den Süd-Shetland-Inseln ein paar Wellen reiten zu können, als Ausgleich für lange Tage, die er mit dem Studium von Plankton verbringen würde.

»Wussten Sie, dass das Wort ›Plankton‹ vom Griechischen abgeleitet ist und ›zum Wandern geboren‹ bedeutet?«, fragte er mich und blickte aus seinem Exemplar von Henry Millers Reiseklassiker *Der klimatisierte Alptraum* hoch.

Ich gestand meine Unwissenheit ein.

»Nun, so ist es aber. Ich vermute, dass ich diese kleinen Dinger deshalb so gerne mag. Sie haben einen Lebensstil, den ich mit Vorliebe übernehmen würde. Sie wandern im Meer umher.«

»Plankton, hm?«

»Klar. Ich bin immer für das glitschige, klebrige Zeug. Die Wale bekommen den ganzen Ruhm ab. Ich aber mag das Proletariat der Nahrungskette, diese amorphen, gelatineartigen Wesen, die jeder ignoriert. Sie sind faszinierend.«

»Verstehe.«

Während ich meine Sachen verstaute, begann er einen humorigen und informativen Monolog über Plankton, der so voller Begeisterung und interessanter Fakten war, dass ich anfing mich zu wundern, warum ich mich nicht schon viel früher mit Plankton beschäftigt hatte.

Offensichtlich würde dies eine interessante Reise werden. Oder vielleicht war »lebhafter« das passendere Wort. Insbesondere deshalb, weil mir auffiel, dass alles im Raum gut festgebunden und verstaut war. Es sah aus, als erwarte jemand, dass das Schiff Eskimorollen machen würde.

Einige Minuten vor zwei gingen wir zur Offiziersmesse. Sie war bequem und hell und hatte Fenster, von denen aus man das untere Fangdeck sehen konnte. Auf einem langen, mit einem weißen Tuch gedeckten Tisch standen ein paar kleine Blumenvasen. Das war die Offiziersmesse, und hier würden wir auch speisen. In einer Ecke befand sich eine Stereoanlage, und der Kühlschrank neben der Tür war gefüllt mit Getränken.

Wir holten uns einige Cokes heraus und setzten uns. Bald füllte sich der Raum. Eine kraushaarige Amerikanerin, welche das Chartern der *Yuzhmorgeologiya* seitens der NOAA bewerkstelligt hatte, stellte uns den Kapitän und die russische Mannschaft vor. Auf interessant vorsichtige Art und Weise lobte sie die Russen, das hohe Niveau der Gastfreundschaft, die Professionalität, mit der sie ihr Schiff betrieben. Ich hatte das Gefühl, dass hier viel Diplomatie am Werk war.

Seit dem Fall der Sowjetunion im Jahr 1991 waren russische Forschungsinstitute gezwungen, ihre Polarschiffe westlichen Regierungen anzudienen, im Tausch gegen harte Devisen. Für die Russen war das nicht immer einfach gewesen. Dienstleistungen mit einem Lächeln, frische Lebensmittel und regelmäßige Wartung waren nicht unbedingt Kennzeichen der sowjetischen Lebensart, weder zur See noch an Land. Und es gab fortdauernde Empfindlichkeiten hinsichtlich der Notwendigkeit, westlichen Wünschen gefällig zu sein. Das gut aufpolierte Aussehen der *Yuzhmorgeologiya* war, so verstand ich es jedenfalls, etwas ziemlich Neues, das größtenteils dem guten Willen und der Rücksichtnahme beider am Handel beteiligter Seiten zu verdanken war.

Die kraushaarige Amerikanerin versicherte uns, wenn jemand an Bord krank oder sich eine Verletzung zuziehen würde, stünde uns jederzeit über Satellitentelefon ein Ärzteteam in Seattle zur Verfügung. Allerdings meinten später einige alte Hasen, dass der russische Arzt, den wir an Bord hatten, viel besser wäre als seine amerikanischen Kollegen. Zur russischen Vorstellung von Gesundheit und Wohlergehen gehörten nämlich solche Annehmlichkeiten wie eine Massage als präventive Vorsorgemaßnahme. Sein Terminkalender war in null Komma nichts ausgebucht.

Nun wurde uns der Schiffskapitän vorgestellt. Er entsprach fast dem Stereotyp eines sowjetischen Marineoffiziers, wie ihn sich ein amerikanischer Werbemanager vorstellt: untersetzt, schweigsam und mürrisch, mit regungslosen slawischen Gesichtszügen und frostiger Zurückhaltung. Fairerweise muss man sagen, dass er nur wenig Englisch sprach, sodass schwer zu sagen war, was sich hinter dem äußeren Schein verbarg. Vielleicht hatte er ja einen ganz weichen Kern. Vielleicht sah er sich in seiner Kabine unaufhörlich *Titanic* mit einer Schachtel Taschentücher auf dem Schoß an und spielte CDs von Celine Dion auf der Brücke ab. Aber irgendwie hielt ich das für unwahrscheinlich. Er sah aus, als könne er Eis brechen, indem er es nur anlächelte.

Anschließend stand der Maat auf und hielt einen Vortrag über Sicherheitsmaßnahmen, Sammelplätze und die bevorstehende Rettungsbootübung. Er war ein athletisch aussehender junger Mann mit sandfarbenem Haar, dicken Handgelenken und den Schultern eines Rugbyspielers. Während er zur See fuhr, hielt er sich gern mit Boxen in Form, und er erbot sich, mit jedem in den Ring zu gehen, der etwas Training für nötig hielt. Das war zweifelsohne gut gemeint, aber alle begeisterten sich weitaus mehr für das Massageangebot des Arztes. Obwohl das Schiff »trocken« war, endete das erste Treffen mit einer Flasche Champagner und einem Trinkspruch auf das gute Gelingen.

Wir stachen kurz vor zehn Uhr in See, ein paar Stunden später als geplant, aber schließlich hält sich niemand, der mit der Antarktis zu tun hat, an die genaue Uhrzeit. Das erwartet auch keiner. Ein paar Halbinsel-Veteranen sagten mir, sie hätten einmal sechs Wochen lang in Punta Arenas ausharren müssen, während ihr Schiff – nicht die *Yuzhmorgeologiya* – repariert wurde.

Ich liebte die Vorstellung, dass ich wieder per Schiff zur Antarktis fuhr. In Gedanken sah ich mich noch einmal auf einem verregneten Kai in Hobart vor vielen Jahren, wo der Eisbrecher *Aurora Australis* vor Anker lag. Ich stützte mich auf die Reling und sah, wie Punta Arenas achtern zurückblieb, bis es nur noch ein Mosaik leuchtend bunter Dächer war, die sich an den Fuß einiger grasbewachsener Hügel schmiegten. Es hatte alles etwas angenehm Maritimes an sich, gleich einem Aquarell, das nach Meer roch. Ich fühlte mich wohl. Es war schön, aufs Meer hinauszufahren. Und ich mochte die Leute sowie das Ambiente an Bord dieses Schiffes.

Ich muss zugeben, dass ich, als ich mir wegen der Seetüchtigkeit des russischen Schiffes den Kopf zerbrochen hatte, mich gleichermaßen gefragt hatte, ob ich mich wieder, wie bei den Amerikanern, in eine bürokratische Hand begeben würde, ob also zu befürchten stand, dass ich mich auf einer Hochseeversion von McMurdo befinden würde. Aber wie mit dem Schiff, so konnte auch in diesem Punkt die Wirklichkeit nicht verschiedener sein. Ein Teil des entspannten Verhältnisses war schlicht der Tatsache zuzuschreiben, dass wir eine viel kleinere und homogenere Gruppe waren. Zudem waren die knapp zwanzig Leute viel weniger provinzlerisch als die meisten der über tausend Bewohner von MacTown. Die meisten von ihnen arbeiteten hier seit vielen Jahren zusammen und funktionierten inzwischen fast wie eine Ersatzfamilie. Roger und Valerie, die beiden Leiter, hatten im Vergleich mit den reservierten Verwaltern, die so lange Schatten über MacTown warfen, einen völlig anderen Management-Stil. Und schließlich gab es hier nicht das harte, militärische Gehabe von MacTown. Obwohl alle an Bord befindlichen NOAA-Leute Offiziere der U.S. Navy waren, trug keiner von ihnen Uniform. Es ging alles sehr zivil zu.

Eine frische Brise wehte und erzeugte auf den Wellen weiße Schaumkronen, aber das Schiff glitt ruhig wie ein Fels dahin. Unser

Kurs sollte nach Osten führen, durch die Magellanstraße, und dann in den Südatlantik, wo wir beidrehen und zur Antarktis fahren würden.

»Wir werden den Wellengang zu spüren bekommen, wenn wir Staten Island erreichen«, warnte Roger. »Und dann gelangen wir in die Drakestraße, also achten Sie darauf, dass bis morgen früh alles in Ihrer Kabine festgebunden ist.«

»Keine Sorge.« Meine Stimme klang fröhlich und leicht, aber ich fing an, mich wegen der bevorstehenden Rauheit unwohl zu fühlen. Ich war auf der *Aurora Australis* nie seekrank geworden, aber das war vor einigen Jahren gewesen, und während wir jetzt durch die Magellanstraße fuhren, bemerkte ich, dass die Wissenschaftler rings um mich herum – alles Veteranen – wandelnde Arzneischränke von Scopolaminpflastern und Metoclopramid-Zäpfchen waren und Witze darüber rissen, die »Drake-Steuer« zu bezahlen – jener Tribut an Seekrankheit und Unwohlsein, der Hand in Hand mit der Fahrt durch diese unruhigen Gewässer geht. Alles, was ich gegen Unwohlsein mitführte, war eine Schachtel mit kandiertem Ingwer und eine Dose englischer Pfefferminzbonbons. In diesem Augenblick kam mir das nicht wie eine besondere Steueroase vor.

KAPITEL 13

Die Begleichung der »Drake-Steuer«

Ich schlief gut, stand früh auf und fühlte mich wohl, als ich hinaus an Deck in die frische, salzige Luft trat. Wir waren während der Nacht aus der Magellanstraße gekommen und dampften nun am südlichsten Teil von Südamerikas Ostküste entlang. Staten Island lag in einiger Entfernung, ein kühner Anblick, wild und zerklüftet und in ein gelbes Licht getaucht, das von einem Fächer aus Sonnenstrahlen kam. Das Wasser war dunkel. Das Schiff rollte gleichmäßig, aber heftig, während es mit fünfzehn Knoten südwestwärts zog. Seevögel sausten zwischen den Wellen nieder.

Mit einem Becher Kaffee in der Hand torkelte ich Richtung Bug, um das Schauspiel zu genießen und mich zu der kleinen Gruppe von Vogelbeobachtern zu gesellen, die sich dort mit Ferngläsern und Notizblöcken aufhielten und die gesichteten Arten notierten.

Hier wollte ich sein. Die Luft schmeckte salzig, die Vögel kreischten, und das Deck unter meinen Füßen hob und senkte sich heldenhaft. Jemand rief »Delfine!«, und wir schauten alle steuerbords über den Bug und sahen sie vor uns ihre Bögen durch das Wasser ziehen, dabei perlte das Nass wie Silbertropfen von ihren Rücken. Sie schienen das Schiff durch ihre eigenen Gewässer zu begleiten.

Ich beobachtete sie, schlürfte meinen Kaffee und nahm den Augenblick in mich auf. Bevor der Morgen um war, würden wir Kap Hoorn hinter uns gelassen haben. Der Abenteuerroman in seiner reinsten Form. Was der Schauplatz für Kindheitsgeschichten von stolzen Klippern, spanischen Galeonen und elisabethanischen Freibeutern gewesen war, wurde nun auch Teil meiner Geschichte.

»Wollen Sie ein Fernglas?«

Ich blickte über meine Schulter ins freundliche Gesicht eines Mannes mittleren Alters. Wayne war der Leiter der Meeresvogelforschung beim amerikanischen Antarctic Marine Living Resources Program, ein großer Typ, schlank und mit ergrauenden Bartstoppeln im Gesicht. Seit 1976 war er jeden Sommer in diese Gegend gekommen, um die Pinguinbevölkerung zu überwachen. Sein Lager auf der Livingstone-Insel war es, zu dem ich mich unterwegs befand.

»Danke, gern.« Ich nahm das mir angebotene Fernglas und hängte es mir um. Staten Island ragte durch die Vergrößerung noch drohender vor mir auf. Mit seinen grausamen Steinzacken, der schweren Brandung, die gegen die Klippen krachte, und dem wässrigen Sonnenlicht schien die Insel nahezu unwirklich. Man konnte sich leicht vorstellen, wie sie für einen abergläubischen Seemann im 16. Jahrhundert ausgesehen haben musste. Eigentlich war es schwierig, sie sich nicht so vorzustellen.

Nach einigen Augenblicken ließ ich das Glas sinken und fragte Wayne, wie es mit der Beobachtung der Vögel voranginge. Ich weiß so gut wie nichts über Vögel und hatte das Fernglas eigentlich nur angenommen, um mir Staten Island genauer anzusehen, dachte mir aber, dass der Leihgabe zumindest ein flüchtiges Interesse an dem, was hier vorging, angemessen sei, auch wenn ich nichts Vernünftiges zu ihrem Tun beitragen konnte.

»Großartig! Wir sind gerade in einem Gebiet, in dem es sehr unterschiedliche Arten gibt«, antwortete er. »Die Gewässer entlang des Schelfs sind nur einige hundert Meter tief, sodass hier von den Wellen viele Nahrungsstoffe hochgewirbelt werden. Dadurch lassen sich hier diese Unmengen von Vögeln beobachten.«

Wie wir da so im Wind standen, zeigte er mir Hall-Sturmvögel, Blausturmvögel, Schwarzbrauenalbatrosse und chilenische Skuas (Riesenraubmöwen) – und demonstrierte auf diese Weise ein beachtliches Talent, die Tiere zu identifizieren, die für mich nur grau-weiß-schwarze Flecken waren, die sich schnell bewegten.

Während er redete, wurde jeder auf einen Vogel aufmerksam, der rasend schnell durch die Wellentäler schoss. Ich verstand im Getöse den Gattungsnamen nicht, aber alle Ferngläser richteten sich auf ihn. Meines auch. Es war schon eine große Flugkunst, wie der Vogel so über der Wasseroberfläche dahinstrich, in Pirouetten den Schaumkronen der schwarzen Wellen auswich, ehe sie über ihm zusammenschlugen, und er dann durch den glatten, glasartigen Wellentrog flitzte.

Der Versuch, seinem Zickzackkurs durch die bewegten Wellen bei siebenfacher Vergrößerung zu folgen, erwies sich als ein großartiges Erlebnis. Es machte mich geradezu zum Vogelliebhaber. Aber als ich so mit dem Fernglas über das Wasser blickte, wurde mir plötzlich das Heben und Senken des Schiffs in einer Weise bewusst, wie das vor zwei Minuten noch nicht der Fall gewesen war. Bislang unbemerkte Empfindungen erregten meine Aufmerksamkeit: der sanfte Druck auf meine Knie, als das Schiff mit einer Welle hochging, und die weiche, stürzende Gewichtslosigkeit mitsamt einem Kribbeln hinter meinen Schläfen, als es auf der anderen Seite hinunterglitt. Deutlich wurde mir der Augenblick des Innehaltens am Grund eines Wellentals bewusst, ehe das Schiff sich zum nächsten Anstieg aufmachte. Ich setzte das Fernglas neben der Ankerwinde ab und holte tief und langsam Luft.

»Äh – besten Dank, dass Sie mich das Fernglas benutzen ließen.« Ich sprach mit der übertriebenen Höflichkeit eines Betrunkenen, der sich verzweifelt bemüht, Nüchternheit vorzutäuschen. Ich nahm meinen Becher mit tauben Fingern auf. »Ich ... ich ... ich glaube, ich könnte hineingehen und mir noch etwas Kaffee holen.«

Wayne ließ sein Glas sinken, wandte den Blick von dem Vogel ab, den alle verfolgten, und schaute mich über die Schulter an. »Gern geschehen.« Seine Stimme war leutselig und kam von irgendwo weit her, von einem fernen Ort, wo es noch einen schönen Morgen gab. Jedenfalls kam sie nicht von dort, wo ich mich jetzt befand. »Aber Sie können hier bleiben, wenn Sie wollen. Ich muss sowieso hinein und etwas aus dem Labor holen. Geben Sie mir den Becher, ich bringe Ihnen einen weiteren Kaffee.«

Ich spürte, wie in der Brust und in meinen Schläfen Hitze aufwallte. »Oh nein, schon in Ordnung. Danke. Ich kann selbst gehen.« Ich drehte mich so vorsichtig um, als wäre ich aus mundgeblasenem Glas, und wankte zu meiner meilenweit entfernt liegenden Kabine. Sorgfältig achtete ich darauf, nirgendwo anzustoßen und meine Augen nur auf Dinge zu richten, die einen stabilen Punkt bildeten. Seekrankheit hat etwas mit dem Gleichgewichtssinn im Innenohr und mit visuellen Reizen zu tun. Aber ich hatte in diesem Augenblick wenig Chancen, meine Balance wiederzufinden. Das war so realistisch, als würde man ein verrührtes Ei erneut in Eigelb und Eiweiß trennen wollen. Ich beschleunigte unterwegs meine Schritte, als ich außer Reichweite der Vogelbeobachter war – kein olympischer Geher hätte zielstrebiger oder entschlossener sein können.

Ich stürmte im Eilschritt in meine Kabine und verbrachte den Rest des Vormittags damit, meine Steuer zu entrichten, die »Drake-Steuer.« Gegen Mittag schlich ich, noch sehr zittrig, hinaus und stocherte versuchsweise im Mittagessen herum. Es war weniger schlimm, als ich befürchtet hatte. Gegen Abend war mir wieder so wohl wie immer – und das blieb auch für den Rest meiner Zeit an Bord so. Aber ich ging nie wieder vor zum Bug, um durch ein Fernglas zu schauen. In meinem geistigen Grundriss des Schiffes war das der finstere Keller, den man zu meiden hatte.

Die Drakestraße war uns gewogen. Zwei weitere Tage eines leichten Wellengangs brachten uns zur Antarktischen Konvergenz. Hier stießen die kalten, dichten und nährstoffreichen Gewässer auf die wärmeren und nährstoffärmeren aus dem Norden. Es war eine überraschend klare Grenze, die im Allgemeinen um 60° südlicher Breite liegt. Innerhalb weniger Kilometer wurde die Luft frostig-feucht, und das Aussehen des Wassers verwandelte sich zu einem tiefen, durchscheinenden Blau. Scharen von Seevögeln – Albatrosse, Sturmvögel und Sturmtaucher – stießen auf die Wellen herab und schmausten lautstark die reichliche Beute, die hier nach oben getrieben wurde.

Die Antarktische Konvergenz ist auch eine politische Grenze. Die Gewässer südlich davon zählen zur Antarktis. Sie unterstehen daher der Konvention zur Erhaltung der lebenden Meeresschätze der Antarktis. Diese Konvention ist im Wesentlichen ein Fischereivertrag, aber insofern einzigartig, als sie versucht, ein Ökosystem als Ganzes zu behandeln, anstatt nur Fangquoten für einige spezielle Tierarten festzulegen. Das war auch der Grund, weshalb die Wissenschaftler an Bord der *Yuzhmorgeologiya* unterhalb der Konvergenz ihre Voruntersuchung der Krillbestände durchführen wollten. Im Südantillenmeer, vor den Süd-Shetland-Inseln, sollten dann weitere Tests gemacht werden.

Wir versammelten uns auf dem sanft schwankenden Fangdeck, warfen die mit Gewichten versehenen Netze aus und sahen zu, wie von der großen Kabeltrommel pro Minute fünfundvierzig Meter Kabel abgerollt wurden, bis das Netz, nach Länge und Winkel des Kabels zu urteilen, rund 180 Meter tief abgesunken war.

Das Netz wurde etwa zwanzig Minuten mitgeschleppt, dann langsam mit der Winde eingezogen. Trotz der Tatsache, dass meine Kenntnisse über das Meeresleben mehr als gering waren, war dort niemand aufgeregter oder neugieriger als ich. Immer habe ich das Fischen geliebt, das Geheimnis des dunklen Wassers. Seitdem ich gehen konnte, verbrachte ich viel Zeit damit, Angelschnüre in dem Bach auszuwerfen, der hinter unserer Wiese vorbeifloss. Jedes Mal erschien es mir gleich einem Wunder, wenn der ausgelegte Köder

Wirkung zeigte. In dem Bach war zwar stets nur eine Fischart zu fangen – die Forelle –, aber das minimierte nicht das aufregende Kribbeln, das ich empfand, wenn ich die Angelschnur neben einem umgestürzten Baumstumpf ins Wasser versinken ließ und mir vorstellte, dort unten könnte alles sein, wirklich alles.

Nun fischte ich (besser gesagt, half ich beim Fischen) am äußersten Rand der Welt. Im Netz sollte ich bislang nie von mir gesehene Lebewesen entdecken, die ansonsten fast hundert Faden, also knapp 183 Meter, unter der Wasseroberfläche im Dunkeln lebten. Dies war wahrhaft ein Ort, wo alles Mögliche lauern konnte.

Es schien ewig zu dauern, das Netz einzuholen, und als seine grünlichen Schlingen endlich an die Oberfläche kamen, stürzte ich an die Reling. Ich bin mir nicht sicher, was ich zu sehen erwartete, aber ganz gewiss kein leeres Netz.

»Hä? Wir haben ja gar nichts gefangen!«

»Doch, haben wir«, sagte Roger.

Dann sah ich den kleinen Plastikkanister am Ende des Netzes, den ich für ein Gewicht gehalten hatte, als das Netz über Bord geworfen wurde. »Sie meinen, es ist alles in dem weißen Ding da?«

»Genau.«

»Oh.«

Ich versuchte, nicht enttäuscht auszusehen. Eifrige Hände um mich herum öffneten den Kanister und leerten seinen Inhalt in einen Eimer. Ein dickes, rosafarbenes Gemisch quoll heraus. Sie brachten es sofort in ein Labor, das in einem Schiffscontainer an Deck eingerichtet worden war, und begannen damit, den Fang zu sortieren. Ich folgte ihnen ziemlich kleinlaut.

»Hier, schauen Sie sich das an!«, rief mir Valerie zu und trat von einem Mikroskop zurück.

Ich schaute durch die Linsen, fast verschlug es mir den Atem. »Mein Gott, was ist das?« Ich erblickte eine bizarr schöne Figur, die ich nur unzureichend als eine Art Jugendstil-Heuschrecke bezeichnen kann. Sie hatte einen durchsichtigen, plastikähnlichen Körper mit blassrosafarbenen und blauen Innereien und einem Muster auf dem Bauch, das den kristallinen Formen von Schneeflocken glich. Dieses Wesen musste der Typ entworfen haben, der den iMac designt hat.

»Das ist ein Themisto«, sagte Kit. »Die leben davon, dass sie sich zur Fortbewegung und zum Schutz an Salpen festmachen.«

Die nächsten paar Stunden begab ich mich in dem kleinen Fangdeck-Labor von Mikroskop zu Mikroskop und bestaunte diese ungeheuerlichen Erscheinungen, die wir aus der Tiefe nach oben befördert hatten. Da waren Kopepoden, so genannte Ruderfußkrebse, wie Kit erklärte, die ihre überdimensionalen Antennen als Ruder benutzen, um sich im Wasser fortzubewegen. Und Pteropoden, Flügelschnecken, die in der evolutionären Vergangenheit ihr Schneckenhaus verloren hatten und nun ihren Kriechfuß als eine Art Flügel verwendeten, um durch das Wasser zu schweben. Ich sah Tintenfischlarven und eine winzige krabbenähnliche Krillbrut mit großen pfefferkorngleichen Augen. Die nächsten Okulare offenbarten durchsichtige Schreckwesen mit Flossen, so genannte Cheatognatha, Pfeilwürmer, deren groteske Borstenmäuler die kleinsten Vibrationen im Wasser wahrnehmen können.

»Das sind die Räuber in der Welt des Zooplanktons«, sagte Kit. »Sie fallen über Kopepoden, Fischeier, Krilllarven – und übereinander – her, sie schleichen an und stoßen dann zu.«

Diese Kreaturen mit ihren Stacheln, Rudern, Flügeln, barocken Körpern und gefräßigen Mäulern stellten alles in den Schatten, was meine Phantasie hätte heraufbeschwören können, auch wenn sie etwas kleiner waren, als ich sie mir vorgestellt hatte. Je mehr ich über sie hörte, desto glücklicher war ich, dass sie mikroskopisch winzig waren. Diese Cheatognatha mit ihren gruseligen Bürstenmäulern waren reinste Ungeheuer, die direkt vom Zeichenbrett eines mittelalterlichen Seekartenmalers hätten stammen können.

»Wir untersuchen sowohl Menge als auch Artenvielfalt jeder Probe«, erklärte Kit. »Beim Krill messen wir die Körperlänge, notieren das Geschlecht und die Geschlechtsreife. Das hilft uns, die Altersstruktur und die demographische Entwicklung der gesamten Krillpopulation abzuschätzen, was lebenswichtig ist, wenn man die Nahrungs- und Tierkette in den südpolaren Gewässern erfolgreich managen will.« Ich lernte, dass viele Robben, Wal- und Vogelarten hauptsächlich vom Krill, einem zirka sechs Zentimeter großen Krebs, abhängig sind.

Während der nächsten Wochen würden die Wissenschaftler in den besten Krill-Gebieten der Antarktis alle fünfundzwanzig Kilometer Proben entnehmen sowie modernste hydroakustische Sonargeräte einsetzen, um »Schnappschüsse« von Walen bis zu Krilllarven aufzunehmen. Diese Bilder sollten das Meeresleben bis zu einer Tiefe von 450 Metern dokumentieren. Die Forscher wollten auch die chemische und physikalische Beschaffenheit des Wassers untersuchen, in der Hoffnung, mehr über Unterwassersonare und deren Funktionsweise bei Walen und Delfinen herauszufinden.

Aber bevor es damit losging, mussten sie Wayne, Brian und mich in der Nähe der einstigen Robbenjagdgründe beim Kap Shirreff auf der Livingstone-Insel absetzen.

Als das Schleppnetz nach dem Test wieder verstaut worden war, richtete der Kapitän den Kurs der *Yuzhmorgeologiya* einige Grad weiter südlich aus, und etwas mehr als vierundzwanzig Stunden später kam die kahle, abweisende Küstenlinie der Livingstone-Insel in Sicht. Sie ist Teil einer bergigen Inselkette vor der Antarktischen Halbinsel, die sich nicht gerade durch einen grazilen Bogen auszeichnet. Es ist eher, als würde sie sich angesichts der Wucht der heulenden Westwinde wegkrümmen, die in diesen Breiten ständig wehen. Feucht, wetterwendisch und unglaublich reich an Tierbestand, wurden diese Inseln 1819 zufällig vom Kapitän eines britischen Handelsschiffs namens Smith entdeckt, dessen Schiff von einem Sturm vom Kurs abgebracht worden war, als er Kap Hoorn umschiffen wollte.

Als er mit Geschichten von fabelhaft großen Robbenherden auf kartographisch nicht erfassten Inseln heimkam, löste er einen wahnwitzigen Wettlauf dorthin aus. Innerhalb von vier Jahren wurde die gesamte Robbenpopulation der Inseln – über 300 000 Tiere – ausgelöscht. Die Glücksritter zogen zu einem anderen Ort weiter.

Der Natur gelang es, sich selbst zu heilen, auch wenn es über ein Jahrhundert dauerte. Tausende von Robben lagerten jetzt wieder an den Schieferstränden am Kap Shirreff, als wir etwa einen Kilometer vor der Küste vor Anker gingen. Es war ein ruhiger Abend, an dem weicher Regen fiel und die Berge in Nebel gehüllt waren. Für einige an Bord war dies der erste Blick auf die Antarktis. Alle waren sich einig, dass sie ihrem geisterhaften Ruf gerecht wurde.

Wir konnten das Lager sehen, das aus einigen Holzhütten auf einer Anhöhe bestand, die ein gutes Stück vom Strand zurückgesetzt war. Wir bemerkten einige Gestalten in bunten Parkas, die aus der Tür traten, um uns zuzuwinken. Sie gehörten zu einem Team von Robbenforschern, die schon vor einigen Wochen angekommen waren. Wayne ging an diesem Abend mit einer Menge von Vorräten an Land. Brian, ich und der Rest der Fracht sollten früh am nächsten Morgen übergesetzt werden.

Ich packte meine Ausrüstung zusammen, legte mich gegen 23 Uhr schlafen. Als ich aufwachte, war die Insel nirgendwo zu sehen. Heftiger Sturm mit Böen von bis zu fünfzig Knoten Windgeschwindigkeit war in der Nacht aufgekommen. Wegen der Möglichkeit, gegen die Felsen gedrückt zu werden, hatte der Kapitän angeordnet, den Anker zu lichten und einige Kilometer zurückzusetzen.

Es regnete und es war kalt, aber der Wind hatte nachgelassen und wir näherten uns wieder vorsichtig dem Kap. Der Kapitän, der viel Erfahrung mit der russischen Arktis hatte, in der Antarktis jedoch ein Neuling war, war weder vom Wetter noch von den Untiefen ringsum begeistert. Als ich ihn an Deck sah, runzelte er die Augenbrauen noch mehr als gewöhnlich.

Die Insel, welche am Vorabend unzweifelhaft Ruhe ausgestrahlt hatte, wirkte jetzt nur noch düster und windzerzaust, besonders bedingt durch die baumlosen schwarzen Klippen aus Vulkangestein, auf welchem Eis lag. Alles war in Nebel und dichten Gischt gehüllt, der von den Brechern herrührte. Es war eine Küste wie gemacht für Tragödien und Geheimnisse. Ich erinnerte mich, gelesen zu haben, wie ein spanisches Kriegsschiff, die *San Telmo*, 1819 in einem wilden Sturm vor Kap Hoorn einfach verschwand. Einige Überreste von ihr fand man später genau an dieser Stelle hier. Es waren mehr als sechshundert Menschen an Bord gewesen. Überlebende hatte es nicht gegeben.

Der Kapitän der *Yuzhmorgeologiya* weigerte sich, so nahe an die Küste heranzufahren wie am Abend zuvor. Keiner von uns war begeistert davon, in diesen Wassern mit einem Zodiac-Schlauchboot überzusetzen, am allerwenigsten Roger und die Bootsbesatzung, welche dadurch etliche Fahrten vor sich haben würden, um die Fracht an Land zu schaffen. Aber der Kapitän war unnachgiebig. Die Ankerkette klirrte. Das Schiff hob sich an Ort und Stelle mit der Dünung. Die Beiboote wurden in die schwere See hinuntergelassen und eine Strickleiter über die Seite geworfen.

»Wer will als Erster gehen?«

Ich nicht. Auf keinen Fall. Aber ich wankte trotzdem vor und spähte mit unendlicher Vorsicht und fasziniertem Schrecken über die Reling nach tief unten, dorthin, wo das Beiboot auf dem tödlichen schwarzen Wasser tanzte und Rogers gischtnasses Gesicht heraufblickte. Die Strickleiter wehte im Wind, und ich sah, dass sie das Schlauchboot fast, aber eben nicht ganz erreichte.

»Sie machen Witze, ja?«

»Nein! Runter mit Ihnen!«

Ich kletterte in meinem Mustang-Überlebensanzug hinunter, aber nicht ganz so wie ein Pirat, der beim Entern wendig durch die Takelage turnt. Die Strickleiter war rutschig, hüpfte und wackelte, und das Heulen des Windes, das Geräusch der gegen die Schiffswand schlagenden Wellen waren ohrenbetäubend.

»Besser wird es nicht!«, rief mir Roger zu. Eine plötzliche Wellenbewegung hatte das Beiboot so weit hochgehoben, dass Rogers Kopf fast auf gleicher Höhe mit meinen Knöcheln war, aber ich war zu sehr mit meiner Umgebung beschäftigt, und verpasste den Augenblick. Also musste ich, krampfhaft festgeklammert, einige Sekunden bis zur nächsten großen Welle warten. Ich hörte Roger rufen: »Okay! Jetzt geht's! Los! Los! Los!«

Diesmal sprang ich. Ich fiel in das Beiboot, in dem Moment, als es wieder in die Tiefe sank. Eiskalter Gischt schlug mir ins Gesicht. Ich schmeckte Salz. Ich klammerte mich ans Schanzdeck, lächelte schwach und nickte, um anzudeuten, dass ich es geschafft hatte. Roger ließ den Außenbordmotor an, und ab ging die Fahrt. Ich schaute zurück. Der russische Trawler verschwand hinter der Dünung. Er tauchte wieder auf und verschwand wieder, bis nur noch die Spitzen seiner Radarmasten zu sehen waren, während er sich gerade wieder in einem tiefen Wellental befand. Gut fünf Kilometer entfernt, und zum Teil von Nebel verschleiert, lag Kap Shirreff. Es war eine kalte, nasse und grauenhaft raue Fahrt, bei welcher das Schlauchboot ruckartig über die bewegte See sprang. Aber die Wogen glätteten sich, als Roger um einen Felsenarm herumfuhr und uns in eine geschützte Bucht steuerte. Er hielt mit dem Zodiac direkt auf den Kiesstrand zu. Ich platschte durchs Wasser an Land.

KAPITEL 14

Das Sommerhaus am Kap

Der Regen hörte allmählich auf, und im Lauf des Nachmittags drangen ein paar blassgelbe Sonnenstrahlen durch den Nebel, belebten so die Klippen und verliehen der düsteren Landschaft am Meer eine gewisse Romantik. Im Nebeneinander der sanft heranrollenden Brandung, der bemoosten tiefer liegenden Hänge (die oberen Teile der Hügel und die vereisten Berge wurden immer noch vom Nebel verhüllt) und der melancholischen Schreie der Seemöwen – einer nicht hier beheimateten Vogelart; die Möwen waren vermutlich den alten Walfangschiffen in den Süden gefolgt – hätte diese kleine Bucht fast für einen der einsameren Strände irgendwo auf Schottlands Äußeren Hebriden durchgehen können. Nur die Kehlstreifpinguine, die am Strand herumwatschelten, täuschten das Bild.

Nachdem die gesamten Vorräte an Land geschafft worden waren, winkten wir dem letzten Boot nach. Wir stapften zum Lager hinauf und kamen uns ein wenig wie Schiffbrüchige vor, als erneut ein kurzer Regenschauer niederging. Das Feldlager gefiel mir. Es bestand aus gemütlichen, tannengrün gestrichenen Holzhütten, von denen aus man die Bucht überblicken konnte, in der wir an Land gegangen waren. Um die Hütten herum waren Terrassen angelegt (wegen des manchmal ziemlich morastigen Bodens), von denen aus Planken zu einem separaten Vorratslager und einem Toilettenhäuschen verlegt waren.

Das Innere der Gemeinschaftshütte war erfreulich rustikal. Die Küchenutensilien, die über dem Ausguss hingen, passten nicht zusammen, es gab einen alten Gasherd und ein rotweißes Wachstuch auf dem Küchentisch. Es war hier drin warm, ich fühlte mich so wohl wie in einem wunderschönen Sommerhaus in Maine. Einen Teil seiner Innenausstattung verdankte die Hütte dem schlechten Wetter, das ständig auf diesen Inseln herrscht. Denn die Tischler, welche das Camp erbaut hatten, saßen hier sechs Wochen lang fest. Da das Schiff, das sie abholen sollte, nicht durch das Unwetter fahren konnte, verbrachten sie ihre Tage damit, Verzierungen und Ziselierarbeiten anzufertigen.

»Ich bin wieder nach Hause gekommen«, sagte Wayne, als er sich in der Hütte umsah und zur Begrüßung ein Glas Whisky in der Hand hielt. Verständlich, wenn man bedachte, dass er zum fünfundzwanzigsten Mal zu einem Feldaufenthalt in der Antarktis angereist war – und zwar, ohne ein Jahr auszusetzen. Seine Frau zählte auch zu den Veteranen unter den Pinguinforschern, und obwohl sie diesen Sommer hier nicht zusammenarbeiten würden – sie befand sich auf der King-George-Insel –, hatten sie das in der Vergangenheit oft getan.

Seltsamerweise empfand auch ich sofort eine große Vertrautheit. Sicher wegen der ländlichen Art, ähnlich wie ich sie in den Camps auf dem Darwin-Gletscher und in der Nähe des Gipfels am Mount Erebus erlebt hatte. Aber es gab da noch etwas anderes. Vielleicht lag es an der Brandung und dem traurigen Geschrei der Möwen, was mich neben dem Moos und dem Gras an Strände in der Heimat erinnerte. Als ich an dem rotkarierten Tisch saß, während im Ofen langsam die Lachskoteletts rosa wurden, und mich entspannt unterhielt, kam ich mir vor, als würde ich alte Freunde besuchen. Aus einem CD-Player hörte ich im Hintergrund Musik von Neil Young, der Regen prasselte gegen die Fenster, und ich streckte meine in Strümpfen steckenden Füße Richtung Heizung.

Nach dem Abendessen wanderten wir zu den einige Kilometer entfernten Robben- und Pinguinkolonien draußen an der Spitze des

Kaps. Obwohl der Regen aufgehört hatte – vorübergehend zumindest –, trugen wir dicke PVC-Regenmäntel und Gummistiefel für den knöcheltiefen Morast. Es war ein schöner Abend im Dämmerlicht. Die diffuse gelbe Sonne, die durch die Nebelschwaden schien, verlieh der kargen Landschaft eine magische Qualität und färbte die sumpfigen Hänge leuchtend grün ein. Die dunklen Felsspalten sahen aus wie Burgruinen.

Wir kamen über eine Anhöhe. Der gebogene Strand, der sich unter uns erstreckte, war übersät mit den rundlichen Formen dösender Robben. Höher oben an den Hängen waren die Kieselnester von etwa 8000 brütenden Paaren von Kehlstreifpinguinen und mehrerer tausend weiterer Paare von Eselspinguinen. Die feuchte Abendluft erfüllte ein einziges Schreien. Wegen des Guanos stank es wie in einem Viehstall. Millionen von rosafarbenen Klecksen auf den Felsen legten Zeugnis von der steten Krilldiät ab. Die vielen Tiere, die felsige, sturmgepeitschte Umgebung und das über allem liegende diffuse, silbrige Licht ließen mich an die romantischen Aquarelle denken, welche die Künstler malten, die die Forscher des frühen 19. Jahrhunderts auf ihren Reisen einst begleitet hatten. Es verströmte diesen Anschein von Unberührtheit, obwohl das Kap Shirreff ja bekanntlich alles andere als unberührt war. Robbenfänger hatten in der blutrünstigen Dekade von diesem Ort über 100 000 Robbenfelle mitgenommen.

Dieses arkadische Weichzeichner-Leuchten verflog ein wenig – wie dies bei einem Weichzeichner-Leuchten generell passiert –, als wir zum Strand zu den grunzenden und quiekenden Robben hinunterkletterten. Wie knuddelig Robben auch auf Fotos aussehen mögen, so ist es doch ziemlich unangenehm, sich in ihrer Nähe aufzuhalten. Sie greifen an, indem sie sich überraschend schnell auf einen zubewegen, mit aufgerissenem Maul und knurrend. Zum Glück führen sie ihre Angriffe fast nie zu Ende aus. Es genügt, ihnen einen Stock entgegenzuhalten oder zwei Steine gegeneinander zu schlagen, dann weichen sie zurück (nur manchmal greifen sie dann hinterrücks wieder an und versuchen, einen an den Fersen zu erwischen, wenn man vorbeigeht). Sie sind groß und stark und können einem leicht schwere Verletzungen zufügen. Mike, der Senior unter den Robbenforschern hier am Kap, konnte viele dieser Robben voneinander unterscheiden und führte uns auf einem gewundenen Pfad an den aggressiveren Männchen vorbei.

Die Wissenschaftler im Feldlager sollten in diesem Sommer landbezogene Paralleluntersuchungen zu den meeresbiologischen Erhebungen durchführen, die von den Krillforschern auf der *Yuzhmorgeologiya* vorgenommen wurden. Man wollte dadurch einen möglichst breit gefächerten Eindruck vom Leben in dieser speziellen arktischen Region erhalten. Und weiter herausfinden, wie verschiedene Teile des Ökosystems zusammenpassen und zusammenspielen.

Ich erwachte am nächsten Morgen und fühlte mich fürchterlich seekrank. Als ich mich mit rasenden Kopfschmerzen aufsetzte, betrachtete ich meine fremde Umgebung und erkannte, dass ich mich in einem Camp an Land befand. Ich erkannte auch, dass ich den Virus eingefangen hatte, der schon auf dem Schiff einige Biologen aufs Krankenlager geworfen hatte. Ich kroch aus dem Bett und starrte durch das regennasse Fenster auf eine der kältesten, ödesten, traurigsten Landschaften, die ich je gesehen hatte. Eine heftige Abfolge von Böen war über Nacht vorübergezogen und hatte das Kap mit Sturmwinden und monsunartigen Regenfällen gepeitscht. Nun trommelte der Regen gewaltig aufs Dach und fiel in dichten, grauen Sturzbächen herab, der Boden rings um die Hütten musste ein einziger Morast sein – mehr Wasserlache als Schlamm. Unser Unterschlupf schien die längste Zeit geschützt zu sein, aber das lag an meinem Allgemeinzustand. Tatsache war, wir wurden nicht weggespült.

Ich saß am Tisch, starrte in eine Tasse Tee, pflegte meine heftigen Kopfschmerzen und dankte Gott, dass ich an diesem Tag nirgendwo hingehen musste. Wir hatten am Abend zuvor versucht, die *Troison d' Or* über Funk zu erreichen, aber ohne Erfolg. Von Palmer Station, einer knapp zweihundert Kilometer weiter südlich gelegenen großen US-Basis, meldete eine Frau, die Jacht hätte dort vor einigen Tagen abgelegt, sie habe aber keine Idee, wo sie jetzt sein könne.

Ich sagte gerade laut, wie froh ich sei, dass ich noch nicht wegmüsste, als es an der Tür klopfte. Brian und ich blickten einander an – am Kap Shirreff bekommt man nicht alle Tage Besuch. Weil ich noch zu schwach wirkte, öffnete Brian die Tür. Und da stand Maria, die Fotografin, tropfnass und schlammbespritzt. Sie war in Begleitung von zwei Fremden, beide waren nicht viel älter als zwanzig, ein großer und sehr durchtrainierter Deutscher namens Christian und seine gleichermaßen fitte Schweizer Freundin Miriam, die es trotz Schlamm und Regen geschafft hatte, wie aus dem Ei gepellt auszusehen – die Mannschaft der *Troison d' Or*.

»Aber ... aber ... aber«, stammelte ich, indem ich aufs leere Meer deutete, als wollte ich diesen Erscheinungen sagen, dass sie ganz unmöglich hier sein konnten.

»Da haben wir auch nicht angelegt, die See war viel zu rau«, erklärte Maria. »Deshalb ankern wir auf der anderen Seite des Kaps. Abreisebereit?«

Ich schlüpfte in meinen Parka und meine Stiefel, nahm meinen Rucksack und trat hinaus in den Regenguss – und übergab mich prompt. Ich setzte meinen Rucksack ab. »Ich gehe nirgendwohin«, sagte ich.

Sie teilten Jérome, dem französischen Kapitän der *Troison d' Or*, über Funk mit, dass ich etwas krank sei. Christian und Miriam trugen freundlicherweise mein Gepäck übers Kap und brachten es auf die Jacht, während Maria den Tag mit den Biologen verbrachte und im eiskalten Regen Robben fotografierte. Ich hatte das Gefühl, mich in einem fieberheißen Delirium zu befinden. Ich schlürfte Tee, hörte dem Heulen des Sturms zu und starrte mit glasigem Blick durch das Fenster auf den Morast und die aufgeblähten Robben, die sich darin suhlten. Dies genau musste der hässliche, kalte, regnerische und schlammige Bereich der Hölle sein, welchen Dante den Unersättlichen zugedacht hatte.

Gegen 17 Uhr hatte der Regen fast aufgehört, und ich fühlte mich wieder stark – oder zumindest willens genug –, es erneut zu versuchen. Maria und ich nahmen unsere restlichen Sachen und machten uns auf den Weg über das Kap. Wir stapften durch ein nebelverhangenes Tal, wo Robben wie riesige Nacktschnecken im Schlamm lagen. Sie hoben ihre Köpfe, um uns anzuschauen, und ließen sie dann wieder sinken. Wir gingen an ihnen vorbei und sanken bis zu den Knöcheln ein, wobei der Schlamm lautstark schmatzend an unseren Stiefeln saugte. Wir versuchten, uns auf Schneeflächen zu bewegen, wo man einen besseren Stand hatte.

Die frische Luft fühlte sich gut an. Am Ende des Tals stiegen wir einen schlammigen Hügelkamm hinauf, der etwa neunzig Meter hoch war. Von dort aus konnten wir die andere Seite des Kaps sehen. Die *Troison d' Or* lag in einer geschützten schmalen Bucht. Sie sah aus wie ein Spielzeug, ein kleines, blauweißes Boot mit zwei Masten und einem klobigen Ruderhaus. Eine Tür ging auf, und eine kleine Gestalt kam heraus. Sie winkte.

Wir gingen hangabwärts, wobei unsere Stiefel im steindurchsetzten Schlamm mehr rutschten als kletterten. Der Strand war schmal und schwarz und steinig. Ein paar Walbarten, alte Schneehüten, lagen halb vergraben im Schieferkies. Sie waren über ein Jahrhundert Wind und Wetter ausgesetzt gewesen und deshalb gelbstichig geworden. Wir sprangen auf die Felsen. Sie waren verdammt glitschig, weil ständig die Dünung über sie hinwegspülte.

Einen Augenblick später kam ein Zodiac um einen der Felsvorsprünge der Bucht gekurvt. Der Mann am Außenbordmotor war das Ebenbild eines kräftigen, furchengesichtigen bretonischen Fischers, angetan mit gelbem Ölzeug und einer billigen marineblauen Strickmütze. Er war über fünfzig, dunkelhaarig, mittelgroß und drahtig mit einem wettergegerbten Gesicht voller Ironie und gallischem Humor.

Er lenkte das kleine Fahrzeug geschickt bis an die Felsen und hielt es dort, indem er Gas gab. Der Motor stieß eine blaue Rauchwolke aus. Wir sprangen an Bord. Jérome nickte uns grüßend zu und legte wieder ab. Wir schaukelten rund hundert Meter durch den Gischt zu der Stelle, wo die Jacht vor Anker lag. Fühlte ich mich wie ein Schmuggler, als ich auf der Livingstone-Insel an Land gegangen war, so kam ich mir beim Verlassen der Insel als noch etwas viel Schlimmeres vor.

Die *Troison d' Or* war etwa einundzwanzig Meter lang und in Port Stanley auf den Falklandinseln zugelassen. Sie war viel stabiler gebaut als eine traditionelle Jacht und hatte einen breiten Stahlrumpf, der für das Fahren in den eisübersäten Gewässern Antarktikas ausgelegt war. Ihr stabiles Ruderhaus erinnerte an einen kleinen Nordseetrawler. Es gab zwei aufblasbare Zodiac-Dingis und eine Winde, um diese zu Wasser zu lassen. Maria und ich kletterten die Leiter hoch, während Jérome, Christian und Miriam das Dingi einholten. Der Wind erfasste es und versetzte es in Schwingungen, aber drei Paar Hände holten es ein und vertäuten es sicher an Deck. Die Jacht schaukelte unangenehm in der Dünung. Weiter draußen schlug die Brandung heftig auf die Untiefen. Wir zogen unsere Stiefel aus und legten sie in einem Kasten im Ruderhaus ab, hängten unsere tropfnassen Parkas auf und gingen nach unten.

Der Salon war geräumig und angenehm. Es gab darin zwei festgeschraubte Tische, eingebaute Lederbänke, Bücher an den Wänden, einen CD-Spieler und ein Fernsehgerät. Die *Troison d' Or* konnte bis zu vierzehn Menschen aufnehmen, aber da wir nur zu sechst an Bord waren, hatten wir luxuriös viel Platz.

In der Kombüse befanden sich Lammkoteletts auf dem Grill. Sie wurden von einer Frau namens Katie zubereitet. Katie war Französin, über fünfzig, hatte kurzes, dichtes blondes Haar und war sehr umgänglich. Ich erfuhr später, dass sie in Marokko geboren und jahrelang in Zentralasien und Sibirien herumgereist war. Sie schien für alles, was sie anfasste, ein glückliches Händchen zu haben. Gerade war sie dabei, eine große hölzerne Salatschüssel auf den Tisch zu stellen. »Wir sollten alle gut essen – und zwar jetzt«, sagte sie. »Heute Nacht werden wir fahren, und die See wird sehr rau sein.«

Die erste Nacht an Bord. Ich erinnere mich nur an wenige Dinge. Noch immer hatte ich hohes Fieber. Und wenn ich schon im Lager das Gefühl gehabt hatte, das Land bewege sich auf eine seekrank machende Art, so war dic tatsächliche Bewegung der Jacht wahrhaft grauenvoll. Ich aß ein paar Happen von meinem Lammkoteletts, anschließend stolperte ich, einige Entschuldigungen murmelnd, mit einer Wasserflasche und einem nicht sehr einladend aussehenden Plastikeimer zu meiner Kabine im Heck. Ich zog den Vorhang zu, warf meinen Rucksack auf eines der Betten in meiner Kabine und kroch in das andere, wobei ich fast nicht fähig war, über die hölzernen Sicherheitsseitenwände zu klettern. Kurze Zeit später hörte ich den großen Dieselmotor starten, bald darauf fing die Jacht kräftig zu stampfen an.

In dieser Nacht war mir so übel, dass ich Angst vor dem Weiterleben hatte. Die nächsten paar Tage vergingen in einem derartigen Fiebernebel, dass ich auch heute noch nicht weiß, ob er zwei oder drei Tage andauerte. Es blieb bewölkt und düster. Das schwache Licht, das durchs Bullauge kam, veränderte sich kaum im fast beständigen Sommer-Tageslicht. Die Zeit bemaß sich in alptraumartigen Nickerchen, doch ob sie nur fünf Minuten oder fünf Stunden dauerten, vermochte ich nicht zu sagen.

Manchmal war mir heiß und ich schwitzte, dann fröstelte ich wieder und mir war kalt. Manchmal liefen die Motoren, manchmal nicht. Manchmal schien sich die Jacht in die Lüfte erhoben zu haben. Einmal flog ich aus meiner Koje und landete auf dem Boden, mit dem Gesicht ausgerechnet im Eimer. Die Gelegenheit war zu günstig, um sie auszulassen …

Aber es war auch eine merkwürdig befreiende Erfahrung. Ich fühlte mich so grauenhaft, dass mir wirklich alles in dieser Welt und in der nächsten egal war. Als ich schließlich aus dem Bett kroch und es nach oben ins Ruderhaus schaffte, ankerten wir in einem spektakulären Ring von Riffen und Felsenspitzen in der Nähe der Robert-Insel, einem obskuren alten Robbenjäger-Aufenthalt, gut hundert Kilometer von Kap Shirreff entfernt. Maria, Christian und Miriam waren an Land gegangen, um einen riesigen gusseisernen Fettschmelztiegel zu fotografieren, den amerikanische Robbenjäger um 1820 hier zurückgelassen hatten. Katie las ein Taschenbuch. Jérome studierte eine Seekarte der Gegend und schlürfte schwarzen Kaffee aus einer Mokkatasse. Er blickte auf und rief erstaunt: »Er lebt!«

KAPITEL 15

Die großen Drei des Immobilienhandels

Zäh, kauzig, humorvoll und voller Temperament – Jérome kam wohl dem am nächsten, was einen wahren Bewohner der Antarktis ausmacht. Seit gut dreißig Jahren fuhr er fast ununterbrochen durch diese Gewässer und erforschte diese. Einmal überwinterte er sogar in der Antarktis, indem er seine Jacht an der Küste der Adelaide-Insel im Eis festfrieren ließ, wie das die frühen Forscher machten.

»Ich kam hierher, weil es keine Regeln gab«, sagte er schlicht, als ich ihn fragte, was ihn in diese Region geführt habe. »Es gab keinen Papierkram, keine Pässe, nur Freiheit.«

Während der nächsten Wochen, in denen ich auf seiner Jacht lebte, erfuhr ich auch, dass er in Frankreich in einer Familie mit militärischer Vergangenheit aufgewachsen und als Kind auf eine Militärschule geschickt worden war. Stets träumte er davon, dieser eines Tages zu entkommen. Es gab Fluchtpläne, die er gemeinsam mit seinem besten Freund ausgetüftelt hatte. Beide Jungen liebten das Segeln. Daher beschlossen sie, sich eines Tages ein Boot zu kaufen und gemeinsam um die Welt zu fahren. Viele Kinder gestalten für sich solche Träume – ich weiß, dass ich das auch getan habe –, aber diesen beiden Kindern war es damit ernst.

Sie hatten gemeinsam eine Jacht gekauft, als sie noch Teenager waren, und begaben sich auf einen Kurs ins Abenteuer, sowie sie volljährig waren und dafür genügend Geld beisammen hatten. Als Erstes segelten sie in die Arktis. Das Eis verzauberte Jérome, und obwohl sie weiterfuhren, um die Welt zu umrunden, zog es ihn dorthin zurück. Er hatte ein Stück von der Antarktis gesehen, als sie auf dem Weg um Kap Hoorn einige von deren gefrorenen Archipelen besucht hatten. Er zeigte mir Fotoalben ihrer großen Reise – es kam mir seltsam vor, Jérome ohne Hemd in den Tropen zu sehen, weil er so sehr ein Wesen von Schnee und Kälte zu sein schien. (»Pah! Was gibt es schon in Asien zu sehen?«, spottete er, als ich laut darüber nachdachte, wie es wohl gewesen sein mochte, durch die Gewürzinseln zu fahren. »Ist ja langweilig. Wer braucht das schon, wenn man das alles hier unten hat?«)

Später kaufte er sich eine kleine Farm auf den Falklandinseln, wo er seitdem überwinterte. Den Sommer verbrachte er mit der Erforschung der Antarktischen Halbinsel, wobei er nur so viele Charteraufträge annahm, wie erforderlich waren, um seiner Passion frönen zu können. Er liebte die Einsamkeit der entlegensten Winkel der Halbinsel, die obskuren Inseln, schmalen Buchten und Kaps, zu denen außer ihm nur sehr wenige Menschen hinkamen. Das bedeutete, dass er zur geschäftigen King-George-Insel mit ihren vielen Stationen etwa so gerne fahren wollte, wie ich mir einen Rückfall meiner Virusinfektion wünschte. Aber die Anforderungen an meinen Artikel verlangten, dort ein paar Tage zu verbringen. Also nahm er Kurs auf die Maxwell-Bucht.

Es war am späten Abend des folgenden Tages, als wir in die Bucht segelten, einen postkartenschönen Ankerplatz, umgeben von Gletschern und Bergen an der Südspitze der King-George-Insel. Das Wasser sah aus wie Glas. Der Himmel war blassblau und trüb, weil die Sonne hinter den Bergen verschwunden war. Eine überraschende Anzahl von Lichtern funkelte entlang des Strandes, und zusammen mit den Blues, die leise aus dem Ruderhaus drangen, gab das der Bucht eine weltbürgerliche Note.

Die King-George-Insel war schon immer der belebteste Teil der Antarktis. Vor einem Jahrhundert begegneten sich hier die Walfangflotten der Welt, heute ist sie wie ein antarktisches Manhattan.

Argentinien, Brasilien, Chile, China, Polen, Russland, Südkorea und Uruguay unterhalten hier rund ums Jahr – und zwar Seite an Seite – Forschungsstationen in der Maxwell-Bucht und in der Admiralty-Bucht, während die USA, Ecuador, Peru, Deutschland, die Niederlande und Tschechien hier Sommercamps betreiben. Es ist der einzige Teil der Antarktis, in dem je ein Rockkonzert stattgefunden hat und der von einem Staatsoberhaupt besucht worden ist.

Es gibt einen Grund dafür, warum diese 1350 Quadratkilometer große Insel derzeit der begehrteste Baugrund in der Antarktis ist. Mit einer schönen Aussicht oder hehren wissenschaftlichen Projekten hat das alles nichts zu tun. Das Interesse ist hauptsächlich mit den großen Drei des Immobilienhandels zu erklären: Lage, Lage und Lage. Die King-George-Insel ist bei weitem der am leichtesten zu erreichende Teil der Antarktis – per Flug nur einen kleinen Sprung von Südamerika entfernt. Das ist günstig für eine Nation, die dort eine Basis errichten möchte, um so den Status eines voll stimmberechtigten Mitglied zu erhalten, jedenfalls was den Antarktisvertrag anbelangt.

Eine solche Vorliebe wurde besonders in den achtziger Jahren populär, als ruchbar wurde, dass die Vertragsnationen insgeheim verhandelten, wie die Bodenschätze der Antarktis aufzuteilen wären. Plötzlich beeilte sich eine Reihe von Staaten, die bis dato nicht das geringste Interesse an Polarforschung gezeigt hatten, relativ kostengünstige Antarktisstationen zu errichten, um sich einen Sitz am Verhandlungstisch zu verdienen und so hoffen zu können, ein Stück des Kuchens abzubekommen.

Jedenfalls wurde der so genannte Minenvertrag im letzten Augenblick abgeschossen und 1989 durch das Protokoll von Madrid ersetzt, der festlegte, dass jeglicher Abbau von antarktischen Bodenschätzen für mindestens fünfzig Jahre nicht erlaubt sei. Aber die Stationen blieben. Und während wir im sanften Zwielicht eines

Januarabends in die Bucht hineintuckerten, musste ich zugeben, dass die Ansammlung topasfarbener Lichter entlang der Küste recht hübsch aussah.

Wir ankerten in dieser Nacht an der Spitze der Bucht, einen Steinwurf entfernt von der chilenischen Station Presidente Eduardo Frei. Sie ist de facto die Hauptstadt der King-George-Insel und unterscheidet sich von allen anderen Antarktisstationen, die ich je gesehen habe. Presidente Eduardo Frei ist im Wesentlichen ein hierher verlegtes chilenisches Dorf mit rund dreihundert Einwohnern, zu denen auch die Ehefrauen und Kinder des für jeweils zwei Jahre stationierten Luftwaffen- und Marinepersonals zählen. Sie leben in einem Vorort in Hanglage – und zwar in Häusern, die in einem Ranchstil gehalten sind, angemalt in fröhlichen Pastelltönen. Der Vorort heißt La Villa de las Estrellas, das Dorf der Sterne.

Chile ist eine von drei Nationen mit Hoheitsansprüchen auf die Antarktische Halbinsel, die beiden anderen sind Großbritannien und Argentinien. Mögen Ansprüche hinsichtlich antarktischer Regionen mehr einem Standard entsprechen, der nach *Alice im Wunderland* klingt, so berufen sich die beiden lateinamerikanischen Länder auf etwas Besonderes: Sie behaupten, Gott gab ihnen das Land.

1494 teilte der Papst die Neue Welt in zwei Hälften entlang eines Längengrades, der den Atlantik teilte. Alles was östlich der Linie war, ging an Portugal, alles was westlich davon lag – wozu ganz Amerika zählte –, wurde Spanien zugeschlagen. Da zu jener Zeit sowohl Argentinien als auch Chile spanischer Besitz waren, sahen sie sich als Erben der von Gott gegebenen Interessen des alten Reiches und führten diesen angestaubten päpstlichen Vertrag als Beweis an, als sie in den vierziger Jahren ihre eigenen Ansprüche auf die Antarktis anmeldeten.

Großbritannien musste sich dagegen auf die weltlichen Tagebücher von Kapitän Cook stützen – und auf die Tatsache, dass britische Bürokraten schon 1903 formell auf die Halbinsel ein Anrecht erhoben hatten. Australien, Neuseeland, Frankreich und Norwegen mischen in diesem Spiel übrigens ebenfalls mit.

Während keiner dieser Landansprüche anerkannt ist und alle offiziell im Rahmen des Antarktisvertrags in der Schwebe gehalten werden, haben die Anspruchsteller ihren Spaß daran, ihre Ansprüche aufrechtzuerhalten. Sie geben Briefmarken heraus, lassen Flaggen wehen und kolonisieren ihre Gebiete, indem sie, wie im Fall von Chile und Argentinien, hier Familien ansiedeln. Wer das auf der King-George-Insel noch immer nicht eingesehen hat, kann sich das jederzeit auf Chiles Sender La Rádio Soberania, Radio Souveränität, auf UKW-Kanal 92,5 anhören.

Dieser kleine ortsversetzte chilenische Fleck schlief, als wir ankamen, zumindest schien es so. Die Straßen waren leer, die herausgeputzten Häuser lagen still in der windstillen Sommernacht. Nur das beständige Summen des Generators deutete an, dass hier Menschen lebten. Am Kai standen ein paar Pinguine herum.

Es war ein langer Tag gewesen, und nachdem wir den Anker ausgeworfen hatten, gingen wir alle zu Bett. Wie die Pinkertons, so schläft jedoch auch die chilenische Marine nie. Und um Mitternacht enterte eine Zodiac-Besatzung von schnurrbärtigen Offizieren in blauen Pullovern unser Schiff, um den Grund unserer Reise in Erfahrung zu bringen. Sie waren ausgesucht freundlich, und das Endergebnis war, dass wir für den nächsten Morgen zum Frühstück in der Station eingeladen wurden.

Sie erwarteten uns am Ufer – ein Begrüßungskomitee, bestehend aus Marine- und Luftwaffenoffizieren, einem Mann namens Patricio, dem Chefwissenschaftler der Station, und Sergio, dem großväterlichen 69-jährigen Leiter des chilenischen Antarktisprogramms. Sie standen neben einer Säule mit einer Büste von Kapitän Luis Pardo, der mit kühlem Blick aufs offene Wasser schaute.

Pardo war einer der chilenischen Antarktishelden, und das zu Recht. Er war der Kommandeur der *Yelcho* gewesen, jenes seetüchtigen Schleppers, den die chilenische Marine 1915 Shackleton geliehen hatte, damit er die Männer retten konnte, die er auf der Elefanteninsel zurückgelassen hatte. Es war eine kühne und großmütige Geste der Chilenen gewesen, insbesondere angesichts der Tatsache, dass Shackletons eigene Landsleute – speziell der Marineminister Winston Churchill – dazu tendierten, sie als eine Gruppe von Taugenichtsen abzuschreiben, die gefälligst längst auf die tödlichen Schlachtfelder in Flandern gehört hätten. Aber Kommandeur Pardo und die *Yelcho* schafften es durch das sie einschließende Eis und retteten die gestrandeten Engländer – eine Episode, wie auf dem Weg zum Frühstück betont wurde, die Chiles schon lange bestehendes Engagement in diesem Teil der Welt belegte.

Wir hatten ein ausführliches kontinentales Frühstück an einem Ort, der wie ein Hotel garni wirkte – mit einer großen alten Anrichte, nettem Mobiliar, Bildern an den Wänden und all den üblichen Beigaben einer altmodischen Pension. Presidente Eduardo Frei war keine dieser spekulativen Stationen, die während des Booms der achtziger Jahre hochgezogen worden waren. Die Station existierte seit 1969 und war gebaut worden, um eine ältere chilenische Station auf der nahe gelegenen Deception Island zu ersetzen, die vernichtet worden war, als dort 1967 der Vulkan ausbrach.

Beim Frühstück erzählte mir Sergio, er habe auf der ursprünglichen Station, jener auf Deception Island, im Jahr 1956/1957 überwintert, als er ein vierundzwanzigjähriger Offizier der chilenischen Luftwaffe war.

»Ich muss Ihnen die Geschichte dieses Kreuzes erzählen«, sagte er mir, indem er mich auf ein großes Holzkreuz aufmerksam machte, das stolz auf einer Klippe oberhalb der Station stand und mir schon zuvor aufgefallen war. »Ich hatte so ein Kreuz im ersten

Winter auf Deception Island angefertigt, und es stand dort jahrelang, bis der Vulkan die Station zerstörte. Als ich später dorthin zurückkam und mich in den Ruinen umsah, konnte ich es nicht glauben, als ich dort mein Kreuz fand, halb unter Schutt vergraben, aber ansonsten in perfektem Zustand. Es war ein Wunder. Ich war überglücklich. Wir brachten es auf unser Schiff, transportierten es zur neuen Station und stellten es auf der Klippe auf, wo es die ganze Bucht überragte. Als ich im nächsten Sommer zurückkam und es vom Schiffsdeck aus erblickte, weinte ich vor Freude. Ich habe darüber sogar ein Gedicht geschrieben. Ich habe es noch immer irgendwo.«

Wind und Wetter hätten irgendwann das originale Kreuz zerstört, erklärte er. Aber an seiner Stelle sei ein neues errichtet worden, welches die Station auf Jahre hinaus beschützen werde.

Sergio selbst war aus noch härterem Holz geschnitzt als sein Kreuz. Er war der dienstälteste Antarktiker, dem ich je begegnet bin. Er hatte bereits fünfundvierzig Jahre aktiven Arbeitseinsatzes hinter sich gebracht. Er war für seine Generation groß, und aus seinen Augen blitzte der Humor.

»Die Menschen von heute können sich nicht vorstellen, wie das hier im ersten Winter war. Wir waren zu neunt, und als das Schiff ablegte, kamen wir uns wie Schiffbrüchige vor. Wir lebten in Zelten und hatten absolut keinen Kontakt mit dem Rest der Welt. Wenn ich jetzt hier herkomme, wohne ich in einem Haus. Ich halte per E-Mail Verbindung zu Kollegen in aller Welt und sehe am Abend die gleichen Fernsehsendungen wie zu Hause in Santiago.«

Es waren genau diese Annehmlichkeiten der Kolonisation, welche die King-George-Insel zu einem Beispiel dafür gemacht hatten, was mit der menschlichen Einmischung in der Antarktis schief lief – zumindest in den Augen der Umweltschützer. Die King-George-Insel mit ihren vielen Stationen erregte ihre Gemüter, noch immer. Daher fragte ich Sergio, was er von den ganzen Veränderungen hielt, insbesondere von dem Bauboom auf der Insel und dem Einfluss so vieler offensichtlich überflüssiger Stationen. Seine Antwort überraschte mich. Ich hatte entweder kopfschüttelnde Traurigkeit wegen der Ausbeutung des Landes erwartet oder bei Berücksichtigung seiner regierungsamtlichen Position eine Verteidigung des Vormarsches von Wissenschaft und Zivilisation sowie eine Versicherung, dass die Auswirkungen auf die örtliche Umgebung stark übertrieben seien. Auf jeden Fall hatte ich irgendeine Stellungnahme für oder gegen die Umweltfrage vorausgesetzt. Denn die Auswirkungen auf die Umwelt scheinen bei Diskussionen über die Antarktis jeden diesbezüglichen Tagesordnungspunkt auszumachen – ähnlich wie die Frage nach Profit oder Verlust jeder Wirtschaftsanalyse zugrunde liegt oder die nach Gut und Böse bei theologischen Erörterungen. Aber Sergio hielt sich nicht an diesen Bezugsrahmen.

»Sehen Sie sich um«, sagte er. »Denken Sie an all die vielen Stationen. Sie gehören den verschiedensten Ländern. Das ist ein Anfang. Ein Licht. Auf dieser kleinen Insel leben Menschen aus aller Welt in wunderbarster Harmonie zusammen. Es gibt hier keine Grenzen oder Pässe, keine Politik, keinen Kommunismus, keinen Kapitalismus und keine religiösen Auseinandersetzungen. Und das hat es auch nie gegeben. Wenn hier jemand auf irgendeiner der Stationen Probleme bekäme oder Hilfe bräuchte, würde sie ihm jeder ohne Fragen und Vorbehalt gewähren. Das ist genau die Art von Toleranz und menschlichem Verständnis, die wir uns vor all den Jahren während des Internationalen Geophysikalischen Jahres von 1957/1958 erhofft hatten. Ich weiß noch nicht, wie wir dieses Gefühl von Gemeinschaft mitnehmen können, wenn wir heimkehren. Es wäre schön, wenn man es exportieren könnte. Aber wenn wir es doch schaffen, dieses Licht in unsere angestammten Länder zu tragen, dann bedenken Sie, was für ein wunderbares Geschenk die Antarktis der Welt gegeben hätte.«

Da Sommerferien waren, hatte die chilenische Schule geschlossen, und die meisten Familien der Station waren für die Ferien »hinauf zum Kontinent« gefahren. Aber es gab immer noch ein halbes Dutzend Kinder, die auf den Hügeln Schlitten fuhren oder sich mit Schneebällen bewarfen. Spielende Kinder sind der natürlichste Anblick der Welt – aber hier unten im größten Winterwunderland der Welt war es eine erstaunliche Seltenheit.

Und es war herrlich, dem kindlichen Treiben anzusehen. Presidente Eduardo Frei schien dank ihrer Anwesenheit umso reicher, egal wie politisch ihr Dasein in der Antarktis letztlich motiviert sein mochte. Aber es war ohnehin ein Tag, um sich reich zu fühlen. Das Wetter war unerwartet herrlich. Der Himmel blitzte, die Bucht leuchtete blau, während ringsum die eisbedeckten Berge weiß schimmerten. Auf der Insel ging es trotz der Ferienzeit erfreulich geschäftig zu. Über uns übte der Pilot einer C-130 der brasilianischen Luftwaffe Notlandungen auf der Landepiste oberhalb des Dorfes, indem er tief über den Dächern anflog, lärmend wie ein wild gewordener Zug. So etwas war für die Kinder auf dem Hügel ein alter Hut. Sie gaben sich nicht einmal die Mühe hinzusehen. Ich war der Einzige, der mit offenem Mund zusah.

»In der Antarktis kann man wunderbar Kinder großziehen«, sagte mir Maria Inés Komlos, die Frau des Luftwaffenkommandanten der Station, als ich nach dem Mittagessen auf eine Tasse Tee in ihrem Haus vorbeischaute. »Alles ist hier auf die Familie ausgerichtet. Es ist sicher, sauber, es gibt keine Drogen, keine schlechten Einflüsse – nur Pinguine!«

Wir saßen im geschmackvoll eingerichteten Wohnzimmer ihres Hauses, das drei Schlafzimmer hatte. Im Hintergrund sangen die berühmten drei Tenöre. Draußen fuhren ihre beiden Kinder, der zwölfjährige Juan Pablo und die zehnjährige Javiera, auf ihren Schlitten herum. Ich begriff nun, was Sergio gemeint hatte, als er betonte, er lebe hier in einem Haus. Das hier sah jedenfalls nicht nach Hütte und Antarktisstation aus – eher wie eine Vorortsiedlung irgendwo in Santiago, Melbourne oder Omaha.

»Meine Freundinnen dachten, ich würde hier die Einkaufszentren und das gesellschaftliche Leben vermissen, aber eigentlich ist dem nicht so. Wenn ich etwas kaufen möchte, das der Supermarkt hier nicht hat, dann kann ich es jederzeit übers Internet bestellen. Und was das gesellschaftliche Leben angeht, so spiele ich immer noch an einigen Abenden in der Woche in der Sporthalle Tennis und wir treffen uns zum Kartenspiel mit Freunden – alles Dinge, die man überall in Kleinstädten macht. Jeder hier respektiert den privaten Bereich des anderen. Es ist wirklich ein ganz normales Leben. Wir sind für zwei Jahre stationiert, aber ich hätte auch keine Probleme damit, fünf oder zehn Jahre an diesem Ort zu leben.«

Der Esstisch der Familie war für eine Geburtstagsfeier am Nachmittag gedeckt. Er war bunt geschmückt, es standen hohe Gläser und verpackte Geschenke bereit. In der Küche wartete ein Kuchen. Juan Pablo und Javiera stürmten kichernd durch den Vorraum herein, als ich mich zum Aufbruch anschickte. Ihre Mutter ermahnte sie, den Schnee von ihren Stiefeln abzuputzen. Als ich die Straße hinunterging, kam ich an einer Mutter vorbei, die einen Kinderwagen durch die Nachbarschaft schob, aus dessen Kissen ein Baby mit neugierigen, großen Augen herausguckte.

Es ist schon seltsam, welche Dinge die eigenen Vorstellungen formen. In meiner Erinnerung kamen mir McMurdo und Eduardo Frei ungefähr gleich groß vor, obwohl mein an Fakten orientierter Verstand mir sagte, dass das Unsinn war. Die amerikanische Station ist eindeutig viel größer. Aber MacTown ist ein Ort für Erwachsene, mit Bürokratenmentalität und der abgeklärten Einsamkeit von Vertreterhotels und Busstationen, wie man sie überall findet, ganz egal wie fröhlich das Radio klingt. In Eduardo Frei leben dagegen Menschen, die ihren Kinder Geburtstagsfeiern ausrichten, bei den Hausaufgaben helfen, Karten spielen und zusammen mit den Nachbarn Fernsehsendungen anschauen. Das verleiht der Station eine Dimension, die weit über ihre statistische Größe hinausweist.

Wenn die Maxwell-Bucht etwas auszeichnet, dann eine gut funktionierende Nachbarschaft. Direkt neben dem chilenischen Dorf grenzt Bellingshausen, die weitläufige russische Station. Genau genommen kommen sich die beiden Stationen so nahe, dass sie fast ineinander überzugehen scheinen. Die Russen waren zuerst an diesem Ort. Sie errichteten hier 1968 ihr Treibstofflager für die sowjetische Antarktis-Fischfangflotte. Die Chilenen zogen im Jahr darauf neben ihnen ein. Damals waren die Chilenen noch Marxisten und sahen die Sowjets vielleicht als Genossen an, ein glücklicher Umstand, der, wie Sergio anmerkte, sich auch nicht änderte, als sich im Lauf der Jahre in der Heimat die Politik wandelte.

Ich sprang über den Bach, der Gletscherschmelzwasser führte. Er markiert die Grenze zwischen den beiden Stationen. (Damit bewältigte ich zugleich einen Zeitzonensprung von einer Stunde; einen ähnlichen Wechsel hatten die Chinesen bei ihrer Große-Mauer-Station direkt hinter dem Hügel.) Vor mir sah ich einen Wegweiser, angefertigt aus alten Walbarten und verwittertem Holz, auf dem die Entfernungen nach Moskau, nach New York, zum Südpol und zu einigen Dutzend anderen Orten auf der Welt angezeigt waren. Ich sah mir das alles gerade an, als der russische Kommandeur von Bellingshausen herbeischlenderte und anbot, mich herumzuführen.

Er war ein kantiger, blonder Mann von über dreißig und hieß Oleg. Oleg war ein ehemaliger Funkingenieur aus einer Stadt am Weißen Meer in der russischen Arktis, der seit zwölf Jahren in der Antarktis arbeitete. Er trug Jeans und eine dünne schwarze Lederjacke anstelle eines Parkas. »Ich hasse Kleidung, die von der Regierung ausgegeben wird«, sagte er zur Erklärung. Seine wache Art erinnerte mich einen Moskauer Unternehmer und Internetfreak, den ich einmal kennen gelernt hatte.

Als er erfuhr, dass ich auf der *Yuzhmorgeologiya* nach Süden gekommen war, fragte er mich nach einigen seiner Freunde, die an Bord arbeiteten. Und während ich ihm das Wenige erzählte, das ich ihm an Klatsch und Tratsch bieten konnte, fing Antarktika an, mir wie ein kleiner Ort vorzukommen. Oleg sagte mir, dass man Progress II, die düstere, verlassene Station, die ich vor einigen Jahren gesehen hatte, wieder eröffnet hätte. Er erzählte mir das, während wir an einem hässlichen Müllplatz voller alter Ölfässer, kaputter Fahrzeuge und Eisenschrott vorbeigingen, die mich sehr an die alte Progress II erinnerten.

»All das wird später abgeholt werden«, sagte er, auf den großen Müllplatz deutend. Versprechungen dieser Art waren schon viele gemacht worden, aber das erwartete Schiff war bislang nie angekommen. In diesem Sommer sollte es anders sein, Oleg war sich da ganz sicher, und er ergänzte, dass die Russen jetzt mit einer britischen Umweltschutzorganisation zusammenarbeiteten, um den Transport zu organisieren und den Müll zu beseitigen.

In der sachlichen Art, wie er mir das sagte, schwang ein Gespür für das russische Image in der Antarktis mit. »Ich möchte nicht den Eindruck erwecken, dass wir Russen nur hier sitzen, nichts tun und darauf warten, dass Fremde kommen und unseren Unrat beseitigen. Es gibt auch russische Freiwillige, die daran mitarbeiten. Und ich persönlich habe geholfen, eine alte ostdeutsche Station auf der anderen Seite des Kontinents zu entfernen. Wir haben dort über 1000 Tonnen Schrott weggeschafft. Nur noch eine Tafel ist von der Basis existent. Auf der steht: ›Hier befand sich einst eine Station der DDR.‹«

Der alte Teil der Bellingshausen-Station kam mir wie ein Museum vor, es war, als wäre ich in eine Zeitkapsel geraten, die mich in die Sowjetära hineinkatapultiert hätte. Ich entdeckte uralte Nähmaschinen, ramponierte Schachtische, einen altmodischen Kinosaal und über tausend Filme in Metalldosen. Irgendwie erweckte das alles den Anschein düsterer Verbannung.

Aber das änderte sich bald. Sägemehl flog auf, und das Jaulen von Kreissägen hallte durch den Flur, als wir uns Olegs Büro näherten. Bellingshausen wurde gründlich überholt. Auf diese Weise wollten die Russen ausländischen Wissenschaftlern, deren Regierungen keine eigenen Stationen eröffnen konnten oder wollten, fertige Unterkünfte und Laboreinrichtung anbieten. Das gab es also auch: eine antarktische Pension.

Bellingshausen hatte bereits eine Gruppe von rund zwanzig Forschern aus Deutschland und Österreich zu Gast gehabt, zu Beginn des Sommers. Um weitere Forscher wurde geworben. Und die Russen waren beileibe nicht die Einzigen, die das neu erwachte Interesse an der Antarktis und den dadurch erweckten Geist internationaler Zusammenarbeit zu Geld machen wollten.

Einige Tage später segelten wir zur argentinischen Jubany-Station, auf der anderen Seite der Bucht, wo Deutschland und Holland einen Gebäudeflügel angebaut hatten, damit sich die drei Länder die Kosten teilen konnten. Ein Nest von Fahnenstangen vor dem Komplex spiegelte den jedermann willkommen heißenden Gruß eines internationalen Hotels wider: Mich begrüßte eine australische Flagge, das weiße Kreuz auf rotem Hintergrund war für Miriam, die französische Trikolore für Jérome und Katie und das Sternenbanner für Maria. Die argentinische, holländische und die deutsche Flagge wehten natürlich sowieso.

Obwohl Jubany vor fast fünfzig Jahren als Ausdruck des argentinischen Hoheitsanspruches auf diesen Teil der Welt errichtet worden war, sprach der Chef der Station stolz von der gegenwärtigen Multikulturalität und einer grenzenlosen Kollegialität. Er erzählte mir, wie unlängst ein Team seiner Taucher einem havarierten Fangschiff zu Hilfe gekommen war, dessen Netze sich auf hoher See in den eigenen Schrauben verfangen hatten.

»Da haben also argentinische Taucher einem amerikanischen Boot geholfen und es dann zur Reparatur zu einer russischen Station geschleppt, während die chilenische Luftwaffe Ersatzteile und Hilfspersonal bereitstellte«, lachte er. »Und das Seltsame ist, dass es uns überhaupt nicht ungewöhnlich vorgekommen ist. Die Dinge sind hier einfach so.«

Eines Abends gaben wir eine Party auf der Jacht. Oleg und ein paar Russen kamen mit einer Flasche Stolichnaya, und etwas später flitzte ein Zodiac mit einigen deutschen Wissenschaftlern und ein paar argentinischen Marinetauchern herüber. Miriam und Maria waren zu diesem Zeitpunkt nicht da, weil sie gerade die Große-Mauer-Station der Chinesen besuchten. Man hatte sie gebeten, zum Essen zu bleiben. Der Salon der *Troison d' Or* füllte sich mit Stimmen, Gelächter und Sprachen: Englisch, Russisch, Deutsch, Französisch und Spanisch.

Jérome holte ein paar Flaschen Wein hervor. Während er sie entkorkte, erzählte er mir, dass am Nachmittag die Koreaner der King-Sejong-Station vorbeigeschaut hätten, um uns zum Mittagessen einzuladen.

Ich setzte mich mit einem Glas argentinischen Rotweins auf eine Sitzbank und versuchte, mich auf den Klatsch einzustellen. Es gab viel davon. Erst vor einigen Tagen hatten die Uruguayer auf ihrer Station ein Essen im Stil einer Ratsversammlung abgehalten und dazu Vertreter von allen anderen Stationen auf der King-George-Insel eingeladen. Sie hatten sogar ihren großen Marinehubschrauber losgeschickt, um alle Gäste abzuholen. Der Hintergedanke war dabei, auf der Insel einen Gemeinschaftssinn zu fördern und Informationen über wissenschaftliche Projekte auszutauschen. Es war sogar die Rede davon, einen Newsletter in Kooperation herauszugeben. Diese seltsame eisige kleine Insel war wie die Vereinten Nationen, nur dass sie tatsächlich funktionierte.

Die Koreaner warteten mit der Kamera in der Hand, als wir am nächsten Tag mit der *Troison d' Or* ihren Hafen erreichten. Trotz ihrer asiatischen Förmlichkeit hießen sie uns fröhlich willkommen. Sie fuhren uns in neuen Hyundais zu ihrer Station und verteilten Pantoffeln, die wir tragen sollten. Während einige der Neuankömmlinge, die in den achtziger Jahren zur King-George-Insel geströmt waren, mit minimalen finanziellen und technischen Mitteln arbeiten mussten, stiegen die Koreaner groß ein und errichteten eine hochmoderne Station. Ihre Labors wiesen den allerneuesten wissenschaftlichen Standard auf, natürlich durfte auch eine Karaoke-Bar samt Discokugel nicht fehlen.

»Wir hatten wenig Erfahrung mit der Antarktis, als wir 1988 herkamen«, sagte mir Soon-Keung Chang, der befehlshabende Kommandeur der Basis. »Wir zogen den Bau einer Station auf der anderen Seite des Kontinents in Erwägung, erkannten aber bald, dass das für den Anfang viel zu schwierig und zu kostspielig gewesen wäre. Dieser Ort schien besser dafür geeignet, um zu lernen und uns hier zurechtzufinden.«

Soon-Keung Chang war Geologe, verbrachte aber den langen Winter auf der Station damit, Kinderbücher über Antarktistiere und über heldenhafte Polarforscher zu schreiben.

»Die Antarktis ist für uns in Korea etwas ganz Neues«, sagte er und zeigte mir einige der etwa zwölf Bücher, die von ihm veröffentlicht worden waren. »Es ist wichtig für unsere Kinder, dass sie lernen, was dieser Kontinent für die Welt bedeutet.«

KAPITEL 16

Der siebte Kontinent

Wir verließen die King-George-Insel bei schwerem Seegang, der das Geschirr in der Kombüse klirren und mich in meiner Koje hin und her rollen ließ wie eine Erbse in einer Zündholzschachtel. Das schmutziggraue Wasser, das gegen mein Bullauge klatschte, gehörte zur Bransfieldstraße, der wetterwendischen, über hundert Kilometer breiten Passage, welche das Süd-Shetland-Archipel vom Festland der Antarktischen Halbinsel trennt. Wir waren unterwegs zu den Inseln Joinville, Dundee und Paulet, die direkt vor der Spitze der Halbinsel zusammengruppiert sind.

Die See war zu rau, um schlafen zu können, also versuchte ich zu lesen. Ich hatte in meiner Kajüte eine Sammlung zerlesener Taschenbücher entdeckt und fand die perfekte Lektüre, um die schlaflosen Stunden rumzukriegen: Shakespeares *Der Sturm*. Während die Jacht stampfte und gierte, stemmte ich mich gegen die Wand meiner Koje, schaffte aber nur ein paar Seiten, ehe ich aufgab. Schließlich döste ich ein, träumte von Kegelbahnen, Rodeostierkämpfen und von einer Fahrt über die Niagarafälle in einer Waschmaschine.

Mir war es egal. Sosehr ich die Zeit auf der King-George-Insel genossen hatte, die freundliche Gastlichkeit zwischen den Stationen, dem kosmopolitischen Weißen Süden, so gut fühlte es sich andererseits an, von dort wegzukommen – es war beglückend, frei von höflicher Gesellschaft und Pantoffelvorschriften zu sein. Wir hatten mehr oder weniger alle Stationen durch, außer zwei argentinischen Camps, der britischen Rothera-Basis und der alten englischen Station in Port Lockroy. Jetzt reisten wir nur noch mit Jérome, unserem

»Eingeborenen«, wie ich ihn nannte, und ließen uns von ihm den Weißen Süden zeigen, wie er ihn kannte. Da Maria Fotos von Pinguinen machen wollte, brachte er uns zunächst zur Paulet-Insel, einem kleinen Fleck vulkanischen Gesteins, wo Hunderttausende von Adeliepinguinen brüteten und ihre Nester bauten. Außerdem gab es dort eine große Population von blauäugigen Krähenscharben und von Riesensturmvögeln.

Ursprünglich wollte Jérome eine kühnere Route einschlagen und um eine kleine Inselgruppe herumfahren, die auf den Karten als Danger Islands verzeichnet war. Mir gefiel der abenteuerliche Name: Gefahreninseln. Aber als die Nacht voranschritt und die See immer ungestümer wurde, änderte er den Kurs und hielt auf die geschützter liegenden Gewässer der Antarktischen Straße zu, einer eisübersäten Passage zwischen den Inseln und der Spitze der Halbinsel.

Wir hatten die Bransfieldstraße längst verlassen und befanden uns in der Antarktischen Straße, als ich gegen halb fünf Uhr am Morgen ins Ruderhaus hinaufkletterte. Jérome trank wieder einmal einen seiner endlosen Kaffees aus der Mokkatasse. Er sah müde aus, war aber offensichtlich froh, die Zivilisation der King-George-Insel hinter sich gelassen zu haben und das tun zu können, was er am liebsten tat: in der Antarktis herumsegeln.

Er war – und ist – ein erstaunlicher Seemann. Irgendwann in der Nacht war ich von einer Reihe gewaltiger Schläge aus dem Schlaf gerissen worden, bei denen sich eine Landratte wie ich gewundert hatte, dass der Kiel der Jacht eine derartige Belastung aushielt. Es gab Augenblicke, in denen wir zu fliegen schienen, denen ein langer, beunruhigender Sturz folgte, der dann in einem Dahinrutschen über einen starren Wellenkamm endete. Es sagte einiges über das Vertrauen aus, das Jéromes Seefahrerkünste in mir geweckt hatten – und vielleicht auch einiges über meine mangelnde Erfahrung. Denn ich hatte einzig über die Wucht der See nachgedacht – und war wegen des Schlafmangels etwas knurrig –, aber nicht eine Sekunde lang beschlich mich das Gefühl, es könnte gefährlich sein. Es war mir sogar gelungen, in dieser Unruhe wieder einzuschlafen. Und nun lag wieder relativ ruhige See vor uns.

In der Ferne tauchten die dunklen Felsenklippen der Dundee-Insel aus dem Nebel auf. Sie sahen kalt, einsam, geheimnisvoll aus. Und nach der stürmischen Nacht kamen sie einem erfreulich weit weg von der beengenden Zahmheit der King-George-Insel vor.

Die Dundee-Insel – von einem schottischen Walfangkapitän nach seiner Heimatstadt benannt – war der Ort, von dem aus der amerikanische Millionär und Abenteurer Lincoln Ellsworth 1935 zum ersten transantarktischen Flug aufbrach, ein Abenteuer, das dank mehrerer durch schlechtes Wetter erzwungener Zwischenlandungen fast zwei Wochen dauerte. Es endete damit, dass Ellsworth und sein Copilot die letzten fünfundzwanzig Kilometer zu Fuß gehen mussten, nachdem seiner ramponierten Northrop-Maschine schließlich noch der Sprit ausgegangen war.

Und die winzige Paulet-Insel, die nur einige Kilometer weiter im Nebel lag, war der Ort, an dem die schiffbrüchige Mannschaft der *Antarctic* ihr Leben durch einen grauenhaften Winter fristete, nachdem ihr Schiff vom Packeis zerquetscht und versenkt worden war. Sie hatten versucht, ein Team unter Führung des schwedischen Forschers Nils Nordenskjöld zu retten, der weiter südlich im Weddellmeer gestrandet war. Ein von der argentinischen Marine ausgeschickter Suchtrupp rettete schließlich die Verschollenen, von denen einige über zwei Jahre lang nahezu wie Neandertaler in einfachen Steinhütten gelebt und sich von fast rohem Robbenfleisch ernährt hatten. In den kalten, feuchten Wintern versuchten sie sich an der blakenden Flamme eines Robbenfettfeuers zu wärmen.

Tief hängende Wolken spuckten Schnee aus, als wir zur Paulet-Insel glitten. Das Meer war wie schwarzes Glas. Die Luft war erfüllt vom krächzenden Geschnatter von Hunderttausenden von Pinguinen. Sie waren überall, schossen durch das Wasser rings um die Jacht, watschelten am Strand entlang und brüteten auf Abertausenden von Steinnestern, welche über die schneebestäubten Hänge verteilt waren. Die Insel sah wie eine pointillistische Studie in Schwarz-Weiß aus. Es schien nicht möglich zu sein, dass es auf der ganzen Welt so viele Pinguine geben konnte, geschweige denn auf einer winzigen, sturmumtosten Insel, die nur wenig mehr als einen Kilometer breit war. Sie sahen eher wie computergenerierte Statisten eines Hollywood-Trickfilmspektakels aus denn wie etwas Reales. Aber der nach unausgemistetem Hühnerhof riechende Gestank von Guano war verdammt echt. Ein mittelalterlicher Pesthafen hätte es nicht mit diesem Ort aufnehmen können.

Wir setzten das Dingi aus, um an Land zu gehen. Anders als die Schiffbrüchigen der *Antarctic* hatten wir die Paulet-Insel nicht ganz für uns. Ein Kreuzfahrtschiff, die *Clipper Adventurer*, ankerte in der Nähe, und eine Touristengruppe in knallroten Parkas war über den Strand verteilt, was die Größe der kniehohen Pinguine ins Groteske verzerrte.

Wegen ihrer riesigen Pinguinkolonie ist die Paulet-Insel ein beliebter Anlaufpunkt für die aufkommenden Kreuzfahrten zur Antarktis. Jeden Sommer kommen etwa 4000 Besucher hierher. Wir hatten gewusst, dass die *Clipper Adventurer* in der Nähe sein würde, weil Jérome den ganzen Vormittag lang über Funk mit deren Kapitän geredet hatte. Aber die Schiffspassagiere waren verblüfft, als sie uns sahen. Als wir in unserem Zodiac zum Strand flitzten, rief eine Stimme mit amerikanischem Akzent: »Seid ihr Typen etwa damit etwa die ganze Strecke gefahren?«

Thomas Cook & Son hatte schon 1910 euphorische Überlegungen hinsichtlich touristischer Touren in die Antarktis gedämpft, und es dauerte bis 1957, ehe ein Charterflug der PanAmerican tatsächlich die ersten Touristen zur McMurdo-Station beförderte. Ein weiteres Jahrzehnt verging, dann erst konnten regelmäßige Fahrten in die Antarktis unternommen werden. Heute ist sie ein trendiges Ziel. Über 20000 Touristen kommen jeden Sommer ins Eis, die meisten davon mit Kreuzfahrtschiffen, und zwar von Südamerika aus. Es durchpflügen so viele Schiffe diese Gewässer, dass jeden Abend um 19.30 Uhr über Funk eifrig korrespondiert wird, wobei die Kreuzfahrtleiter der verschiedenen Schifffahrtslinien ihre Fahrpläne für den folgenden Tag aufeinander abstimmen.

»Sie machen das, um das Gefühl der Einsamkeit zu wahren«, erklärte mir Jérome eines Abends. »Schließlich will niemand 20000 Dollar für eine Kreuzfahrt in die Antarktis ausgeben und dann die ganze Zeit über andere Touristen sehen.«

Auf der *Clipper Adventurer* waren 113 »andere Touristen«, die meisten von ihnen ältere Herrschaften, von denen wiederum nur vier keine Amerikaner waren – in etwa die Norm bei antarktischen Kreuzfahrten. Reiche Rentner sind die einzige demographische Gruppe, welche die erforderliche Zeit und das nötige Geld haben, um in diesen Teil der Welt zu fahren – in diesem Fall eine siebzehntägige Kreuzfahrt zu den Falklandinseln, den Südgeorgien-Inseln, den Süd-Orkneys, der Elefanteninsel, Deception Island und, ganz offensichtlich, auch zur großen Pinguinkolonie hier auf der Paulet-Insel.

»Das ist unser siebter Kontinent!«, sagte eine dick vermummte, ungefähr sechzig Jahre alte Dame namens Karen begeistert, während sie, ihr Ehemann Bill und ich uns einen Weg über die rutschigen Felsen zu den Ruinen der Steinhütte suchten, welche die Schiffbrüchigen 1903 errichtet hatten. »Die Idee, den letzten Kontinent mitzunehmen, haben wir von einem Ehepaar, das wir auf einer anderen Kreuzfahrt getroffen haben. Es ist einfach fabelhaft.«

Sie hatten vor einigen Jahren ihr Möbelgeschäft in Columbus, Mississippi, an ihren Sohn verkauft und verbrachten jetzt so viel von ihrem Ruhestand wie möglich auf Kreuzfahrten. Die Antarktis hatte sie einfach umgeworfen.

»Ich sage Ihnen, diese Dokumentarfilme bereiten einen nicht darauf vor, wie es ist, wenn man selbst hierher kommt«, sagte Bill. »Man weiß nie, was man zu sehen kriegt. Jeden Tag gibt es etwas anderes. Und die Tiere! Unlängst habe ich am Morgen meine Kabine verlassen und sah direkt vor meinen Augen, wie ein Seeleopard einen Pinguin in Stücke gerissen hat! Am Tag darauf waren rings um das Schiff Wale. Und jetzt das!« Er deutete mit seiner Hand auf die Pinguinkolonie. »Es ist unglaublich!«

Ich mochte das Ehepaar und die anderen Kreuzfahrtpassagiere. Ich mochte ihr glückliches Staunen über die immense Weite und den frostigen Zauber der Antarktis. So ehrliche Gefühle waren eine willkommene Abwechslung von den sich oft gelangweilt gebenden Wissenschaftlern. Viele Forscher (aber keineswegs alle) zeigten einen gewissen Hochmut angesichts der arktischen Welt. Oder sie konnten ihre kindische Freude darüber, dass sie hier sein konnten, kaum zugeben. Ein Wissenschaftler, dem ich begegnete, befürchtete, ich könnte ihn in meinem Artikel so darstellen, als gefiele es ihm hier – was auch tatsächlich der Fall war. Aber er hatte Angst, wenn ich sein Vergnügen an diesem Ort zum Ausdruck bringen würde, dass dadurch seine Chancen auf weitere Fördermittel gemindert werden könnten. Mir kam das alles so traurig vor.

Ganz anders die Touristen. Sie wollen die kristalline Schönheit sehen, sich am Anblick der vielen Tiere und des weißen Zaubers erfreuen, und sie geben das auch offen zu. Sie geben nicht vor, dass sie großartigere Motive als diese haben – aber auch nicht, dass sie geringere hätten.

Hinzu kommt, dass Touristen selbst für ihre Reise bezahlen, sich nicht in die Landschaft einmischen, indem sie Stationen bauen, und auch nicht so tun, als kontrollierten oder besäßen sie hier etwas.

Karen und Bill hielten sich nicht lange bei der Nordenskjöld-Ruine auf, sondern gingen den Weg weiter hinauf, wohin der reisebegleitende Vogelexperte – ein Autor eines Standardwerks über Seevögel –, seine Schäfchen führte. Ich blieb zurück, weil ich meine eigenen Eindrücke angesichts der zerfallenen Hütte sammeln wollte.

Sie war mit den schweren schwarzen Basaltbrocken gebaut worden, welche die Insel übersäen. Von einigen alten Schwarz-Weiß-Fotos, die ich gesehen hatte, wusste ich, dass sie einst ein mit Steinen beschwertes Dach aus Brettern gehabt hatte. Es stand nicht mehr viel davon, außer niederen, von Guano befleckten Mauern, neun Meter lang und sechs Meter breit. Wie ich so im Regen, Nebel und Schnee dastand, und der Geruch und das Gekrächze einer halben Million Pinguine in der Luft lag, versuchte ich mir vorzustellen, wie es gewesen sein musste, darin ein Jahr zuzubringen.

»Viele hundert Träume sind auf unserer Insel geträumt worden«, schrieb einer der gestrandeten Schweden damals in sein Tagebuch, »aber ich weiß nicht, ob sie dazu beitrugen, unser Leben aufzuhellen. Sie drehten sich um zwei Themen – Nahrung und Rettung. Ach, wir konnten uns durch ein ganzes Menü, von der Suppe bis zur Nachspeise, träumen, um dann grausam enttäuscht aufzuwachen. Wie oft sah nicht schon einer in unseren Träumen das Rettungsschiff, manchmal als großes Schiff, manchmal nur als kleine Schaluppe.«

Während ich neben den Mauerruinen hockte und über diese Menschen und ihre Träume nachdachte, bemerkte ich, dass ein anderer Tourist herangeschlendert kam, ein großer, dunkelhaariger Amerikaner mit faltigem Gesicht, der aussah, als sei er Ende fünfzig oder Anfang sechzig. Er hieß Nicholas Clinch. Wir kamen ins Reden, wie Fremde eben miteinander zu reden anfangen, wenn sie sich an rauen, stürmischen Küsten an den Enden der Erde treffen.

Er war kein typischer Durchschnittstourist. Ich erfuhr, dass er schon einmal, vor vielen Jahren, in der Antarktis gewesen war, im

Jahr 1966, als er ein junger Bergsteiger war und für den Amerikanischen Alpenverein eine Expedition zur Erstbesteigung des Vinsonmassivs geleitet hatte, des mit über 4875 Metern höchsten Berges der Antarktis. Das war noch in den unschuldigen Zeiten gewesen, als sich sogar normale Bürger bei den Antarktisprogrammen ihrer Regierung um Unterstützung von Polarexpeditionen bewerben konnten und diese auch bekamen.

Nach McMurdo hatte man sie mit Hilfe der Marine geflogen, welche damals die Logistik des amerikanischen Antarktisprogramms bewerkstelligte. Dann transportierte man sie zu den Ellsworth-Bergen, wo sie prompt das Vinsonmassiv bestiegen und anschließend gleich noch den zweit-, dritt- und vierthöchsten Gipfel. Es war das letzte Mal, dass die amerikanische Regierung offiziell eine private Expedition unterstützte – nicht, weil Nicholas Clinch oder sein Team etwas Unrechtes getan hätten. Man wollte im Nachhinein die Schaffung eines Präzedenzfalles vermeiden, denn es wurde befürchtet, man müsste dann auch die Such- und Rettungskosten übernehmen, wenn etwas schief ginge. Hinzu kam ein tief verwurzeltes bürokratisches Misstrauen gegenüber unkontrollierten Aktivitäten in einem weit offenen Grenzland.

»Ich war bis jetzt nie wieder in der Antarktis gewesen«, sagte mir Nicholas. »Es kommt mir seltsam vor, als Tourist wieder hier zu sein. Ich hätte mir nie vorstellen können, dass ich das je machen würde, aber ich muss gestehen, es macht mir Spaß. Und Tatsache ist, dass heutzutage für die meisten von uns der Tourismus die einzige Möglichkeit ist, in diese Gegend zu reisen.«

Die Gruppe von der *Clipper Adventurer* verbrachte ungefähr eine Stunde an Land, ehe sie wieder in ihre Zodiacs stieg und zum Mittagessen zurück aufs Schiff fuhr, wo sie am Nachmittag, während der Fahrt zum nächsten Landgang auf den Süd-Shetland-Inseln, verschiedene Vorträge erwarteten. Ich stieg auf eines der steinigen

Hügelchen und sah ihrer Abfahrt zu. Das Kreuzfahrtschiff ließ nur sein Kielwasser zurück. Nachdem es in Schnee und Nebel verschwunden war, versank die Paulet-Insel wieder in dem einsamen Gefühl, das die Schiffbrüchigen vor einem Jahrhundert empfunden haben mussten – bis hin zu der Zweimastjacht, die im spiegelschwarzen Wasser ankerte, genau wie jene, die ihnen im Traum erschienen war.

So wild und entlegen mir die Paulet-Insel zunächst erschienen war, als wir uns ihr an diesem Morgen erstmals genähert hatten, so ist sie doch auch eine Insel, die auf dem Reiseplan vieler Kreuzfahrtschiffe steht. Die *Clipper Adventurer* war da keine Ausnahme. Vorausgesetzt, die Antarktisstraße ist nicht voller Eis, das eine Fahrt durch sie fraglich macht. Für uns war sie jedoch nur von vorübergehender Anziehungskraft – ein geeigneter Ort, damit Maria Aufnahmen von Unmengen von Pinguinen machen konnte, eine kleine Haltestation auf dem Weg weiter nach Osten, um schließlich in die insgesamt abweisenderen, entlegeneren und selten besuchten Gewässer des Weddellmeeres zu gelangen.

Es ist dies der berüchtigte, mit Eis bedeckte Meeresbereich, auf dem Shackleton 1915 zu Schaden kam, als sein Schiff, die *Endurance*, vom Eis zermalmt wurde. Es kann selbst heute tückisch, wenn nicht geradezu gefährlich sein, dort mit einem Schiff – noch dazu mit einer Jacht – hinzufahren. Aber Jérome war schon oft im Weddellmeer gewesen und verstand die Eisdrift und die oft unbeständigen Launen der Winde so gut wie kaum ein Zweiter zu deuten. Er wollte uns in jedem Fall die diamantharte Schönheit dieser Gegend zeigen. Dort angekommen, wollten wir weiter zur Seymour-Insel fahren, dem Jurassic Park der Antarktis, eine abgelegene und seltsamerweise eisfreie Insel, die bedeckt ist mit Fossilien gigantischer Pinguine von der Größe Michael Jordans, prähistorischer Schildkröten von dem Umfang eines Volkswagens und einer uralten

Beuteltierart – dem ersten Fund an Land lebender Säugetiere in der Antarktis –, die sich hier vor vierzig bis 120 Millionen Jahren im Eozän tummelte.

Es ist dies der einzige Ort in der Antarktis, an dem Felsen aus dieser Zeit frei und ungeschützt herumstehen, was Paläontologen die Möglichkeit gibt, einen einzigartigen Blick darauf zu werfen, was es hier an Lebensformen gab, ehe sich der Kontinent endgültig vom Rest der Welt trennte.

Einige Zeit zuvor hatte ich Kontakt mit dem British Antarctic Survey in Cambridge aufgenommen und die Erlaubnis erhalten, deren Feldlager auf der Insel zu besuchen. Anders als die Amerikaner sehen die Briten keinen Anlass, permanente Camps einzurichten. Stattdessen optieren sie für mobile Einheiten, die wenig Spuren hinterlassen und es ihnen ermöglichen, von Jahr zu Jahr herumzuziehen, was sowohl für die Wissenschaft als auch die Umwelt wunderbar ist. Einzig Besucher können darin eine Schwierigkeit sehen, wenn sie nicht wissen, wohin sie kommen sollen. Die Seymour-Insel ist etwa sechzehn Kilometer lang und bergig, und vor der Küste stauen sich instabile Eisschollen. Als ich auf der koreanischen Station auf der King-George-Insel meine E-Mails durchgesehen hatte, hatte ich noch immer keine Nachricht erhalten, wo in diesem Sommer ihr Camp sein würde.

Als wir das britische Marineschiff *HMS Endurance* aus dem Weddellmeer auf uns zugleiten sahen, wo es vermutlich gerade die Geologen auf der Insel abgesetzt hatte, hielten wir es daher für eine günstige Möglichkeit, uns nach dem Lager zu erkundigen, unsere Pläne zu erläutern und nach den Eisverhältnissen zu fragen. Ich hatte natürlich schon oft von frostigen Zurückweisungen gehört, welche Regierungen jemandem angedeihen lassen, den sie für einen Eindringling in der Antarktis halten, aber das war das erste Mal, dass ich es selbst erlebte. Die Tatsache, dass uns die British Antarctic Survey den offiziellen Segen gegeben hatte, ihr Camp zu besuchen (und uns auf der Rothera-Station mit ausgesuchter Gastfreundschaft empfangen hatte), tat für die Royal Navy nichts zur Sache. Wir kamen gar nicht erst ins Gespräch.

Die *Endurance* war nur einen knappen Kilometer entfernt, als Jérome sie anfunkte. Keine Antwort.

Er räusperte sich und versuchte es noch einmal. »*Endurance*, hier ist die Jacht *Troison d' Or*. Over.«

Schweigen.

»Jacht *Troison d' Or* ruft *Endurance*, können Sie mich hören? Over.«

Wieder Schweigen.

Das mächtige Marineschiff, das vor Antennen starrte und mit Funkanlagen auf dem neuesten technischen Stand jede nur denkbare Frequenz abhörte, dampfte einige hundert Meter entfernt majestätisch durchs Eis. Sie hätte ebenso gut die *Mary Celeste* sein können, das Geisterschiff, so wenig Leben regte sich auf ihr.

Jérome versuchte es erneut – mit demselben Resultat. Er knallte schließlich das Funkmikrofon hin, so wütend war er.

»Bastarde! Ich könnte ja auch einen Sterbenden an Bord haben. Arrogante Mistbande.« Er erregte sich besonders deshalb, weil er in der Vergangenheit mit der *Troison d' Or* die British Antarctic Survey und die *HMS Endurance* bei der Erforschung von bestimmten Pinguinarten unterstützt hatte. Damals hatte man ihn zu einem Essen in die Offiziersmesse der *Endurance* eingeladen, bei dem sämtliche Herren in Dinnerjacketts erschienen waren. Und nun weigerten sich die gleichen Offiziere und Gentlemen – die ihn beim Namen kannten –, mit ihm zu sprechen. Die Antarktis – und speziell dieser Teil davon – war ein viel zu kleiner Bereich, um ihn oder seine Jacht nicht zu kennen. Es war mehr als ärgerlich.

»Als sie mich brauchen konnten, fein, aber jetzt existiere ich für sie auf einmal nicht mehr.«

Er griff noch einmal zum Mikrofon und sprach mit müder Ironie in den Äther: »Nun gut, vielen Dank, *Endurance*, Sie waren eine große Hilfe. Wenn Sie je irgendetwas brauchen, wissen Sie ja, wen Sie anfunken müssen. Hier spricht Jérome Poncet von der Jacht *Troison d' Or*. Over und out.«

Wir standen an Deck und sahen das rot und weiß bemalte Schiff ruhmreich in die bläuliche Ferne fahren. Das war Britannien, wie es über die Wellen dampft und herrschende Regeln missachtet.

Die Temperatur sank merklich, als wir ins Weddellmeer einfuhren, da die Luft vom vielen Eis abgekühlt wurde. Überall ragten Eisberge auf, von denen viele höher waren als unser Mast. Eine Gruppe von Adeliepinguinen stand auf einer Eisscholle und starrte uns an, als wir vorbeifuhren. Shackleton hatte das Pech gehabt, seine Expedition während eines eismäßig besonders ungünstigen Jahres unternommen zu haben. Wir waren in einem nach Weddellmeer-Standard relativ guten Sommer hier. Trotzdem hielt Jérome sorgsam Ausschau, nicht nur nach Eisbergen, Packeis und unter der Oberfläche schwimmenden Brocken, sondern auch nach dem düsteren Himmel. Eine plötzliche Änderung der Windrichtung konnte Millionen Tonnen Eis wie in einem Cocktailshaker in ein Chaos versetzen und die *Troison d' Or* beschädigen, festhalten oder gar zermalmen.

Ich sah Jérome am Steuer zu, wie er sich der Herausforderung stellte und seine Fahrtrichtung mit dem Geschick eines Schachgroßmeisters vorausplante. Was vor uns lag, war ein schönes, glitzerndes, ständig in leichter Bewegung befindliches kristallines Labyrinth. Jérome war bei dem, was er tat, extrem gut, legte aber keinerlei Arroganz oder Großspurigkeit an den Tag, sondern nur eine stille Freude am Können. Es wäre für so ziemlich jeden anderen auf dem Planeten töricht gewesen, eine Jacht hier durchsteuern zu wollen, aber Jérome besaß ein hervorragendes Wissen über Eis und Winde, das er sich in gut dreißig Jahren Erfahrung erworben hatte, und ein intuitives Verständnis für die Launen der Antarktis. Es war ein fairer Wettkampf, den er und die Natur ausführten.

Ich stützte mich auf die Reling und bewunderte die Form der Eisberge. Es gab die Sphinx zu entdecken, das Matterhorn und das Opernhaus von Sydney. Die Tafelberge hatten blanke weiße Seiten, die frisch und kantig aussahen wie gerade abgebrochene Pfefferminzstangen. Das ganze Eis schien ein eigenes Leuchten auszustrahlen; sein blendendes Weiß mit Andeutungen von Blau stand in dramatischem Kontrast zur feuchten grauen Masse der Wolken.

Es war kalt. Innerhalb weniger Stunden froren die Wasserrohre der Jacht zu, was uns zwang, Wasser zum Trinken und Kochen zu beschaffen, wie das schon früher die Seeleute in der Antarktis getan hatten: Wir benutzten ein Netz, das an einem langen Stiel befestigt war, um Brocken von hartem, klarem Eis einzuholen, die wir dann in einem Topf auf dem Herd schmolzen. (Ein von den Forschern in ihren Tagebüchern nie erwähntes Detail besteht darin, dass man von den Eisblöcken an Deck erst das Meerwasser abtropfen lassen muss, weil sonst das gewonnene Trinkwasser wirklich grauenhaft brackig schmeckt.)

Wir verbrachten die Nacht zwischen den Eisbergen dahintreibend, wobei einige Zwergwale auftauchten und rings um uns ihre Fontänen ausstießen. Jérome schlief auf einem Sofa im Ruderhaus und wechselte sich mit Christian, Miriam und Katie bei der Wache ab.

Gegen acht Uhr befanden wir uns am nächsten Morgen noch zwölf Seemeilen, gut zweiundzwanzig Kilometer, von der Seymour-Insel entfernt, die sich dunkel und bergig von einem trostlos blassen Himmel abhob. Die Seymour-Insel unterscheidet sich von den anderen Eilanden, weil sie keine dicke Schneedecke hat, da sie im Windschatten von zwei sehr nahen Inseln liegt: James Ross und Snow Hill.

Das Packeis auf dem Wasser war ziemlich dick, und eine Zeit lang sah es so aus, als ob wir die Insel nicht ansteuern könnten. Aber es gelang Jérome, die *Troison d' Or* durch ein paar lange, enge Wasserrinnen zu bugsieren, die uns in freies Wasser in einer flachen Bucht auf der Ostseite der Insel führten.

Argentinien unterhält in den Bergen der Seymour-Insel eine Station – Marambio –, die eine eigene Landebahn hat. Wir konnten die kleinen roten Punkte der Stationsgebäude oben auf dem Kamm sehen, der von der Bucht aus aufstieg. Jérome funkte die Station an, und die Argentinier luden uns fröhlich ein vorbeizuschauen. Sie teilten uns auch mit, dass die Landebahn frei sei. Es dauerte eine Zeit, bis ihnen Jérome in einer Mischung aus Französisch, Englisch und Spanisch erklärt hatte, dass wir nicht per Flugzeug kommen würden, sondern schon hier seien, an Bord einer Jacht. Anfangs waren sie etwas ungläubig, bis jemand auf der Station einen Feldstecher in die Hand nahm und die *Troison d' Or* in der Nähe der Insel entdeckte. Eine andere Stimme, die ein besseres Englisch sprach, meldete sich über Funk und sagte, wir sollten heraufkommen. Sie fügte hinzu: »Wir werden hier nicht oft von Leuten besucht, die mit einer Jacht unterwegs sind.«

Jérome schätzte mit seinem Seemannsblick das Wetter ein, spürte den leichten Wind, der an diesem Morgen anstelle einer Brise wehte, studierte die Lage der Eisberge und beschloss dann, dass es für uns möglich sei, hier ein paar Stunden zu verbringen. Er ließ Christian als Wache zurück und verteilte Funksprechgeräte, dann einigten wir uns alle darauf, dass wir in drei Stunden zurück sein wollten.

Wir landeten an einem Strand aus morastigem Schlamm, der unsere Stiefel bis zu den Knien einsaugte. Von hier aus begann ein steiler und rutschiger Anstieg zur Station. Es dauerte nicht lange, bis mir klar wurde, dass die Station wesentlich höher gelegen war, als es vom Boot her ausgesehen hatte, und dass der Anstieg wesentlich länger dauern würde, als von uns kalkuliert worden war. Die Antarktis spielte uns wieder einmal einen Streich mit den Größenmaßstäben. Auf der Paulet-Insel hatte ich einen Maulwurfshügel für eine Anhöhe gehalten, bis ich einige Minuten später einen Riesenschreck bekam, als ich Miriam und Maria wie Riesenschatten darüber hinwegsteigen sah. Hier hatten wir den umgekehrten Fehler gemacht und den Bergkamm für niedrig und Marambio für relativ nahe gehalten. Tatsächlich lag die Station in rund dreihundert Meter Höhe auf einem etwa fünf Kilometer entfernten Plateau. Und der Anstieg führte auch nicht über einen einfachen Hang, sondern an einer Reihe trügerischer, haarscharfer Felskanten entlang.

Es gab keinen Pfad. Wir mussten uns unseren Weg selbst suchen. Bald verloren wir dabei die Jacht und die Station aus den Augen. Der steinige Schlamm steckte voller Fossilien, meistens kleineren Muscheln. Sie hingen in Klumpen am Stiefelschaft und an den Stiefelsohlen. Die Landschaft selbst erinnerte mich mit ihren merkwürdig verwitterten Formen und den Erdschichten an die Badlands in South Dakota, aber der Ausblick aus der Höhe war pure Antarktis: ein weit reichendes Panorama von Eisbergen, welche eine glasige See füllten, darüber ein perlgrau schimmernder Himmel.

Nach einer Weile bemerkten wir am Hang ein paar blaue Punkte. Es waren argentinische Luftwaffenoffiziere, die uns zur Begrüßung entgegenkamen und uns den Rest des Weges nach oben führten.

Marambio ist einer der Hauptstützpunkte Argentiniens auf der Halbinsel mit einer ganzjährig nutzbaren Kieslandebahn, die für viermotorige Hercules-Frachtflugzeuge geeignet ist. Außerdem steht der Hangar voller Twin Otters und Hubschrauber, um kleinere Außenstationen und Feldlager zu erreichen. Die Basis befindet sich auf einem Plateau, aber trotz leicht ansteigender Landebahn und eines ziemlich guten Entwässerungssystems, wird der sie umgebende Boden im Sommer ein Sumpf. Ein Netzwerk langer hölzerner Gehwege verbindet die einzelnen Gebäude. Es fühlte sich gut an, aus dem gurgelnden, knöcheltiefen Matsch auf die Planken zu steigen.

Das Hauptquartier der Station war warm, hatte eine ruhige Ausstrahlung und bot einen spektakulären Ausblick über das Weddellmeer. Wir fragten herum, ob jemand wüsste, wo das britische Feldlager sei. Nach einigem Hin und Her auf Spanisch deutete einer der Luftwaffenoffiziere auf einen Punkt auf der Wandkarte, der einen gut einstündigen Fußmarsch von der Station entfernt lag. Wir hatten bereits eine Stunde gebraucht, um von der Jacht hierher heraufzuklettern. Es war uns klar, dass das Eis nicht ewig an Ort und Stelle bleiben würde. Also beschlossen wir, die Fossilienjäger außen vor zu lassen. Der Kommandant lud uns ein, zum Essen zu bleiben. Es gab an diesem Tag Kaldaunensuppe, was Jérome sehr zusagte.

Ich machte mich vor den anderen auf den Rückweg zur Jacht. Miriam und Maria brachen auf, um noch einige Fotos von der näheren Umgebung der Station zu machen, während Jérome und Katie mit alten Freunden schwatzten, die ihnen über den Weg gelaufen waren. Wettermäßig war der Nachmittag freundlich geworden, und es war schön, einmal allein zu wandern. Der Himmel war noch weitgehend bewölkt, aber die Wolken lockerten sich auf, und das hellere Licht ließ die über das Weddellmeer verstreuten Eisberge viel schärfer konturiert erscheinen. Sie hatten sich seit unserem Weggang ein Stück weiterbewegt, und von hier oben konnte ich Jéromes Interesse, zeitig wieder aufzubrechen, und sein Geschick, uns durch dieses Gemenge zu manövrieren, besser würdigen.

Der Abstieg ging schneller als der Aufstieg, auch wenn meine Stiefel dazu tendierten, auf dem losen Geröll auszurutschen. Ich folgte weitgehend den Spuren, die wir beim Aufstieg hinterlassen hatten, aber als ich zu einem steilen, festeren Hang kam, der harmlos in einem Winkel nach rechts abbog, folgte ich ihm, weil er einen schnelleren, weniger schlammigen Abstieg zu versprechen schien. Dieser Hang führte zu einer weiteren Gabelung und dann zu noch einer, und ehe ich mich's versah, war ich weit von meiner ursprünglichen Spur entfernt und folgte einem Bach durch eine einsame Schlucht, die zu beiden Seiten steile, unbesteigbare Wände hatte.

Die anderen hatten sich inzwischen auch auf den Rückweg zur Jacht gemacht. Bei einem Blick zurück konnte ich vier farbige Punkte erkennen, die einen Weg nach unten suchten.

Die Gefahr, sich zu verlaufen, war nicht groß: Ich wusste, dass der Bach irgendwann zum Strand führte und dass ich von dort nur weitergehen musste, bis ich zu einer Stelle kam, von der aus ich Christian ein Signal geben konnte. Es war mehr eine Frage, wie nass und matschig es werden würde, wenn ich hier weiterging, oder ob ich die gerade heruntergerutschten Hänge wieder hinaufklettern sollte, um dort weiterzugehen, wo ich abgewichen war. Nun ... ich hatte ja schon immer ein antarktischer Forscher werden wollen.

Ich ging weiter. Und wie Scott stellte ich fest, dass andere vor mir hier gewesen waren. Der Bach war voller weggeworfener Flaschen, Plastikfetzen, Batterien, Metallteile, Öldosen, durchgerosteter Treibstofffässer, einem alten Schuh, Einwickelpapier und Alufolie. Das konnte jeder beliebige schmutzige Bach in einem industriellen Ödland am unordentlicheren Rand einer beliebigen Stadt sein. Das Einzige, was ich nicht fand, war ein Einkaufswagen. Es war ein ernüchternder Anblick. Seltsamerweise fühlte ich mich peinlich berührt, dass ich das so kurz nach der herzlichen Gastfreundschaft der Argentinier entdeckt hatte.

Ich folgte weiter dem Bach, bis er einige hundert Meter vom Boot entfernt ins Meer floss. Jérome und Katie kamen auch gerade an; so viel zu meinem Vorsprung und meiner Abkürzung. Wir fuhren zur Jacht hinaus. Maria und Miriam tauchten etwa zwanzig Minuten später auf, da sie meinen Spuren gefolgt waren.

Ich spürte eine sanfte Brise. Sie war nicht stark, genügte aber, um die Eisberge ihren langsamen Walzer beginnen zu lassen. Wir holten den Anker ein und fuhren ab. Es tat gut, wieder unterwegs zu sein.

KAPITEL 17

Touristensaison

Wir ließen das Packeis der Weddellsee hinter uns und schliefen in dieser Nacht an einem ruhigen Ankerplatz in der Nähe einiger Klippen längsseits der Dundee-Insel. Früh am nächsten Morgen machten wir uns auf den Weg nach Esperanza, der argentinischen Station an der Hope Bay, an der Spitze der Halbinsel gelegen. Es war ein feuchter, grauer Morgen, und es lag bissiger Frost in der Luft. Ein paar Schneeflocken fielen vom Himmel. Das Meer lag dunkel und leer da, im Gegensatz zu den Funkwellen, sie waren voller Leben. Der Funker der *HMS Endurance* plauschte freundschaftlich mit dem Funker auf Esperanza, dessen Englisch von einem spanischen Akzent eingefärbt war.

Jérome griff mit einer gewissen Vorfreude zum Mikrofon, als die beiden Funker ihr Gespräch beendet hatten. Mit der fröhlichen Stimme eines Mannes, der gut geschlafen und nicht zu viele Schulden hat, sagte er: »Bonjour, Endurance! Hier ist die Jacht *Troison d' Or*. Es ist erfreulich zu hören, dass Ihr Funkgerät wieder funktioniert! Ich hatte mir solche Sorgen gemacht, seit wir unlängst nichts von Ihnen vernahmen. Aber jetzt scheint ja alles wieder in Ordnung zu sein.«

Schweigen.

Wir fuhren weiter in leicht südwestlicher Richtung. Die Bergkette der Halbinsel befand sich direkt vor uns. Hope Bay lag in einer erstaunlichen Umgebung, umarmt von einem Bergzug vereister Berge, die so hoch und gewaltig aussahen wie irgendeine Gegend im Himalaja. In Wirklichkeit waren sie aber nur etwas über 1200 Meter hoch. Die Hope Bay selbst war voller Eisberge und Gletscher, die bis zur Wasseroberfläche reichten. Wir waren noch einige Kilometer entfernt, als Jérome die Basis anfunkte, um Anweisungen für unseren Ankerplatz zu erbitten. Eine herrische Stimme, eindeutig englischer Akzent, mischte sich in den Funkspruch ein: »*Troison d' Or*, verlassen Sie umgehend diese Funkfrequenz. Sie steht nur für Notrufe zur Verfügung.«

Das war zu viel. »Hier *Troison d' Or*«, fauchte Jérome. »Wer spricht da? Erbitte Antwort. Over.«

Schweigen.

Technisch gesehen hatte der diensteifrige Engländer Recht: Wir funkten auf Kanal 16, dem internationalen Notrufkanal. Aber in der Antarktis, wo sehr wenig Funkverkehr ist und es noch viel weniger Notfälle gibt, wird Kanal 16 oft als eine Art Gemeinschaftskanal verwendet, weil man sicher sein kann, dass man gehört wird. In der Tat hatte erst eine Stunde zuvor der Funker der *Endurance* selbst genau diesen Kanal für sein Privatgespräch mit den Argentiniern auf Esperanza benutzt. Die Arroganz des Briten ließ Jérome schäumen.

Ich fragte mich, was die Argentinier von diesen Funksprüchen hielten. Man konnte förmlich hören, wie sie tief Luft holten, als ihre an Jérome gerichtete Antwort unterbrochen wurde. Sie warteten einen diplomatischen Augenblick lang, um jegliches verbale Kreuzfeuer zu vermeiden, und gaben Jérome dann Anweisungen, wie er zu ihrem Kai kommen sollte. Was immer sie sich auch gedacht haben mochten, sie verhielten sich bei unserer Ankunft äußerst freundlich. Esperanza ist Argentiniens Versuch, antarktischen Boden zu kolonisieren, und zwar mit einer kleinen, dorfähnlichen Station. Es lebten Familien mit ihren Kindern hier, und es gab ein kleines Schulhaus. Gegen Ende der siebziger Jahre hatten die Argentinier sogar zu dem ausgefallenen Mittel gegriffen, schwangere Frauen einzufliegen, damit sie gebürtige Antarktiker zur Welt bringen konnten. Die Folge davon ist, dass es heute acht Menschen auf der Welt gibt, alles junge argentinische Frauen und Männer, in deren Geburtsurkunde als Geburtsort Antarktika vermerkt ist.

Esperanza ist weder so groß noch so ausgefeilt wie Chiles Eduardo-Frei-Dorf auf der King-George-Insel. Trotz der Anwesenheit von Familien wirkte das Ganze mehr wie eine Antarktis-Station. Zum Teil lag das an der frostigeren Umgebung, den Eisbergen in der Bucht, den hohen, rissigen Bergen im Hintergrund und der Kolonie von etwa hunderttausend Pinguinen, die sich vor der Station ausbreitet.

»Das ist das südlichste Schulhaus der Welt«, sagte mir Juan Carlos Peresz Arrieu, der Kommandant der Station, als er mich herumführte. Von den Wänden des Klassenzimmers leuchteten bunte Kinderzeichnungen, auf denen eine interessante Mischung von Palmen und Pinguinen zu sehen war. Das Zimmer war ruhig und leer. Alle acht Kinder der Station waren die Sommerferien über in Buenos Aires.

»Wir haben hier exakt den gleichen Lehrplan wie alle anderen Schulen im Bundesstaat Feuerland«, erzählte er stolz.

Wir blieben nicht lange in Esperanza, sondern machten uns in Küstennähe auf den Weg entlang der Westseite der Halbinsel, wo wir nach Belieben in stille und einladende schmale Buchten oder zu versteckten Ankerplätzen fuhren, die Jérome kannte. Wir genossen die Freiheit der Antarktis, und je mehr Tage auf diese Weise verstrichen, desto besser fing ich an zu verstehen, wie sich Huckleberry Finn auf seinem Floß gefühlt haben musste.

Die Szenerie war atemberaubend: hoch aufragende Türme aus Fels und Eis, die bis zum Wasser hin abfielen, tiefe Fjorde, bizarr geformte Eisberge, glasähnliche Spiegelungen, massive Gletscher, die bis an die Küste reichten und deren Gletscherspalten in den Tiefen unheimlich grün oder blau leuchteten. Es war eine Bilderbuchlandschaft, verzaubert und zutiefst still. Manche der Berge sahen aus wie Wolken. Andere wirkten mit gebogenen, Schneidezähnen ähnlichen Gipfeln auf fast magische Weise grausam. Es gab splitterartige Türme aus schwarzem Fels und schimmerndem Eis, die an die hundert Meter hoch aufragten. Ich hätte mir nie gedacht, dass es Landschaften wie diese gibt. Sie existierten nicht einmal in Märchenbüchern.

Wir glitten an der Westküste entlang, durchfuhren eine Passage mit vorgelagerten Inseln und Meerengen. Das Wasser ringsum war dunkel, glatt und mit endlosen Eisplatten übersät, die wie Scherben eines zerschlagenen Spiegels aussahen. Es war beeindruckend und friedlich, alles war in ein dämmrig silbernes Licht getaucht, wodurch selbst die unmittelbarste Umgebung unwirklich und weit entfernt aussah.

Die Tage flossen ineinander; manchmal hell und sonnig, manchmal neblig und grau und voll sanften Schnees. Eines Morgens liefen wir die Astrolabe-Insel an, einen vulkanischen Klumpen, der einsam wie ein Leuchtturm aus der See herausragt und vor dessen Felsen Seevögel kreisten und kreischten. An einem anderen Morgen befanden wir uns weiter südlich in einer von Eisbergen umgebenen schweigenden Bucht. Die kristallinen Berge hatten faszinierende Formen, einige waren groß und kantig wie die Felsformationen im Monument Valley, andere waren von Wind und Wetter abgeschmirgelt zu etwas Glattem, Kurvenreichem geworden, das an Jugendstilornamente erinnerte.

Jérome hatte nichts dagegen, ganz nah an sie heranzufahren. In einer Aushöhlung eines dieser Jugendstilberge war ein türkisfarbener Teich mit Wasser, das völlig durchscheinend war, daneben döste eine Robbe. Diese in sich geschlossene kleine Szene ließ mich abwechselnd an eine exquisit stilisierte Werbung für Eskimo-Eis denken oder an eine Hollywood-Einstellung aus den dreißiger Jahren.

Um uns herum waren viele Pinguine, Robben und bezaubernd weiße Schneepetrels. Sie haben etwa die Größe von Friedenstauben. Ich kannte sie schon von meinem ersten Besuch im Eis. Es sind die schönsten Vögel, die ich kenne. Ihnen zuzuschauen, wie sie über das Eis und das spiegelglatte Wasser gleiten, ist das perfekte Abbild der überirdischen Ruhe der Antarktis.

Eines Abends, als die Sonne nur ein cremefarbener, warmer Fleck am Himmel war, fuhren wir in einem Schwarm von Nordwalen. Die Bucht, in der wir uns gerade befanden, war erfüllt von ihren langen, bebenden Seufzern, wenn sie nach Luft auftauchten, dann ihren Rücken bogen und langsam wieder ins Wasser glitten, um einige hundert Meter weiter wieder aufzukreuzen. Es müssen ein halbes Dutzend oder wahrscheinlich sogar mehr gewesen sein. Gelegentlich sichteten wir sie direkt neben der Jacht. Wenn die Nordwale dann wieder ins klare Wasser tauchten, konnten wir ihnen nachschauen und sehen, wie ihre riesigen Schwanzflossen in der Tiefe immer kleiner wurden.

Die *Troison d'Or* war eine Welt für sich: Ruderhaus und Deck, Kabinen, Kombüse und Salon. Manchmal standen wir einfach draußen an der Reling bei klammer Kälte und genossen die Einsamkeit. Bei anderer Gelegenheit, wenn der Wind stärker wurde, saßen wir in der Wärme des Ruderhauses, tranken Kaffee und sahen Jérome zu, wie er in einem gemütlichen Slalom an den Eisplatten vorbeisteuerte. Das Wasser war extrem tief. Oft konnten wir selbst dort fahren, wo wir nur einen Steinwurf von einer steilen Felswand entfernt waren. Die Gipfel dieser Berge, von denen einige über 2700 Meter hoch waren, ragten für uns unsichtbar auf.

Wir lebten gut, speisten Lamm von Jéromes Farm auf den Falklandinseln, oder Wild, das er auf der Südgeorgien-Insel erlegt hatte, oder irgendein marokkanisches Gericht, das sich Katie ausgedacht hatte. Miriam verstand sich darauf, Brot zu backen. An den Abenden saßen wir um den Tisch und erzählten Geschichten oder lachten über Jéromes Anekdoten über die bürokratischen Komödien mit einer auf den Falklandinseln zugelassenen Jacht oder über die fahnenschwenkenden Absurditäten, die er hier im Namen der Nationalstaaterei erlebt hatte, oder wie er vor vielen Jahren als Kapitän einer Jacht an einem Rennen rund um die Welt teilgenommen hatte und sein Schiff von einem Mörderwal gerammt wurde und innerhalb von fünf Minuten versank. Er und sein Team waren ein gutes Stück von den üblichen Schifffahrtsrouten entfernt gewesen und hatten keine Zeit mehr gehabt, ein Notsignal zu setzen. Sie überlebten wie durch ein Wunder, als sie ein vom Kurs abgekommener Frachter entdeckte. Wenn man Jérome die Geschichte erzählen hörte, wirkte sie so beschwingt und heiter, dass man sich fast wünschte, man wäre dabei gewesen. Er hatte Witz und ein Auge für Details – wahre Lachsalven konnte er auslösen.

All das zusammen – Jéromes lustige Anekdoten, unsere kleinen und großen Erlebnisse, sogar die Ereignisse der letzten Woche, als wir reihum auf den Stationen der King-George-Insel Höflichkeitsbesuche gemacht hatten – schien zu einer dunklen und überraschend fernen Vergangenheit zu gehören, ganz so, als seien es Fabeln, die von anderen überliefert worden wären. Wie wir so an dieser wilden und eisigen Küste entlang fuhren, konnte man sich sehr gut vorstellen, wir wären die letzten Menschen auf der Welt. Die körperlosen Stimmen aus dem Funkgerät kamen aus unmöglichen Fernen, wie die Absprachen, welche die Leiter der Kreuzschiffe jeden Abend um 18.30 Uhr für ihre Fahrten am folgenden Tag trafen – aber auch das Drama, das sich an einem Gletscher irgendwo in den Bergen nördlich von uns abspielte.

Wir hatten die Funksprüche zwischen einem Team von Meereskajakfahrern und der sie bei ihrer Fahrt begleitenden neuseeländischen Jacht gehört. Einige der Männer hatten sich entschlossen, ihre Kajaks über einen Bergpass zu tragen. Dabei war einer von ihnen anscheinend in eine Felsspalte gestürzt und hatte schwere

Kopf- und Brustverletzungen erlitten. Er hatte am Grund der Spalte gelegen, bis ihm ein Hubschrauber von einem der Kreuzfahrtschiffe zu Hilfe kam. Der Kajakfahrer wurde ins Krankenhaus nach Frei geflogen, von dort sollte er mit einem Frachtflugzeug der chilenischen Luftwaffe nach Südamerika verlegt werden. Wenn man so zuhörte, wie sich das alles entwickelte, wirkte es so unecht, aber spannend wie eine Seifenoper. Seltsam.

Für jeden herumgereisten Amerikaner, der zufällig um die Südwestspitze der Wiencke-Insel kam, könnte die alte britische Station von Port Lockroy als Hütte eines Hummerfängers irgendwo im Osten von Maine durchgehen. Sie wurde auf einer niederen, felsigen Landspitze errichtet und sieht wie ein hagerer, mit Holz eingerahmter Salzstreuer aus den vierziger Jahren aus. Schokoladenbraun war der Anstrich, mit roten Fensterrahmen. Ein paar Seevögel saßen demonstrativ auf dem Dach der Station. Es wirkte wie ein Gemälde von Edward Hopper – denn Port Lockroy strahlte genau die Einfachheit und den Hauch von Entfremdung aus, den man in seinen Bildern findet. Alles, was noch fehlte, waren ein paar kunstvoll geknüpfte Netze, die an der Dachtraufe aufgehängt waren, ein paar Fichten und ein Restaurantschild, auf dem Muschelgerichte angeboten wurden, dann hätte es ausgesehen wie ein Dutzend kleiner Orte entlang der Penobscot Bay in Maine. Nur dass bei diesen Orten keine Walbarten auf den Felsen verstreut herumliegen, dahinter kein theatralisch wirkender, mit Eis bedeckter Bergzug aufragt oder gar der Union Jack an der Fahnenstange weht. Port Lockroy aber hatte das alles.

Die Briten hatten diese Station als Horchposten höchster Geheimhaltungsstufe im Zweiten Weltkrieg auf direkte Anordnung Churchills errichtet, weil das Gerücht aufkam (das, wie sich zeigte, unbegründet war), deutsche Schiffe hätten sich an den alten Ankerplätzen der Walfänger entlang der Antarktischen Halbinsel versteckt. Die Angelegenheit wurde nach einem berüchtigten Pariser Nachtlokal »Operation Tabarin« genannt, eine sehr feinsinnige Ironie, weil die Männer, die hier 1943 unter größter Geheimhaltung stationiert wurden, den ruhigsten Teil des Krieges genossen.

Die Station wurde dann als Forschungsstätte bis 1962 weiterbetrieben. Nach Inkrafttreten des Madrider Protokolls hätte sie eigentlich abgerissen und entfernt werden sollen, weil laut Vertragstext die Nationen gehalten waren, ihre aufgegebenen Stationen zu entsorgen. Aber in einem für Bürokratien ungewohnten Anflug geistiger Agilität umging die British Antarctic Survey diese lästige Verpflichtung, indem sie sich mit dem U.K. Antarctic Heritage Trust kurzschloss, um die alte Station 1996 liebevoll restaurieren zu lassen – ein Museum mit Souvenirladen und Postamt inklusive zwei Mitarbeitern, die in der kurzen Sommersaison die Geschäfte führen. Die Touristen lieben die Station. Die British Antarctic Survey sparte sich auf diese Weise die Mühe und die Kosten des Zerlegens und Abtransportes, und die Einnahmen aus dem Souvenirgeschäft kommen der Forschung zugute. In der Folge wurde aus dem altersschwachen Relikt aus Kriegszeiten inzwischen die größte Touristenattraktion auf dem Kontinent. Jeden Sommer lockt er über 8000 Besucher an. Nicht schlecht für eine einsame Holzhütte an einem alten, auf fast 65° südlicher Breite gelegenen Walfängerstandort.

Es war still an dem Morgen, an dem wir in den Hafen einliefen, nur ein dezentes Krächzen und Gequake kam von der Eselspinguinbrut, die auf den Felsen vor der Hütte herumstand. Eine Schweizer Jacht lag in der Nähe vor Anker und spiegelte sich vollendet im Wasser. Ihr Mast gab einen guten Vergleichsmaßstab für die dahinter aufragende Gletscherwand ab.

Die Station selbst befindet sich auf der Goudier-Insel, einem niedrigen, felsigen Fleck von knapp dreihundert Meter Länge in den

Gewässern von Port Lockroy. Wir ankerten, ließen das Dingi zu Wasser, und Jérome und ich gingen an Land. Verrostete Muringketten und -bolzen hingen von den Felsen, Rückstände der Walfangzeiten von vor ungefähr siebzig Jahren. Ein paar alte Prahms, niedere Lastenschiffe, moderten in der Nähe vor sich hin. Die zwei Aufseher – Jim und Kenn – lebten ein Leben wie Leuchtturmwärter im 19. Jahrhundert: keine Heizung, kein fließendes Wasser, keine Rohrleitungen; und während der in diesen Breiten üblichen kurzen Dämmerungsstunden verwendeten sie Sturmlaternen. Sie liebten es und schienen sich darüber zu amüsieren, dass die Touristen sie wegen ihrer »Entbehrungen« bedauerten.

»Die Amerikaner verstehen einfach nicht, wie wir das aushalten«, sagte Jim. »Die Briten, Australier und Neuseeländer, die hier vorbeischauen, sind etwas mehr an die Vorstellung eines zeitweilig primitiven Daseins gewöhnt. Viele Ältere oder Leute, die vom Land stammen, sagen, dass ihnen die ganze Einrichtung vertraut vorkommt.«

Wir tranken Tee in ihrer Küche, nicht in der des Museums, die so hergerichtet worden war, wie sie damals in den vierziger Jahren ausgesehen hatte, mit den Originaldosen von Perce-Duff-Puddingpulver, Lyles Goldsirup, Marmelade von Chivers und britischen sauren Gurken im Regal. Ihre Küche sah ähnlich altmodisch aus, wurde aber nach wie vor täglich benutzt. Sie sah aus wie viele Bauernhausküchen auf dem Lande. Die Kojen der Männer befanden sich längs an der Wand. Jemand las *Moby Dick*. Das Buch lag aufgeschlagen mit dem Buchrücken nach oben auf einem Kopfkissen. Daneben stand auf dem Nachtkästchen die Sturmlaterne.

»Das Buch passt ja genau.«

»Ja, ich dachte mir, diesen Sommer hätte ich die perfekte Gelegenheit, es endlich zu lesen«, lachte Jim. »Meine Enkel werden staunen, wenn ich ihnen erzähle, dass ich *Moby Dick* bei Laternenschein auf einem ehemaligen Walfängerposten gelesen habe.«

Die beiden waren ein seltsames Paar. Jim war vierundzwanzig, jung und gewitzt, ein Elektroingenieur aus dem Mitarbeiterstab der British Antarctic Survey, der bereits zwei Jahre auf der Halley-Station zugebracht hatte, davon eines als Stationsleiter. Kenn war viel älter. Er war erstmals 1963 nach Süden gekommen, nachdem er gerade an der Universität von Durham seinen Abschluss in klassischer Literatur und Latein gemacht hatte. Wie er zu den Antarktisforschern kam, klang wie eine jener phantastischen Anekdoten aus der Zeit von Scott und Shackleton.

»Ich habe es praktisch aus Jux gemacht«, sagte er. »Man fragte mich, was ich an der Uni studiert hätte, und als ich klassische Literatur sagte, dachte der Mann von der British Antarctic Survey ein paar Augenblicke lang nach und sagte dann: ›Nun gut, dann machen wir Sie zu einem der Meteorologen.‹ Und das wurde ich dann auch. Heute bräuchte man erst einmal einen Abschluss in Physik, um überhaupt zu einem Vorstellungsgespräch geladen zu werden.«

Er war ein sanfter, schüchterner und leise sprechender Mann, den die Antarktis auf den ersten Blick verzaubert hatte und der diesen Zauberbann nie brechen hatte können. Im Lauf der Jahre war er mehrere Verpflichtungen für Dienste in Halley und Rothera eingegangen, einige Male als Stationsleiter, und jetzt verbrachte er seine Sommer entweder in Port Lockroy oder in einem weiteren Museum bei der alten Walfangstation auf der Südgeorgien-Insel.

Bransfield House – wie der hölzerne Museumsbau genannt wird – erscheint wie eine Zeitkapsel antarktischen Lebens der vierziger und fünfziger Jahre. Da gibt es eine voll gestopfte Dunkelkammer mit althergebrachten Vergrößerungsgeräten, Flüssigkeitsbehältern und Chemikalienflaschen. Ein Tonkrug, in dem der von der Marine ausgegebene Rum aufbewahrt wurde – »Nelsons Blut« nannte ihn Kenn, »den echten Stoff« –, steht in seinem geflochtenen Korb auf dem Küchentresen, und die Bücherregale im Aufenthaltsraum sind voll gestopft mit verblassten Ausgaben von *Reader's Digest* aus den fünfziger Jahren, Somerset Maughams Erzählungen über das Kolonialleben in Malaysia und John Buchans Abenteuerromane aus der Zeit des Ersten Weltkriegs, in denen sein heldenhafter südafrikanischer Mineningenieur, Richard Hannay, wieder und wieder das gefährdete britische Empire rettet.

Die alte Station hat einen sehr männlichen Touch. An der Hintertür des Generators hängt ein Porträt von Marilyn Monroe in voller Größe, eine Art Gedächtnisstütze für die Männer, die einst zwei Jahre ohne Unterbrechung hier blieben.

Das beliebteste Stück im Museum ist jedoch der moderne, knallrote Briefkasten der Royal Mail, der Königlichen Post, der den Eingang schmückt. Briefe und Postkarten, die hier abgeschickt werden, erhalten den begehrten Poststempel des britischen Antarktisterritoriums, eine philatelistische Angeberei für die zu Hause herumsitzenden Freunde. Über 40 000 Postsendungen gehen im Laufe eines Sommers durch diesen kleinen Briefkasten.

»Ich habe heute früh, als es noch ruhig hier war, versucht, mit der Post nachzukommen«, sagte Jim und deutete auf einen Stapel Postkarten auf seinem Tisch hinter der Theke im Souvenirladen. Ganz hatte er sein Vorhaben nicht geschafft. Er setzte sich wieder an seinen Tisch, nahm seinen Poststempel und machte sich erneut an die Arbeit. »Die wurden alle von den Fahrgästen des Kreuzfahrtschiffs eingesteckt, das gestern hier angelegt hatte. Und heute ist schon wieder eines angekündigt.«

Während er seinen Poststapel bearbeitete, sah ich mich im Laden um und betrachtete die Ansammlung von Abzeichen, Anstecknadeln, Kappen, T-Shirts, Postkarten, Ersttagsbriefen, Plakaten, Trinkbechern und Exemplaren des Buches *Lonely Planet Antarctica* von Jeff Rubin in Deutsch, Niederländisch, Englisch und Französisch. Es wurden sogar Krawatten und Schals angeboten, die von einer Firma in Schottland in einem »authentischen« Antarktis-Schottenkaro gewebt werden und ein hübsches Muster in Blau, Weiß, Schwarz und Orange hatten – den Farben der Antarktis und ihrer Pinguine.

Was jedoch an Port Lockroy wirklich clever ist, ist die Tatsache, dass es nicht nur eine stilechte Touristenfalle ist, sondern zugleich ein Wissenschaftsprojekt. Durch die Überwachung des Gesundheitszustands und der Bruterfolge der Eselspinguine an einem so populären Ort hoffen die Wissenschaftler herauszufinden, welchen Einfluss der Tourismus auf die Tiere hat. Bislang liegen nur positive Ergebnisse vor.

»Es gibt keinen Unterschied zwischen den Pinguinen, die ständig dem Tourismus ausgesetzt sind, und denen, die nie einen Touristen zu Gesicht bekommen haben«, stellte Jim fest, während der Stapel abgestempelter Post zu seiner Linken ständig wuchs. »Es wurden entlang der Halbinsel andere Studien durchgeführt, die zum selben Schluss gelangt sind. Wie es momentan aussieht, ist der Tourismus kein Problem. Die Leute, die Goudier oder andere Inseln betreten, machen ein paar kurze Landgänge und fahren anschließend wieder heim. Im Großen und Ganzen schaffen es die Reiseunternehmen ganz gut, die Besucherströme zu regulieren. Und die gute alte Drakestraße verhindert selbst, dass das hier ein Ziel für den Massentourismus wird. Nur jemand, der sich ernsthaft für die Antarktis interessiert, wird sich so eine Schiffsreise antun«, lachte er. »Aber früher oder später wird irgendjemand hier ein Hotel bauen wollen oder eine Landebahn. Und wenn das einmal der Fall ist, werden wir Antworten auf ein paar schwierige rechtliche und politische Fragen finden müssen, die wir bisher hinausgeschoben haben.«

Die dichte Wolkendecke des Morgens hatte sich verzogen, und am frühen Nachmittag schien die Sonne von einem straffen blauen Himmel. Draußen auf der Jacht hatten Jérome und Katie einen mit

Gas betriebenen Grill angeworfen und fingen an, Koteletts und Würstchen auf den Rost zu legen. Jim und Kenn schlossen ihren Laden früher als sonst und kamen zu uns heraus. Ein Kasten Bier tauchte auf, und einige Flaschen wurden geöffnet. Es hatte milde fünf Grad. Besser kann Leben einfach nicht sein.

Wir saßen auf Taurollen, balancierten unsere Teller auf dem Schoß und sonnten uns. Die weißen Berge rings um uns herum stiegen direkt vom Meeresspiegel in einem atemberaubenden Schwung über anderthalb Kilometer steil in die Höhe. Hoch oben, an einem der Berghänge, konnten wir vier Personen von der Schweizer Jacht sehen, die sich einen Weg über einen Gletscher suchten. Das Wetter, bei dem man die Hemdsärmel aufkrempeln konnte, machte eine solche Unternehmung ziemlich riskant. Hin und wieder war ein Rollen zu hören, wie ein entfernter Donner, wenn die Wärme des späten Januars irgendwo in den Bergen eine Lawine auslöste. Wir sahen dann von unseren Tellern hoch und suchten die Hänge ab, ob irgendwo eine verräterische Wolke heruntersausenden Schnees aufstiebte. Aber wenn je eine Lawine in Sichtweite abgegangen sein sollte, wir sahen nie schnell genug hin.

Nach dem Essen nahmen wir das Dingi und fuhren zu einer flachen, felsigen Landspitze, auf der es von Vögeln nur so kreischte. Das gigantische gebleichte Skelett eines Finnwals war dort die Attraktion. Es war eine Hinterlassenschaft aus jener Zeit, als in diesen Gewässern zwischen 1911 und 1925 über 3000 Wale getötet und dann auf einem norwegischen Fabrikschiff zerlegt und verarbeitet wurden. Es war damals etwa an der Stelle vor Anker gegangen, wo auch wir mit der *Troison d'Or* lagen.

Jim und Kenn waren gern bereit gewesen, diesen Ausflug mit uns zu machen und ihre eigene winzige Insel einmal für ein oder zwei Stunden zu verlassen. Sie selbst besaßen kein Boot – sie waren sozusagen den Sommer über Schiffbrüchige –, da eine überfürsorgliche Bürokratie im Hauptquartier in Cambridge sich darum sorgte, dass freie Zeit und ein Boot möglicherweise von den eigentlichen Aufgaben ablenken könnte. Es war sicherer, die Mannschaft schlichtweg ohne Fortbewegungsmittel auszusetzen, insbesondere deshalb, weil Menschen, die gern in der Antarktis tätig sind, aller Wahrscheinlichkeit nach auch noch abenteuerlustig, gern im Freien und beunruhigend unabhängig sind.

»Irgendwann werden die keine Leute mehr finden, die hier arbeiten wollen«, bemerkte Jim, als wir zur Station zurückfuhren. »Die Regeln werden einfach immer restriktiver.«

Wir setzten sie wieder auf ihrer Insel ab, kehrten zur Jacht zurück und holten den Anker ein. Als wir abfuhren und sie neben ihren alten Muringketten stehend zurückließen, schätzte ich die Freiheit, die wir auf der Jacht genossen, umso mehr.

Wir fuhren an diesem Abend nicht sehr weit, nur einige Kilometer um eine Landspitze der Wiencke-Insel herum. Wir ankerten für die Nacht an einer Stelle, die auf den Karten als Dorien-Bucht verzeichnet war. Der Himmel blieb klar und wolkenlos. Wir ließen das Dingi zu Wasser und fuhren bis spät in die Nacht auf dem spiegelglatten Wasser herum, während die Sonne die Bergspitzen rosa und golden färbte.

KAPITEL 18

Der polare Gentleman

Es war ein französischer Forscher namens Jean-Baptiste Charcot, der Port Lockroy 1904 entdeckt und nach dem französischen Marineminister Édouard Lockroy benannt hatte. Lockroy hatte ihm geholfen, die Finanzierung für seine Expedition zustande zu bekommen. Als der Erste, der eine umfassende Untersuchung der Antarktischen Halbinsel anstellte, besaß Charcot das Namensgebungsrecht für die meisten ihrer großartigen Berge, die spektakulärsten Inseln und die besten Ankerplätze – nach der Art von Kapitän Cook, der alles von Bedeutung an der Ostküste Australiens benannt hatte.

Über Charcot wusste ich bis zu diesem Zeitpunkt nichts. Es gab eine vage Erinnerung, seinen Namen schon einmal gehört zu haben. Aber angesichts der französisch klingenden Namen auf den Karten, die Jérome zum Navigieren benutzte, und seinen häufigen Anspielungen auf Charcot (»Einer der großen französischen Polarhelden, ähnlich wie Shackleton und Scott für die Engländer«) fing ich an, mir seine Biographie bruchstückweise zusammenzureimen, während wir gen Süden fuhren.

»Wenn er ein Engländer wie Scott oder Shackleton gewesen wäre, würde er so berühmt sein wie sie«, prahlte Jérome eines Nachmittags, als er die *Troison d'Or* durch eine lange Strecke treibender Eisschollen steuerte. »Charcot war viel bedeutsamer als der Rest der Forscher. Die kamen vor allem wegen des eigenen Ruhmes in die Antarktis. Charcot ging es wirklich um die Wissenschaft.«

Ich hatte bereits bemerkt, dass Charcot einer von Jéromes Helden war. Das war nicht schwierig herauszufinden, denn er ließ den Namen häufig ins Gespräch einfließen. Als ich während des Barbecues bei Port Lockroy zugegeben hatte, dass ich sehr wenig über den Mann wusste – es war auch der Abend gewesen, an dem wir in der Dorien-Bucht ankerten –, fand ich nach der Rückkehr von unserer Dingi-Tour an meinem Platz am Tisch einen kleinen Stapel Bücher vor: englische Übersetzungen der Tagebücher Charcots und eine kurze Biographie.

Und als wir während der nächsten Tage auf dem Weg nach Süden an weiteren von Charcots Landmarken vorbeikamen, saß ich oben im Ruderhaus und stopfte meine Bildungslücken.

Charcot hatte Stil. Scott bezeichnete ihn als »den polaren Gentleman«. Er wurde in die Oberschicht als Sohn eines berühmten Pariser Arztes geboren und war ein geschickter Segler. Obwohl selbst ein reicher und gefragter Arzt, war er im Alter von fünfunddreißig Jahren von seinen Leistungen und seinem Reichtum desillusioniert und beschloss, sein Leben der Wissenschaft und Forschung zu widmen.

Er steckte sein komplettes Erbe in eine große Antarktisexpedition. Für diese gab er den Bau eines gegen Eis verstärkten Forschungsschiffs, der *Français*, in Auftrag. Nach dessen Fertigstellung – bequeme Unterkünfte für die Mannschaft inklusive – wurde es mit den neuesten wissenschaftlichen Apparaten ausgestattet und, natürlich, mit einem erstklassigen Weinvorrat. Sein Ehrgeiz überstieg selbst sein beträchtliches Vermögen, sodass er gezwungen war, finanzielle Unterstützung zu suchen, was für einen Mann seines Standes, seiner Verbindungen und seiner Fähigkeit, den Ruhm Frankreichs zu beschwören, keine Schwierigkeit war. Er segelte 1903 in Le Havre los und kam sechs Monate später in Port Lockroy an.

Es war ein ungünstiges Eisjahr gewesen, nicht zu vergleichen mit den relativ günstigen Bedingungen, die wir vorgefunden hatten. Charcot musste kämpfen, um weiter nach Süden zu gelangen. Ein heulender Blizzard, der ringsum tobte, ließ sie nur Meter um Meter durch das dichte Packeis vorwärts kommen. Sie schafften es einzig bis zur Booth-Insel, einem melancholischen Steinhaufen, der bei schönem Wetter nur eine halbe Tagesfahrt von Port Lockroy entfernt liegt. Hier schlugen sie ihr Winterlager auf.

Wir kamen dort gegen Mittag an. Bis dahin hatte sich ein düsterer Wolkenschleier vor den Himmel geschoben, und in seinem gedämpften Licht sah die Booth-Insel gespenstisch aus. Auf ihr ragte ein Steinhügel, den Charcots Männer errichtet hatten, und sie war umgeben von einem Friedhof für alte, verwitterte, auf Grund gelaufene Eisberge.

Wenige Besucher kommen an diesen abgeschiedenen Flecken, und den Hunderten von Skuas, die auf diesen Felsen nisteten, war es eindeutig lieber so. Sie flogen im Sturzflug über unsere Köpfe hinweg oder kamen von hinten an und berührten im Vorbeiflug mit einer Flügelspitze ein Ohr. Manchmal versetzten sie auch dem Hinterkopf einen gehörigen Schlag. Die Skuas sind große braune Seevögel mit kräftigen Schnäbeln. Man kann sie sich als mit Steroiden gedopte Seemöwen vorstellen, die aggressiv und auf ihr Revier bedacht sind. Aber als sie erst einmal verstanden, dass wir nicht zu ihren Jungen wollten und wir eine Vorstellung davon hatten, welche Bereiche wir vermeiden sollten, erklärten sie einen Waffenstillstand.

Wir schlugen einen Umweg zu Charcots altem Lager ein, indem wir den Bereich umgingen, den die Skuas zur Schutzzone erklärt hatten. Es war nicht mehr viel davon da: das Gerippe eines alten Walboots, einige Holz- und Metallreste und eine Steinhütte, in der ein magnetisches Observatorium untergebracht worden war.

Ich kletterte zu dem Steinhaufen hinauf. Die Luft war rau und kalt, und es wehte ein frostiger Wind, aber das Klettern hielt mich warm. Dort oben waren keine Riesenraubmöwen, nur Stille. An einem schönen Tag wäre der Ausblick von hier oben atemberaubend gewesen, aber an diesem Nachmittag war er einfach trübe. Feuchte graue Wolken legten sich um die Klippen und Berge in der Ferne und trieben tief über dem Meer. Das Wasser war dunkel, das Eis hell. Die alten, auf Grund gelaufenen Eisberge um die Insel herum sahen wie Schaumgebäck aus. Einer von ihnen hatte eine Aushöhlung, in der sich ein Teich absolut türkisfarbenen Wassers befand, in einem anderen war einer in einem zart durchscheinenden Jadeton. Sie sahen aus wie Juwelen in exquisiter weißer Fassung. Ich dachte an Charcot und seine Männer, die hier überwintert und sich auf der *Français* jeden Sonntag ihre Croissants gebacken hatten, die an diesem Ort die Wintersonnenwende bei minus 20 Grad mit einem Picknick feierten und am Weihnachtstag 1904 die Pinguine mit einem Grammophon-Konzert unterhielten, als das Jahrhundert noch jung und strahlend war wie ein frisch geprägter Penny.

Die Feuchtigkeit in der Luft blieb. Wir glitten am nächsten Morgen unter einer tief hängenden, feuchten Wolkendecke zu einer verfallenen britischen Station am Prospect Point. Die Luft war frostig, und unser ausgehauchter Atem trug zum Grau bei. Die Welt war ein fast perfektes Monochrombild von treibendem Eis, dunklem Wasser, Schnee und schwarzem Fels. An manchen Stellen verschmolzen die Berge so fließend mit dem Grau des Himmels, dass ihre dunklen Klippen und Schrunden manchmal in der Luft zu schweben schienen.

Alles war totenstill. Hier und da deutete ein Hauch von Farbe – ein schwacher blauer Schimmer an einem bergigen Teil, ein Anflug von Violett unterhalb der Wolken oder ein fahlgelber Fleck dort, wo die Sonne versuchte, durchzudringen – eine irgendwo befindliche Außenwelt mit Blut in den Adern an, aber ansonsten war alles still und kalt wie ein geschnitztes Kunstwerk. Die Station war eine karge Holzhütte, eine in einer Reihe ähnlich schlichter Stationen, welche die Briten hier Ende der fünfziger Jahre errichteten, und nicht einmal so groß wie das Bransfield-Haus in Port Lockroy.

Diese hier war 1956 errichtet und zwei Jahre später aufgegeben worden, als offensichtlich wurde, dass diese kalte und ungemütliche Stelle wegen des ausdauernd dichten Packeises immer schwer zu erreichen sein würde. Ein Berg alter Hundeschlitten lag wie ein Haufen alter Skelette neben der Hütte. Ein furchterregend aussehender Gipfel – laut Karte der Mount Sharp – sann über die Szene nach. Seevögel flogen und kreischten in der Stille. Ein Skua hockte auf dem Dachbalken und beobachtete uns.

Oft erscheint uns die Antarktis wie ein exquisites Wunderland, ein magischer Ort der Reinheit, des Friedens und überirdischen Glanzes, gestaltet in den sanftesten und himmlischsten Farben und unberührt von der Sünde. Aber an einem blutleeren Morgen wie diesem erkennt man, wie irreführend das alles ist. Unter all den schönen Schneelandschaften und elfenhaften Bergen steckt ein unbarmherziges Wesen. Die Stille in der Luft ist keine segensreiche Ruhe, sie ist verschwörerisches Schweigen.

Ich saß den ganzen Morgen über im Ruderhaus und las die Memoiren einiger der Männer, die auf diesem einsamen Vorposten gearbeitet hatten, und als ich hinaus an Deck in die Kälte ging, dachte ich an die schauderhafte Geschichte eines Schlittentrupps, der hier vor über vierzig Jahren verschwunden war.

Die Gruppe hatte sich eines schönen Morgens auf den Weg über das Meereis zu einer der vorgeschobenen, rund fünfzig Kilometer entfernten Inseln gemacht. Eine Stunde nachdem die Gruppe aufgebrochen war, befiel einen der zurückgebliebenen Kollegen eine so grauenhafte Vorahnung, dass er auf die Knie sank und zu beten begann, obwohl er nach eigenem Bekunden kein religiöser Mensch war. In der Nacht kam schlimmer Wind auf. Am nächsten Morgen schaute er nach draußen und sah zu seinem Entsetzen nur kaltes, schwarzes Wasser ans Ufer schwappen. Das ganze Eis war verschwunden, in Teile zerbrochen und aufs Meer hinaus getrieben –

zusammen mit jedem, der darüber gefahren war. Im Lauf der folgenden Wochen kamen einige Hunde der verschollenen Gruppe zur Station zurück. Ihre von Messern durchgeschnittenen Leinen waren ein Hinweis darauf, dass die verzweifelten Männer die Hunde losgemacht haben mussten, als rings um sie das Eis in Stücke brach. Sie hatten ein Chance gehabt. Aber von den Männern fand sich nie wieder eine Spur. Dieser Ort wahrte seine Geheimnisse.

Dies war kein Paradies, trotz allen Geredes von seinem Frieden und seiner Schönheit. Es war einzig eine glückliche, beruhigende Illusion. Das Bild der Überreste eines Schneepetrels kam mir in den Sinn. Ich hatte ihn einmal in den Larsemann-Hügeln auf der anderen Seite des Kontinents bei meinem ersten Besuch im Eis entdeckt. Er war von einer Riesenraubmöwe getötet und abgenagt worden. Vorhanden war nur noch ein gebleichtes Brustbein mit den beiden noch daran befestigten weichen, weiß gefiederten Flügeln. Er sah aus wie ein ermordeter Engel.

Wir fuhren an der verlassenen Hütte vorbei und ankerten einige Meilen weiter südlich vor einsam verstreuten Felsen und Inselchen, die auf der Karte als »The Minnows« bezeichnet wurden. Das Wasser rings um diese kleinen Inseln, auf denen Pinguine, Robben und Krähenscharben lebten, war flach.

Wir ließen das Dingi zu Wasser, und Miriam, Christian, Maria und ich machten uns auf den Weg zu Erkundungen. Nachdem wir uns zwischen den Inseln durchgeschlängelt hatten, tuckerten wir über einen Bereich tieferen Wassers zu einer senkrechten Eiswand, wo der Hoek-Gletscher aufs Meer trifft. Die Eiswand hatte tiefe Sprünge und Spalten, und riesige Bruchstücke ragten in bedenklichen Winkeln schwankend über das Wasser hinaus. Die verwinkelte und eckige Bedrohlichkeit zog uns an. Beängstigende Schneewolken schossen aus Verwerfungen im Eis und kündigten einen bevorstehenden Abbruch an. Wir näherten uns schräg von der Seite, stellten den Motor ab, als wir noch rund zweihundert Meter entfernt waren, und ließen das Dingi treiben.

So wie kein Foto von Tausenden von Pinguinen an einer Felsenküste den wilden Salzgeruch und den Gestank nach Guano vermitteln kann, so können einen keine schönen Szenen von majestätischen Bergen und Eis, das sich im gläsernen Wasser spiegelt, auf den Klang der Stille vorbereiten, der in Antarktika zu finden ist. Wenn man die Ohren spitzt, ist das Erste, das einem auffällt, der musikalische Laut von Millionen von kleinen Eisstückchen, die auf dem Wasser treiben und beim Zusammenstoßen wie kleine Glöckchen ertönen.

Als die Minuten vergingen und die Stille tiefer wurde, fingen wir an, die schwachen Schreie der Seevögel und Pinguine auf den Inselchen in der Ferne hinter uns zu bemerken. Ab und zu hörte man den fernen Donner einer nicht zu sehenden Lawine.

Wir warteten, hockten auf dem Gummirand des Dingis und schrien bei jedem kleinen Schneewölkchen auf, das aus einem der Drucksprünge in der Eiswand kam. Eisstückchen und Schnee purzelten ins Wasser. Man konnte sehen, wie sich Brocken, die Hunderte von Tonnen wogen, verschoben und nach unten drückten.

Und dann, nach einer solchen Verschiebung, kippte ein massiver Brocken nach vorne, brach vom Gletscher ab und stürzte mit einem gewaltigen Platschen ins Meer. Eine kreisförmige Welle breitete sich auf der Oberfläche aus. Sie war stark genug, dass wir uns vorsichtshalber an der Seite des Dingis festhielten, als sie unter uns hindurchrollte. Ein neu geformtes bergiges Stück Eis schwamm im Wasser vor der Gletscherkante. Ich bestaunte es und musste dabei an den Baum des Philosophen denken, der ungehört in einem stummen Wald umfällt, und war froh, dass unsere Ohren diejenigen gewesen waren, die seinem einsamen Absturz Sinn verliehen hatten.

In diesem Augenblick brach der Rest der Wand spektakulär zusammen und polterte ins Wasser mit einem lang gezogenen Rumpeln.

Diesmal breitete sich nicht einfach ein Wellenring aus, sondern ein Mini-Tsunami grünen Wassers. Wir ließen hastig den Motor an, wendeten das Dingi, rasten davon und rollten heftig, als uns die Welle schließlich einholte und unter uns passierte. Wir stellten den Motor ab und schauten zu der frisch abgebrochenen Eiswand und der Kette neu gekalbter Eisberge im Wasser darunter. Die unheimliche Stille setzte wieder ein.

Wir blieben den Rest des Tages bei The Minnows, ermutigt von einem sich aufhellenden Himmel und einigen blauen Streifen am Horizont. Gegen Abend hatte sich die Bläue über den ganzen Himmel ausgebreitet. Die Sonne schien hell und ließ die Berge wieder fest und klar aussehen. Die Farbe hauchte der Schneelandschaft Leben ein. Die Gletscher waren blau und grün gestreift, das Wasser schimmerte wie changierende Seide – violett, rosa, silbern und orangefarben –, und der Schnee auf den Bergen sah cremefarben aus. Das schwimmende Eis setzte sein fröhliches Klingeln fort, Lawinen und kalbende Gletscher klangen wie ferne Kanonenschüsse.

Eine fortwährende Barriere hoher, verschneiter, bergiger Inseln schützt die inneren Gewässer entlang der Küste der Halbinsel, sodass ich größtenteils das Gefühl hatte, dass wir an einem lang gezogenen See entlang fuhren, der so glatt wie Öl und so schön wie eine chinesische Lackschachtel war, dank seiner perfekten Spiegelungen und seiner hohen, wie gemeißelt aussehenden Gipfel. Es war eine eigene, stille und umgrenzte Welt. Manchmal glitten wir durch fjordähnliche Kanäle, die kaum vierhundert Meter breit waren, aber enger aussahen, weil die steilen dunklen Klippen sich zu beiden Seiten bis außer Sichtweite auftürmten. Selbst bei einer größeren Wasserfläche schien immer ein Bergzug angenehmerweise den Horizont einzugrenzen.

Wachsende Vertrautheit und ihre subtil einengende Anwesenheit machte diese innen gelegene Passage nicht minder großartig oder mystisch, aber als die Tage verstrichen, verlor ich ein wenig das Gefühl dafür, wie abgelegen dies hier alles war. Es gab keinen Rand, von dem aus man Ausschau halten konnte, nichts, um diesen Ort in einen größeren Rahmen einzufügen, zumindest nicht, bis wir an einigen verteilten Granitblöcken am äußersten Rand der Barriere vorbeikamen, die Armstrong-Riff genannt wurden.

Wir kamen an einem strahlenden Februarmorgen an, die offene See breitete sich nach Westen hin aus, und der Himmel war mit kreischenden Seevögeln belebt. Es war ein schöner, in seiner maritimen Isolierung bezaubernder Ort, dessen bleiche Granitfelsbänder schneegetupft und mit den Resten eines alten Gletschers bedeckt waren. Ich brach auf, eines der größten Inselchen zu überqueren. Es war etwa siebenhundertfünfzig Meter breit, niedrig und uneben. Moose und schmächtige Grasbüschel wuchsen in Erdtaschen zwischen den Felsen, und zarte Flechten überzogen stellenweise die Oberflächen, dank des wärmenden Einflusses, den die See hier ausübte. Ich musste vorsichtig gehen und über Felsbänder springen – von blankem Fleck zu blankem Fleck –, damit ich nichts zerstörte. Hunderte von Skua-Paaren nisteten hier, deren flauschige Junge sich in Felsspalten versteckten. Ich behielt sie und ihre Eltern im Auge. Da ich Flora und Fauna auswich, brauchte ich eine gute Stunde, um die kleine Insel zu überqueren.

Ich setzte mich auf eine einladende Vertiefung auf einem Felsband, von dem aus man die blaue Weite der Bellingshausensee überblicken konnte. Es war hübsch dort. Die Sonne wärmte den Felsen, und es fühlte sich gut an, einmal ein Weilchen allein zu sein und an einer Stelle zu sitzen, die einem wie der Rand der Welt vorkam. Die Wasserfläche ermutigte mich zu dem Glauben, dass ich entlang des leeren Horizonts die Erdkrümmung erkennen konnte. Ein einsamer

Eisberg, der einem Tafelberg glich, schwamm im Blau. Brecher schlugen schwer gegen eine Reihe unter der Oberfläche befindlicher Felsen in einigen Kilometern Entfernung und ließen dort bewundernswert weißen Gischt hoch hinauf spritzen. Ich konnte die gewaltige rhythmische Bewegung der Brandung schwach hören, ja fast fühlen. An keinem Ort, an dem ich je gewesen war, hatte ich mich so mächtig weit weg von allem gefühlt wie hier, nicht einmal am Südpol.

Ich entdeckte Jéromes gelbe Regenjacke, als ich ungefähr eine Stunde später auf dem Rückweg war. Er ging vorsichtig und in Gedanken versunken zu einer kleinen Senke in etwa hundert Meter Entfernung. Dabei studierte er genau den Boden. Er bemerkte mich, zögerte einen Augenblick und winkte mir dann zu, ich solle kommen. »Haben Sie die gesehen?«

Er stand neben einem kleinen Süßwassertümpel von etwa fünfzehn Meter Länge, der an der tiefsten Stelle nicht mehr als knietief und so klar und glatt war, dass es auf den ersten Blick so aussah, als wäre gar kein Wasser drin. Er hob am Ufer einen Stein in Melonengröße auf und kniete sich hin. Ich hockte mich neben ihn und folgte der Richtung seines ausgestreckten Zeigefingers. Er deutete auf einen winzigen, flohgroßen Punkt, der in dem Krater herumhüpfte, in dem sich der Stein befunden hatte.

»Das ist eine Art flügellose Zuckmücke. Ob Sie es glauben oder nicht, das ist das größte Landtier in der Antarktis.«

Wir studierten die Zuckmücke gemeinsam. Afrika hat seine Elefanten, Nordamerika den Alaska-Elch und die Polarbären und Australien die großen Wüstenkängurus. Aber in der mageren, eisigen Kahlheit der Antarktis ist die größte Kreatur, die an Land überleben konnte, ein wirbelloses Tier, das nicht viel länger ist als ein halber Zentimeter.

Etwas an der stillen, zielorientierten Art, mit der Jérome an Land gekommen war und diesen Tümpel aufgesucht hatte, ließ mich an die Stelle in *Walden* denken, wo sich Henry David Thoreau als selbst ernannter Sonnenuntergangsinspektor bezeichnet. Der Kapitän der *Troison d'Or* schien hier unten ebenfalls seine Runden zu machen: Dazu gehörten dieser kleine Tümpel, ein paar einsame Felsen rings um die Astrolabe-Insel, wo eine Kolonie blauäugiger Krähenscharben nistet, das wie Skulpturen aussehende Eis im Weddellmeer und zig andere Orte, die auf unserer Reise in den Süden unerwähnt blieben, aber für ihn vor der Halbinsel Prüfsteine waren – seit dreißig Jahren fortgesetzter Reisen.

Ich bemerkte ihm gegenüber, dass er die verborgenen Buchten und Passagen wahrscheinlich besser als jeder andere seit der Zeit der alten Robbenfänger kennen würde

»Das ist richtig«, sagte er, ohne dass es unbescheiden klang, denn es war schlicht die Wahrheit. »Die Robbenfänger haben nur nach Pelz Ausschau gehalten. Ich gehe und sehe mir die Dinge einfach an, weil ich sie wirklich nur betrachten will. Wenn die Pelzjäger der Ansicht waren, dass es irgendwo keine Robben gab, dann gingen sie dort einfach nicht hin. Ich hingegen schon, nur um zu sehen, was dort sein könnte.«

Eine seiner am meisten in Ehren gehaltenen Entdeckungen waren die am weitesten südlich gedeihenden und Blüten tragenden Pflanzen der Welt. Sie wuchsen an den Felswänden eines öden und unwahrscheinlich abgelegenen Archipels, eingetragen auf den Karten als Terra Firma Islands. Sie lagen am Südende der Halbinsel bei fast 69° südlicher Breite in gefrorenen Gewässern, die nicht jedes Jahr befahrbar sind. Jérome hatte es 1984 geschafft, dorthin vorzustoßen. Dabei entdeckte er die beiden Pflanzen – zwei Grasarten, *Deschampsia antarctica* (Antarktische Schmiele) und *Colobanthus quitensis* (Antarktischer Perlwurz) –, welche in Spalten im Fels wuchsen, viel weiter südlich, als man dies je für möglich gehalten hätte. Er hatte ein paar wissenschaftliche Artikel über den Fund veröffentlicht. Jérome kramte sie hervor, als wir wieder auf der *Troison d' Or* waren. Auch zeigte er mir die Terra Firma Islands auf der Karte.

»Wenn Sie wollen, können wir versuchen, dorthin zu gelangen. Natürlich ist das alles abhängig vom Eis.«

Und das sah vielversprechend aus. Es war ein sehr gutes Eisjahr. Aber schließlich gab es das jetzt häufiger. Alle waren sich darin einig, dass die Winter wärmer wurden. Als wir auf der *Yuzhmorgeologiya* waren, wurde schon darüber geredet, wie rasant die Temperaturen seit den vierziger Jahren gestiegen waren, was die Antarktische Halbinsel zum sich am schnellsten erwärmenden Teil der Erde machte und zwar aus Gründen, die im Finstern blieben. Es schien sich hauptsächlich um ein lokales Problem zu handeln, das nichts mit generellen Trends und Mustern der globalen Erwärmung zu tun zu haben schien – das hatten mir wenigstens die Wissenschaftler erklärt. Bislang hatte man das Rätsel noch nicht gelöst. Sicher war nur die stetige und ausgeprägte Erwärmung während der letzten sechzig Jahre. Obwohl die Fachliteratur dies mit allen Arten von Daten, Tafeln und Sinuskurven belegen konnte, illustrierte nichts diesen Punkt besser als ein Sommer, in dem man mit offenen Augen durch diese Gewässer fuhr. Es ist eine Sache, einen sachlichen meteorologischen Bericht zu lesen, jedoch eine ganz andere, eine Landschaft zu deuten.

Auf der King-George-Insel war ich in der Nähe der argentinischen Jubany-Station über eine morastige Moräne gegangen, die noch in jüngster Zeit von Gletschereis bedeckt gewesen war. Ein Geologe hatte mir dort rund dreißig Jahre alte Fotos gezeigt, die demonstrierten, dass der Gletscher in dieser Zeit etwa vierhundert Meter zurückgewichen war. In Port Lockroy hatte mich Kenn an die Stelle geführt, bis wohin der Gletscher gereicht hatte, als er in den sechziger Jahren zum ersten Mal in den Süden gekommen war. Und Jérome hatte mir Aufnahmen präsentiert, die er in den frühen achtziger Jahren am Armstrong-Riff gemacht hatte, als die Eiskappe auf den Felsen ganz andere Ausmaße vorwies als heute. Als wir uns ein paar Tage später einen Weg durch das aufgebrochene Packeis des Kristallsunds suchten, begegneten wir einem leuchtend weißen Kreuzfahrtschiff, der in Nassau registrierten *Bremen*, mit 235 Seelen an Bord. Sie war nach Norden unterwegs, wollte durch den »Schlund«, eine enge Passage zwischen der Adelaide-Insel und dem Festland, die oft von Eis blockiert ist, selbst noch im Spätsommer. Die *Bremen* bewegte sich majestätisch durch die Eisschollen und betätigte zur Begrüßung ihr Nebelhorn. Schaulustige standen in ihren leuchtend roten Parkas auf den Decks. Sie winkten uns fast geschlossen zu und riefen uns in breitem amerikanischem Akzent »Good Morning!« zu. Eine Frau in weißer Frottee-Robe trat auf den Privatbalkon ihrer Luxuskabine auf dem Oberdeck und filmte uns mit ihrer Videokamera. Die Passagiere befanden sich auf einer langen Kreuzfahrt von Neuseeland über die Antarktis nach Ushuaia in Argentinien. Sie hatten auf dem Weg durch die Bellingshausensee größtenteils mit schlechtem Wetter gekämpft. Wir erfuhren das über Funk vom Kapitän, einem überschwänglichen Deutschen, der – besonders wegen seiner empfindlichen Gäste – begeistert gewesen war, die ruhigere Gegend der Halbinsel erreicht zu haben und sie relativ eisfrei vorzufinden.

Wir verbrachten den Tag vor Anker zwischen den Spiegelungen der über 2100 Meter hohen Gipfel, die uns umgaben, und lauschten dem fernen Rumoren von Lawinen und kalbenden Gletschern. Am nächsten Morgen fuhren wir selbst durch den Schlund und glitten dort zwischen beeindruckend steilen Klippen dahin, welche die Passage auf unserem Weg zur britischen Rothera-Station verengten, die sich am Südende der Adelaide-Insel befand. Im Gegensatz zur kalten Feindseligkeit der Royal Navy hießen uns die englischen Stimmen, die uns über Stationsfunk erreichten, herzlich willkommen.

Mir gefiel Rothera, hier entdeckte ich verschrobenen britischen Humor und Enthusiasmus, eine eklektische Mischung aus altmodischen und ultramodernen Ansichten. Mir gefiel die Postkartenlage der Station, war sie doch an einer Bucht angesiedelt, von schneebedeckten Gipfeln umringt. Es war ein abenteuerliches Stück England, so wie etwas aus einem Gedicht. Viele der etwas mehr als hundert Einwohner waren für zweieinhalb Jahre stationiert, die längste durchgehende Aufenthaltszeit, was bedeutete, dass sie in der ganzen Zeit kein Auto, keinen Baum und kein vertrautes Gesicht von zu Hause sehen würden. Aber das scharlachrote Dash-8-Flugzeug, das regelmäßig Vorräte von den Falklandinseln herbeifliegt, und das klassische englische Ale, das es im Pub zu trinken gab, ließen auf ein fröhliches Exil schließen.

An dem Morgen, an dem ich ankam, überholten sie in der Werkstatt einen altmodischen Schlitten. Er war gerade nach einem harten Monat im Feld zurückgebracht worden, und die Tischler zerlegten ihn Stück für Stück, untersuchten jede Sprosse und Kufe, und ersetzten alles, was abgenutzt aussah, bevor sie ihn wieder sorgfältig zusammenbauten. Die Verbindungspunkte wurden dann eng mit einer sehnenähnlichen Schnur umwickelt und mit wasserdichtem rotem Kleber bestrichen. Jeder Schlitten besaß sein eigenes handgeschriebenes Logbuch, in dem jede Fahrt und jede Wartungsarbeit minutiös vermerkt wurde. Dieser spezielle Schlitten war zwanzig Jahre alt.

Der Mann, der ihn benutzt hatte, war der dienstälteste Wissenschaftler der Station, ein großer, gemächlicher Brite namens Pete, der sich selbst als »hoch gelobten Naturhistoriker« bezeichnete. Er überwachte eine umfassende Studie, um die äußersten Grenzen des Lebens auf der Erde zu erfassen. Er hatte über vierhundert Kilometer auf den Schlittenkufen zurückgelegt, während er durch die entfernt gelegenen Behrendt-Berge streifte, die mit dem Flugzeug in etwas über zwei Stunden Flug nach Süden zu erreichen sind. Er hatte dort kleine Flechtenstückchen von Felsenoberflächen geholt und Bodenproben genommen, die Mikroben enthalten könnten.

Pete war vier Wochen unterwegs gewesen, nur er und ein Begleiter. Ihre beiden Schlitten hatten sie zum Schutz vor verborgenen Gletscherspalten mit Stricken verbunden. Jeder Mann hatte seinen eigenen Schlitten und – so schien es – eine halbe Tonne Lebensmittel, Brennstoff und Campingausrüstung gezogen.

»Wir sind praktisch das letzte Land, das diese umherstreifenden Zwei-Mann-Teams ins Feld schickt«, sagte er. »Wir werden per Flugzeug abgesetzt und marschieren dann ins Blaue los. Wir sehen erst wieder andere Menschen, wenn man uns nach Wochen oder Monaten abholt.«

Während dieser Zeit sind sie Selbstversorger, sitzen manchmal wegen Stürmen tagelang im Zelt fest oder klettern mit Seil, Eispickel und Steigeisen zu vielversprechenden Felsenbändern. Manchmal bauen sie am Ende eines Arbeitstages ihr Lager ab und fahren stundenlang durch die helle Polarnacht, um ein neues Lager an der nächsten Forschungsstätte aufzubauen.

Er zeigte mir die Früchte seiner Mühen: eine Sammlung kleiner Häufchen magerer pulvriger, holzkohlenfarbener und schokoladenfarbener Erde und ein Arrangement von Flechten auf kieselsteingroßen Felsstücken. An den Erdproben gab es nicht viel zu sehen, aber die Flechten waren in einer minimalistischen Weise recht attraktiv, eine Art antarktischer Bonsai-Steingarten. »Sie sehen für Sie vermutlich nicht sehr aufregend aus«, lachte er. »Aber für mich sind sie es. Es war das erste Mal, dass Biologen in diesen Bergen waren. Wir hatten wirklich keine Ahnung, was uns dort erwartet.«

Ich unterhielt mich mit einem Mann, der sich als Junge schon für Insekten interessiert hatte. (»Ich war der Bub mit dem Schmetterlingsnetz«, lachte er.) Das führte zu einem Doktortitel für eine Arbeit über das Verhalten und die komplexe Aerodynamik von Libellen. Als ich ihm zuhörte, dachte ich an den Marinebiologen an Bord der *Yuzhmorgeologiya* zurück, der die gleiche Art von Eifer für Zooplankton an den Tag gelegt hatte. Aber anders als die rosafarbene Brühe, die sie einfingen und die sich unter dem Mikroskop in faszinierende und groteske Kreaturen verwandelte, wurden Petes Proben immer interessanter, je weiter man davon Abstand gewann. Ihre eintönige Einfachheit und die Tatsache, dass so ziemlich die gleiche monotone Gruppe von Organismen – Mikroben, Milben, Fadenwürmer, Flechten, Moose und Gräser – entlang der gesamten Antarktischen Halbinsel und der vorgelagerten Inseln zu finden ist, macht diese Region zum schönsten natürlichen Labor der Welt, um die biologischen Auswirkungen von Klimaveränderungen zu studieren.

»Nirgendwo auf der Welt kann man über so viele Breitengrade reisen – von 54° Süd bis 69° Süd oder weiter – und direkt beobachten, wie sich Temperaturveränderungen, ultraviolette Strahlung und Wasser auf die im Wesentlichen überall gleiche Ansammlung von Arten auswirken«, erklärte Pete. »Wir können hier Echtzeitexperimente bei Echtweltbedingungen durchführen und anfangen, ein Bild davon zu entwickeln, wie sich Dinge anpassen.«

Seine Proben, das verstand ich allmählich, mochten zwar für sich gesehen schlicht wirken, waren aber Einzelteile eines großen Mosaiks. Es bedurfte nur der richtigen Kunstfertigkeit, sie zu würdigen und richtig zusammenzusetzen.

Wir blieben einige Tage in Rothera. Die Forschungsstation hatte eine freundlich entspannte Atmosphäre und gesellte sich bald zu Mawson und Scott in meinem Pantheon der liebsten Antarktis-Stationen. Der Stationsleiter war ein ausgezeichneter Bergsteiger und Tauchexperte namens Paul Rose, ein Forscher und fröhlicher Mann von über fünfzig, der Expeditionen auf den Mount Everest geführt und ozeanographische Forschung auf den Seychellen angestellt hatte. Er besaß die Gabe, seine Fröhlichkeit auch auf die Menschen in seiner Umgebung zu übertragen.

Dort fühlte ich mich zu Hause. Und ich kam mir noch mehr wie ein Einheimischer vor – nicht nur in Rothera, sondern in der Antarktis im Allgemeinen –, als ich am Nachmittag des zweiten Tages eine vertraut aussehende DC-3 auf der Landebahn aufsetzen sah. Es war der Kiwi-Pilot Max, den ich seit dem Darwin-Gletscher in den Transantarktischen Bergen nicht mehr gesehen hatte – es kam mir jetzt schon vor, als sei es vor vielen Jahren gewesen.

Wir redeten in dieser Nacht im Pub bei einigen Flaschen Flowers Ale über das, was sich inzwischen getan hatte. Max hatte einen wunderbaren Sommer gehabt und Charterflüge zu allen Enden der Antarktis gemacht. Und er beendete jetzt die Saison, indem er mit der DC-3 hier auf der Halbinsel für die Briten Demonstrationsflüge durchführte. Es war schön, ihn zu sehen, und das nicht nur, weil er ein netter Mensch mit einem interessanten Job war, sondern auch, weil mir das Zusammentreffen mit ihm half, die Antarktis zu einem sauberen Paket in menschlichen Dimensionen zu schnüren.

Pete hatte gehört, dass wir als Nächstes versuchen wollten, die Terra Firma Islands zu erreichen. Daher suchte er Jérome an diesem Abend im Pub auf, um ihn zu fragen, ob er einige Proben der südlichsten Gräser und Blumen für seine Untersuchung über das Leben an den äußersten Grenzen mitbringen würde.

»Wir hätten die Sachen von Terra Firma wirklich gern«, erklärte er. »Aber wir können einfach nicht dorthin. Das kann niemand ohne Jacht, weil das Wasser dort für ein Schiff zu gefährlich ist.«

Jérome sagte, er würde ein paar Proben nehmen und sie auf der Rückfahrt vorbeibringen. Bevor wir an diesem Abend wieder auf die Jacht zurückkehrten, gab mir Pete einige Beutel mit und erteilte Anweisungen, wie ich im Feld Proben nehmen sollte. Ich war wieder Wissenschaftler.

KAPITEL 19

Das Nonplusultra

Wir brachen im Morgengrauen auf und steuerten die selten besuchten Gewässer der Marguerite Bay anhand einer Karte der britischen Admiralität an, die vor falsch eingezeichneten Kaps und unerfassten Riffen warnte und mit dem Satz schloss: »Seeleuten wird geraten, in diesen Gewässern mit extremer Vorsicht zu navigieren, da vermutet wird, dass zahlreiche unbestimmte Gefahren existieren.«

Mir gefiel der etwas altertümliche Ton dieser Warnungen und das Gefühl, zum äußersten Rand der Welt zu fahren. Starker Wind kam auf – laut Jéromes Einschätzung gut Windstärke acht –, als wir um die Südspitze der Adelaide-Insel fuhren und in freies Wasser gelangten. Das Meer war dunkelblau, schlug Wellen mit schaumigen Kämmen, und die *Troison d'Or* stampfte heftig. Ich lehnte mich im Ruderhaus an eine Wand und knabberte ein paar Kekse, um etwas im Magen zu haben. Die dunklen Klippen der Pourquois-Pas-Insel – von Charcot phantasievoll nach seinem Schiff benannt – ragten mehrere Kilometer entfernt an Backbord aus dem Meer. Dahinter erstreckte sich die endlose Wand schneebedeckter Gipfel nach Süden hin, wo sie in silbernem Dunst verschwand.

Stunden vergingen. Die Pourquois-Pas-Insel blieb allmählich achtern zurück, aber die wie gemeißelt aussehenden Berge entlang der Küste schienen unverändert. Ich bewunderte sie, respektierte sie und fand sie auf behexende Weise schön, war mir aber nicht mehr sicher, ob ich sie mochte. Nach einigen Wochen Küstenfahrt fing ich an, sie bedrückend zu empfinden. Immer zeigten sie sich in dieser gleichen, ununterbrochen schweigenden Reihe, und wie sehr man sich auch im Lauf der Zeit an sie gewöhnen mochte, sie gaben ihre eisige Zurückhaltung nie auf.

Ihre Unerbittlichkeit erinnerte daran, dass meine Gefühle für die Antarktis, so tief sie auch sein mochten, dennoch von ihr stets auf Distanz gehalten und nie erwidert werden würde. Man konnte die Antarktis lieben, aber sie würde diese Liebe nie erwidern. Es gab keine Möglichkeit, diesem seltsamen Land je wirklich nahe zu kommen, obwohl es vielleicht gerade der Versuch war, das zu schaffen, der Menschen Jahr um Jahr verlockt, hierher zurückzukommen.

Es war schwer, diese Landschaften anzusehen, ohne die emotionale Lücke zu spüren. Mir kam es manchmal wie mein eigenes Versagen vor. Vielleicht müsste ich nur etwas Mobiliar in meinem geistigen Dachspeicher umstellen, und alles wäre klar. In meinem Frust hatte ich begonnen, mich ein wenig an ihnen zu stoßen. Ihre spöttische Distanziertheit fing an, bei mir stärker zu wirken als ihre majestätische Größe.

Bis zum Nachmittag waren wir weit genug nach Süden gefahren, sodass die Bucht nun dicht mit Eis übersät war – Eisberge, Eisbergbruchstücke, zerbrochenes Packeis und trügerische »Knurrer«, fast völlig unter Wasser liegende Eisblöcke, die selbst in den Bug einer stahlverstärkten Jacht wie der *Troison d'Or* leicht ein Loch schlagen konnten.

Wie die Admiralitäts-Karte von Anfang an gewarnt hatte, waren dies gefährliche, kaum bekannte Gewässer. Wir fuhren ganz langsam. Dennoch musste Jérome mehrere Male im letzten Augenblick abdrehen, um einem Zusammenstoß mit den Eisbrocken auszuweichen. Einmal musste er die Jacht fast schlagartig stoppen, weil der Tiefenmesser plötzlich Warnsignale gab, dass der Meeresboden in einer scharfen Kante Richtung Oberfläche anstieg. Die französischen Flüche waren nicht zu überhören. Wir sahen einige Augenblicke lang mit einer fast distanzierten Faszination zu, wie die Jacht, von ihrem eigenen Schwung angetrieben, weiterfuhr, die Zahlen auf dem Tiefenmesser rasch kleiner wurden und schließlich bei einer Tiefe von 3,66 Meter stehen blieben. Die *Troison d' Or* hatte 2,75 Meter Tiefgang.

»Glück gehabt«, lachte Jérome nervös, als wieder größere Tiefe angezeigt wurde. »Es hätten genauso gut sechzig Zentimeter sein können, und dann ...«

Er musste nicht weitersprechen. Das wäre kein sehr günstiger Ort für einen Schiffbruch gewesen. Denn hier kommt nie jemand her, außer Jérome.

Wir konnten in der Ferne die Terra Firma Islands sehen, die so gespenstisch und abweisend aussahen, wie nur Inseln an den äußersten Enden der Erde aussehen konnten. Sie bestanden aus einer Kette schwarzer vulkanischer Anhöhen, kalt, windzerzaust und einsam, die mit fast senkrechten Felswänden aus dem Meer ragten. Die höchste Insel – Alamode – war über dreihundert Meter hoch. Ein Forscherteam der britischen Marine hatte sie 1936 gesichtet, aber an Land sind dort nur wenige Menschen gegangen. Es war auch leicht einsichtig, warum. Die Inseln sind von trügerischen Felsen und Untiefen umgeben – ein Meeresfriedhof, an dem alte Eisberge gestrandet sind wie Schiffswracks.

Wir selbst wären fast über Grund geschrappt, als wir uns Alamode näherten und der Tiefenmesser an einer Stelle genau die 2,75 Meter der *Troison d' Or* anzeigte. Es können nur einige Zentimeter Spielraum gewesen sein. Wir ankerten in einer Art Seitengewässer mit sieben Meter Tiefe, umgeben von steilen Felswänden und auf Grund gelaufenen Eisbergen. Nach einem späten Abendessen brachen wir mit dem Dingi auf, um einen Landgang zu versuchen.

Ich hätte nie gedacht, dass das Einsammeln von Gras und Flechtenproben eine Tätigkeit ist, die ihren eigenen Indiana-Jones-Soundtrack haben sollte, aber andererseits hätte ich mir auch nie vorgestellt, dass diese Arbeit auf eisigen, schrundigen Klippen an einem Ort wie Alamode ausgeübt werden könnte.

Es war eine raue, nasse Fahrt durch die wirbelnden Strömungen und die hohen Wellen am Fuß des Felsens, vorbei an einem ausgehöhlten Eisberg, von dem Eiszapfen wie Reißzähne herabhingen, und durch eine einschüchternde Schlucht, die nur ein paar Meter breit war, aber nahezu senkrechte Seitenwände hatte, deren oberes Ende man nicht sehen konnte.

Die einzige Stelle, an der wir an Land klettern konnten, war ein etwa drei Meter hohes Felsband, das vom festgefrorenen Gischt ganz glatt war. Wir banden das Dingi an einen Felsblock, kletterten an dem Felsband hoch – ich mit den Probenbeuteln zwischen den Zähnen – und von dort weiter über einen gefährlichen Hang aus Vulkanschutt, bei dem wir uns fast, aber nicht ganz auf Händen und Füßen vorwärts bewegen mussten. Alamode besteht aus Brocken schwerer, schwarzer Felsen – Andesit und Gabbro, um es geologisch korrekt auszudrücken –, die sich beim Darübergehen bewegen und Töne wie Musik von sich geben. Skuas kreischten und kreisten im kalten Wind über uns.

Es gab viele der blühenden Gräser, die Jérome beschrieben hatte. Sie wuchsen in dichten Beeten, die mich an Blumenkästen erinnerten, hier aber auf Felsbändern standen. Am besten gediehen sie auf der Nordseite, wo sie durch überhängende Felsen geschützt waren und die rund um die Uhr scheinende Sommersonne den Boden wärmen und sie durch vom Eis heruntertropfendes Schmelzwasser bewässern konnte. Ich hatte etwas Zerzaustes und Dürres erwartet, das sich unter magersten Bedingungen heldenhaft ans Leben klammert. Aber was ich sah, war zart, weich und überraschend üppig.

»Schön, nicht wahr?« Jérome kniete sich vorsichtig neben einen besonders großen und schönen Bewuchs auf einem vorspringenden Felsen in ungefähr vierzig Meter Höhe über dem Meeresspiegel.

Beide Grasarten präsentierten sich zusammen mit einer dichten Moosart und einer Reihe von Flechten in kupferartigem Orange, Gelb und Weiß. Manche waren von großen, strukturierten Flecken in einem grünlichen Schwarz durchzogen. Ihre Wirkung auf dem dunklen Felshintergrund war bemerkenswert. Jérome untersuchte die zarten Blüten seiner Gräser mit der Behutsamkeit eines Gärtners. »Ich glaube, von diesem Fleckchen nehmen wir nichts mit«, sagte er an einer Stelle. »Es ist zu schön. Hier etwas wegzunehmen, und sei es für die Wissenschaft, wäre ein Verbrechen. Wir suchen uns die Proben an einer anderen Stelle.«

Wir entnahmen sie an einer kleineren, weniger exponierten Stelle. Es war eine Felsspalte, die sich etwas weiter unten befand. Ich packte auch ein paar von Flechten gefleckte Steine ein und zupfte etwas Moos ab. Die Sonne kam durch den silbernen Schimmer, als wir wieder zum Dingi hinunterkletterten. Ein weicher Lichtfächer beschien die Berge in der Ferne und tanzte auf dem Wasser. Jérome deutete auf die wilde Landschaft.

»Ich erhebe Anspruch auf dieses Land«, lachte er. »Ich bin ein Weltbürger, und dies alles gehört der Welt.«

Es war ein brillantes Eisjahr, und dadurch konnten wir noch weiter südlich offenes Wasser sehen, eine Seltenheit und Gelegenheit, die man nicht ungenutzt lassen sollte. Wir nahmen also Fahrt auf. Gegen 16 Uhr überquerten wir den 69. Breitengrad und suchten uns langsam einen Weg durch das Packeis. Unser Ziel war diesmal ein obskur winziger Fleck auf der Landkarte, der Rhyolit-Insel genannt wird und sich am Südende des King-George-Sunds befindet – so weit im Süden, wie es überhaupt nur möglich ist, durch diese Gewässer zu fahren. Ein paar Kilometer dahinter füllt eine Wand aus Eisklippen den Rest des Sunds und blockiert jede Weiterfahrt.

Die erhabenen Berge der Alexandra-Insel zeigten sich im Dunst. Beim Gedanken daran, wie wenige Menschen sie je gesehen haben, wirkten sie umso majestätischer. Der Himmel über uns war milchig blau, das Wasser immer noch schiffbar. Die Eisschollen vor uns führten einen langsamen Begrüßungstanz auf, öffneten Rinnen und lockten uns hinein. Gegen Abend erreichten wir die Einfahrt zum King-George-Sund. Das Wasser leuchtete wie Altsilber, das lange nicht mehr poliert worden ist, und wies ungenaue Spiegelungen der alten Eisberge auf, die darauf schwammen. Die Sonne war zu einem pfirsichfarbenen, unscharfen Fleck geworden, ihr diffuses Licht verlieh den Schneelandschaften einen ätherischen Hauch. Nirgendwo schien es jetzt scharfe Kanten oder harte Oberflächen zu geben. Es war, als befände man sich in einem Traum.

Ich sah Jérome zu, wie er wieder sorgfältig das Ruder bediente, so wie oben im Weddellmeer. Als er die *Troison d'Or* durch das sich ständig ändernde Labyrinth von Eisschollen und Eisrinnen steuerte, hielt er stets nach Alternativrouten und neuen freien Bahnen Ausschau. Ich wurde wieder daran erinnert, wie sehr wir uns alle in seiner Hand befanden, war dankbar für das Vertrauen, das er uns einflößte, und für meine eigene Unwissenheit.

Es hatte in den vergangenen Wochen Zeiten gegeben, in denen er die *Troison d'Or* unglaublich nahe an klippenhohen Eisbergen vorbeigesteuert hatte, damit Maria ihren Fotos Aufmerksamkeitswert und Perspektive geben konnte. Ich stand dabei die ganze Zeit an der Reling. Fast hätte ich die eisigen Wände berühren können, wenn ich einen Stock zur Hand gehabt hätte. Jérome schien die Sache ziemlich locker zu nehmen, plauderte dabei und gab dem Ruder nur gelegentlich einen sanften Druck, ganz so zielstrebig und sicher wie ein Großstadtpendler, dem kleinste Parklücken noch zu groß erscheinen.

Es gab auch andere Zeiten, etwa jene, als wir einen Ankerplatz in den Tidewellen der Bucht bei Alamode gesucht hatten. Besorgt flitzte er da aus dem Ruderhaus heraus und wieder hinein, beobachtete angespannt seinen Tiefenmesser und spähte in die dunklen Wasser, die um den Rumpf herumwirbelten. Einmal riss er das Ruder herum und ließ den Motor aufheulen. Ich beobachtete diese hektische Tätigkeit mit Verwunderung, da meine Landrattenaugen keine unmittelbare Gefahr erkennen konnten, abgesehen von dem bedrohlichen Vorhandensein dieser Klippen und Felsen, die aber doch fünfzig Meter oder mehr entfernt waren. Jéromes Anflüge von Unruhe gruben mir die Gefahren dieser Gewässer, aber auch meine Unwissenheit deutlich ins Gedächtnis ein.

Einige der kleineren Schollen schoben wir einfach sanft beiseite, als die *Troison d' Or* bei stattlichen sechs Knoten durch das glasige Wasser fuhr. Einmal stießen wir hart mit einem »Knurrer« zusammen – ein paar Tonnen harten, klaren Eises, das direkt unter der Wasseroberfläche trieb wie eine alte Mine aus dem Zweiten Weltkrieg. Es gab einen abscheulichen Ruck, der uns alle zum Bug spurten ließ, wo wir besorgt die Delle studierten, die der »Knurrer« angerichtet hatte.

Der Rumpf war zwar verbeult, aber ansonsten unverletzt, und die Troison d' Or würde später unbedingt eine Schiffswerft aufsuchen müssen. Als ich Jéromes Reaktionen sah – angespannte Bestürzung, gefolgt von großer Erleichterung –, machte mir das wieder einmal bewusst, dass man eine Fahrt in diesen Gewässern nicht auf die leichte Schulter nehmen durfte, so begeisternd und phantasieanregend die Szenerie auch sein mochte. Es gab Risiken und deren Konsequenzen.

Es war spät am Abend, als wir die Rhyolit-Insel erreichten, einen hohen, dunklen, vulkanischen Felsdaumen, der aus dem Wasser aufragte. Keiner war müde. Wir gingen an Land, sowie wir geankert hatten. Es war eine steile Kletterpartie – mit Finger- und Zehenhalt – über Felsbrocken und Schotterhalden. Es gab Flechten und kleine Moosansammlungen, aber keine der seltsamen blühenden Gräser wie auf den Terra Firma Islands. Wir hatten in all dem Treibeis irgendwo eine unsichtbare Lebensgrenze überschritten.

Das war's. Das Ende. Es gab kein Weiterkommen. Ich kletterte hoch hinauf und ließ meine Füße über einen Felsvorsprung baumeln. Von hier aus sah die Welt friedlich und weich aus. Die kleine weißblaue Jacht lag in einem dunklen Gewässer am Fuß der Klippe vor Anker, während auf der anderen Seite des Sunds die unregelmäßige Linie der schneebedeckten Berge zu sehen war. Ich blickte nach Süden und ließ meine Augen den Sprüngen und Rinnen im Packeis folgen, bis sie in eine Sackgasse gerieten, eine Wand aus massivem, permanentem Eis, meiner Erinnerung nach bei 70° Süd gelegen. Was dahinter war, schien unerreichbar. Ich war froh darüber, während ich so dasaß, weit nach Mitternacht, und in die violette Ferne blickte. Es lag etwas Erlösendes in dieser distanzierten Unberührbarkeit. Sie machte die Welt wieder groß und rätselhaft und voller unbekannter und unerforschter Länder, so wie sie in meiner Kindheit gewesen war. Ich ließ meine Gedanken einige Wochen zurückwandern, dachte an die Zeit, als ich den Südpol besucht hatte. Ich erinnerte mich an das fast bohrende Gefühl des Verlustes, das ich trotz der Begeisterung, dort zu sein, verspürt hatte. Ich hatte einen der Endpunkte der Weltkugel erreicht. Es gab kein Weiterkommen, keinen Weg weiter nach Süden. Ich war so weit gekommen, wie man nur kommen kann, wenn man diese Richtung eingeschlagen hatte. Ein Teil von mir bedauerte, dass ich dorthin gegangen war. So sehr wir auch Lust an Forschungen und exotischen Reisen verspüren, so möchten wir doch im tiefsten Inneren etwas unberührt lassen, mit dem sich unsere Phantasie beschäftigen und über das sie in ruhigen, träumerischen Augenblicken spekulieren kann. So soll eine Sehnsucht nach Wundern immer wieder hervorgelockt werden können. Ich hatte etwas davon durch zu vieles Reisen verloren, aber zu meinem großen Glück auf dieser kleinen, eisigen Insel wieder gefunden. Der Südpol mag geographisch gesehen der Punkt sein, an dem man nicht weiter nach Süden gehen kann, das Nonplusultra, aber für mich werden die Enden der Erde immer das sein, was ich von diesem Felsvorsprung auf der Rhyolit-Insel gesehen hatte: diese auf die Folter spannenden Brüche im Packeis, die noch einige Kilometer weiter nach Süden führten, diese unerreichbaren Berge in der Ferne und die Eisklippen, über die wir unmöglich hinwegkonnten. Ich saß da und ließ das alles auf mich einwirken, denn dies war der letzte Tag – der Tag, an dem wir den Anker lichten und wieder nach Norden fahren würden.

Es war eine herrliche Morgendämmerung hier an den Enden der Erde. Der Himmel war silbern-blau und das warme, rosafarbene Leuchten, das hinter dem Bergzug hervorkam, deutete das Nahen der Sonne an. Die Luft war klar und frostig und die bittere Kälte drang durch die Schichten von Goretex und Fleecekleidung.

Bis zum Sonnenaufgang war es nicht mehr lange hin. Man konnte fast spüren, wie sich die Welt drehte. Und dann blendeten Sonnenstrahlen über den Himmel, blutrot und golden. Wo sie die hohen, dünnen Wolkenbänder über uns berührten, wirkten sie wie große Flammen. Die Berge waren eine Abfolge von weichem, schattigem Blau, Violett und Eierschalenfarbe. Die offenen Wasserrinnen im Eis, die im Lichtschein vor der Dämmerung wie von Lampen beleuchtetes Silber ausgesehen hatten, wurden plötzlich zu einem Kaleidoskop – gold und scharlachrot und nelkenrosa. Und wo das Licht in einem besonderen Winkel einfiel, schimmerte es elektrischblau, lavendelfarben und zart minzgrün.

Die Farben wechselten und tanzten wie feines altes Jahrmarktsglas, außer dass diese zu leben schienen. Eisschollen trieben nach Süden. Ihre langsame Bewegung verstärkte das Spiel von Licht und Farbe. Es gehörte einen Augenblick lang mir. Und dann ging die Sonne ganz auf und wischte die Farben mit dem Tageslicht weg.

Dank

In die Antarktis geht niemand allein. Seit der Zeit der ersten Expeditionen dorthin hat es immer Unterstützung durch Menschen gegeben, die solche Reisen ermöglicht haben. In der guten alten Zeit konnte ein Forscher seine Dankbarkeit ausdrücken, indem er die verschiedenen Berge, Gebirge, Gletscher und Inseln, die er entdeckte, nach Freunden und Gönnern in der Heimat benannte. Diese Möglichkeit habe ich nicht, denn es sind schon zu viele vor mir da gewesen – und die Landkarten haben keine weißen Flecken mehr. Ich kann hier nur die Namen der vielen Menschen und Organisationen anführen, die meine Reisen in die Antarktis ermöglichten.

Und daher möchte ich, um chronologisch vorzugehen, zunächst der Australian Antarctic Division danken, die mir Türen öffnete und mich 1993 erstmals das eisige Wunderland erblicken ließ. Dabei gilt mein besonderer Dank Rob Easther und Patrick Quilty, zwei Antarktisveteranen, die so viel taten, um mit mir die Freuden und Wunder zu teilen, die sie unten im Eis entdeckt hatten.

Für spätere Einblicke danke ich der National Science Foundation, der National Oceanic and Atmospheric Administration, der British Antarctic Survey sowie den Antarktisprogrammen von Chile, Argentinien, Südkorea, Russland und Neuseeland, die es mir gestatteten, ihre Stationen zu besuchen.

Ein paar Namen werden immer auf meiner geistigen Landkarte der Antarktis sein: Steve Dunbar, Katie Jensen, Alex Brown, Jerry Martel, Carlton Walker, June Barnard, Thai Verzone, Greg Thomas, Jack Hawkins, John Losure, Jeff Rein, Bryan Elsworth, Josh Landis,

Mark Melcon, Kristin Sabbatini, Ivind Jensen, Sally Ayotte, Peter West, Dead Petersen, Linda Capper, Paul Rose, Pete Convey, Kenn Back, James Fox, Max Wenden, Sergio Lizasoain, Maria Ines Komlos, Oleg Sacharow, Patricio Eberhard, Alphonso Parcel und Soon-Keun Chang.

Besonderer Dank gilt jenen Wissenschaftlern, die mich als Gast in ihren Feldlagern begrüßten – insbesondere Rick Aster, Phil Kyle und Jean Wardell auf dem Mount Erebus, Rosemary Askin und John Isbell im Transantarktischen Gebirge und Wayne Trivelpiece auf der Livingstone-Insel. Mein Dank gilt auch den Südpolwissenschaftlern Darryn Schneider, Jeff Petersen, Dana Hrubes, Chris Martin, Jessica Dempsey und Paulene Roberts. Ferner stehe ich in der Schuld von Rennie Holt, Roger Hewitt, Valerie Loeb, Rob Rowley, Kit Clark und den übrigen Wissenschaftlern und Besatzungsmitgliedern der *Yuzhmorgeologiya*.

Es war ein unglaubliches Privileg, fünf Wochen an Bord der *Troison d'Or* in der Gesellschaft von Jérome Poncet verbringen zu dürfen, den man einen Einheimischen der Antarktis nennen kann.

Dankbar bin ich auch der Mannschaft der *Linblad Explorer*, insbesondere dem Expeditionsleiter Matt Drennan. Sie alle haben mir so viel über die Freuden und die Verantwortung des Antarktistourismus beigebracht.

Großer Dank gebührt auch der Zeitschrift *National Geographic* und deren Redakteuren Bill Allen, Bob Poole, Oliver Payne und Lynn Addison, ebenso Liz Connell (Recherche), der Fotografin Maria Stenzel und Jim Bullard von *National Geographic Expeditions*.

Ich möchte auch meiner Agentin Fran Moore von Curtis Brown für ihre Hilfe und Ermunterungen danken.

Und zu guter Letzt gilt mein Dank auch meiner Frau Cheryl für ihre Liebe und Geduld.